商业体育系列丛书编委会

顾　　问　魏纪中
主　　编　钟秉枢　李　舜　杨铁黎
执行主编　曾静平

编　　委（以姓氏笔画为序）
　　　　　　马国力　王永治　左达文　石义彬　冯　巍
　　　　　　任乐毅　刘　伟　江和平　李炜炜　李秋平
　　　　　　李新祥　杨　明　杨志永　吴　昊　汪文斌
　　　　　　宋健生　张敦南　林瑞军　罗超毅　周　纯
　　　　　　郑　蔚　孟文光　袁虹衡　徐济成　黄传武
　　　　　　雷振剑

商业体育系列丛书
SHANGYE TIYU HUODONGLUN

商业体育活动论

曾静平◎著

陕西师范大学出版总社

图书代号　ZH16N1195

图书在版编目(CIP)数据

商业体育活动论 / 曾静平著. —西安：陕西师范大学出版总社有限公司，2016.10
ISBN 978-7-5613-8700-9

Ⅰ.①商… Ⅱ.①曾… Ⅲ.①体育—商业活动—研究 Ⅳ.①G80-05

中国版本图书馆 CIP 数据核字(2016)第 263067 号

商业体育活动论

曾静平　著

责任编辑 /	刘金茹　张建明
责任校对 /	田均利
封面设计 /	鼎新设计
出版发行	陕西师范大学出版总社
	（西安市长安南路 199 号　邮编 710062）
网　　址 /	http://www.snupg.com
经　　销 /	新华书店
印　　刷 /	西安市建明工贸有限责任公司
开　　本 /	787 mm×960 mm　1/16
印　　张 /	13
字　　数 /	195 千
版　　次 /	2016 年 10 月第 1 版
印　　次 /	2016 年 10 月第 1 次印刷
书　　号 /	ISBN 978-7-5613-8700-9
定　　价 /	32.50 元

读者购书、书店添货或发现印装质量问题，请与本社高等教育出版中心联系。
电话:(029)85303622(传真)　85307864

前　言

商业体育活动是以体育赛事为契机，以体育明星为轴线，以体育媒介特别是电视媒介为依托，由此延伸的各种体育综合活动。这些系列活动既依附于体育赛事，为赛事服务，又能够跳出赛事内圈，独立创造出自身的商业价值。以此为基准的体育媒介活动、体育赞助活动、体育广告活动、体育展会活动、体育评选与晚会活动、体育博彩活动、制造活动和休闲与康复活动等，都是商业体育活动的重要内容。

一般认为，体育活动是体育赛事的点缀，是有关组织机构推广的各项竞技体育赛事或者群众体育活动。在现代经济生活中，体育活动在现代商业体育人物的精心策划和组织下，在大众传播与新媒体传播等传播方式的支撑和推进下，与竞技体育赛事和群众体育活动一样，可以创造出巨额财富，成为商业体育的重要成员之一。

体育赞助活跃了竞技体育赛事，繁荣了群众体育活动，也激发出了商业体育的无穷活力，给赞助商和体育组织等带来了巨额利润，实现了投入产出比的最优化，创造出一个又一个商业传奇。体育彩票作为博彩业的新成员全球火爆，成为体育市场的新宠，成了彩民们竞相投注的新渠道，也是市民茶余饭后津津乐道的新话题。体育博彩与电视媒介的关系极为紧密，而且国际、国内的很多体育频道将之作为电视节目的新内容，有的地方还开辟了专门的体育博彩频道，有的综合频道、娱乐频道、财经频道等也把体育博彩融入其间。以体育产品展示为核心的体育博览风靡世界，展示的内涵日渐丰富，参与展览的厂商与制造商积极踊跃。世界上著名的体育博览会足以媲美其他大型展会活动，中国体育博览会的影响力不仅让中国体育商家趋之若鹜，世界体育巨头也纷纷加盟，就连一向以局外人报道者参与的体育媒介也成了体育博览会的成员。体育制造活动的地位不断提升，也已成为制造业的重要支柱。耐克公司经过短短30多年的经营，一举成为世界上体育制造的"王国"。体育广告延续着商业体育的神奇,体育赛场广告、体育人物广告、体育媒介广告、体育服装广告、体育设备器材广告、体育场馆广告等不仅是体育圈内市场开发的主战场,也是所有广告主和广告商垂涎的"聚宝盆"。体育晚会、体育休闲康复等的市场开发前景广阔,产业规模难以估量。

  体育,魔力无穷,魅力无边。她,创造了一个个记录,书写了一个个传奇,也制造出丰富多彩的产品。因为体育,体育报纸、体育杂志如雨后春笋般深入千家万户,体育广播见缝插针、无处不在。体育电视的横空出世,无疑是体育的"巨无霸"产品。体育报纸、体育杂志、体育广播电视和体育动漫、体育网络等新媒体与体育服装、体育器材一样,都是体育活动的产物,是构筑体育产业的生力军。

  《商业体育活动论》描述的是各种体育活动如何创造商业价值、谱写财富诗篇的经典,尽情书写了体育赞助、体育博彩、体育制造、体育传播、体育广告、体育博览和体育休闲康复等以小博大的精彩,客观求真体育财富活动的背景与深度,进而为中国体育产业的健康有序发展提供可资借鉴的素材,给中国体育工作者一些思索和启迪。

目　　录

第一章　体育赞助　1
- 第一节　体育赞助的要件　3
- 第二节　起源与发展　7
- 第三节　分类与特点　14
- 第四节　体育赞助的功能　20

第二章　体育博彩　28
- 第一节　发展进程　29
- 第二节　基本类型　32
- 第三节　我国体育彩票的发展　43
- 第四节　中国赛马博彩　48
- 第五节　东方赌城　54

第三章　体育制造　57
- 第一节　体育制造业的归属与定义　60
- 第二节　我国体育制造业的发展历程　65
- 第三节　国外知名体育制造企业　70
- 第四节　国内知名体育制造企业　83
- 第五节　体育制造的特点　99

第四章　体育传播　103
- 第一节　电视传播　105
- 第二节　网络传播　114

第三节　其他传播 …………………………………………… 119
　　第四节　商业属性 …………………………………………… 122

第五章　体育广告 ……………………………………………… 128
　　第一节　发展历程 …………………………………………… 129
　　第二节　基本定义 …………………………………………… 137
　　第三节　基本分类 …………………………………………… 141
　　第四节　创意设计 …………………………………………… 145

第六章　体育博览 ……………………………………………… 150
　　第一节　起源与发展 ………………………………………… 151
　　第二节　分类与特点 ………………………………………… 159
　　第三节　国外体育博览 ……………………………………… 162
　　第四节　挑战与方向 ………………………………………… 165

第七章　体育休闲 ……………………………………………… 172
　　第一节　基本定义 …………………………………………… 173
　　第二节　基本类别 …………………………………………… 177
　　第三节　体育休闲康复保健 ………………………………… 183
　　第四节　体育休闲旅游 ……………………………………… 188

后记 ……………………………………………………………… 196

第一章 体育赞助

体育是人类超越国界的共同语言,不仅蕴涵着竞技、美容、修身塑形、康复保健等独特元素,而且蕴含着国家图强、民族自豪、世界融合与团结的无形力量,各种大型体育赛事与体育活动逐渐成为和平时期世界上最吸引眼球、最具传播力的平台。每当重大赛事到来之际乃至开幕之前的很长时间,各大企业和商家都会不约而同地将目光瞄向这个星光灿烂的舞台,借其为自己的品牌增光添彩。而各个企业和商家进入这个舞台最为屡试不爽的捷径,就是营销学中最有特色的体育赞助。可以认为,体育赞助是营销领域最有前途、市场广度和深度、最不可预测的"蓝海"。

体育赞助的真正繁荣时期是在20世纪的最后10年,并在21世纪达到一个新高度。全球体育赞助额1990年为77亿美元,而1997年为181亿美元,7年间体育赞助增长了135%。2000年,全球体育赞助金额约149亿美元。随着2002年韩日世界杯、2004年雅典奥运会的成功举办以及2008年北京奥运会在第三世界大国的全面商业开发,全球体育赞助又迎来了一个快速发展时期。2007年,全球体育赞助总额将近300亿美元,成为体育产业的重要组成部分。根据长期追踪研究体育产业的国际顶级商业品牌机构PwC(PricewaterhouseCoopers,普华永道会计事务所)预测,2015年全球体育产业将达到1453.4亿美元,其中体育赞助占比达到30.15%,约为438亿美元。

在看到体育赞助市场一片繁荣景象的同时,我们也可以发现全球体育赞助发展很不平衡。全世界的体育赞助市场,主要集中在经济发达地区和经济强国,这些国家和地区瓜分了体育赞助市场,而有些国家和地区的体育赞助可以忽略不计。全球顶级咨询管理集团 IEG(Innovation Excellence

Growth)的数据显示,2014年全球体育赞助市场增速为13.20%,远高于全球GDP平均增速的2.80%。而在亚太市场,体育赞助市场增速为15.40%,GDP增速为4.10%。IEG预测,2015年全球赞助支出为美国主导的北美最多,超过210亿美元,其中体育赞助占到70%左右。①

现在,体育赞助已经和体育赛事与体育活动身影相随,是其不可缺少的重要环节。无论是奥运会、全运会等综合性赛事,还是足球世界杯、F1赛车、高尔夫系列赛、拳王争霸赛、网球四大满贯及超九赛事、美国四大联赛、欧洲五大联赛等单项职业赛事,以及各种体育颁奖典礼、体育晚会和体育博览等体育活动,都会在第一时间想到赞助。现在,体育赞助已经和门票收入、电视转播收入比肩而立,成为创收大户。

国际顶级知名企业,几乎无一例外感受到体育赞助的魅力,从体育赞助中得到了超值商业回报。不仅体育类品牌争先恐后在体育赛场上"投注",如阿迪达斯、耐克、锐步、彪马、恩宝、艾斯克斯、李宁、匹克和安踏等,无不是通过体育赞助一举成名,进而逐渐渗透到体育市场的各个角落。其他类别的国际著名企业也纷纷将提高国际知名度、扩张市场份额的砝码押到世界大赛舞台上,不惜巨资赞助奥运会、世界杯等世界级水平的体育赛场上,例如,时常可以见到奔驰、宝马、起亚等豪华汽车在飞驶,浪琴、欧米茄、劳力士等超级金表在闪烁,不时还会有百威、喜力、青岛啤酒、可口可乐等酒香、饮料香味从赛场飘出。

因为"押宝"乔丹,耐克在很短的时间内异军突起。1999年乔丹的退役,让耐克全球收入比上年下跌近8亿美元,美国本土的销售额从55亿美元跌至50亿美元左右,在亚洲从12亿美元跌至8.9亿美元。耐克通过与NBA的合作特别是与乔丹的亲密关系,获得了篮球装备的巨大份额,而与其分庭抗礼的另一体育制造巨头——来自德国纽伦堡附近的阿迪达斯则将制胜法宝放在了绿茵场上,全力以赴赞助世界杯,并且大获成功。阿迪达斯2005年营业业绩超过66亿欧元,其中有9亿欧元来自足球场的各种装备制造,这个数字比2002年韩日世界杯的8亿欧元有了大幅度增长。到2006年时,阿迪达斯单在足球市场上就至少有12亿欧元入账。

作为足球界眼下公认的制造业龙头老大,阿迪达斯在2006年的德国世

---

① 参见《独家专访Sportcal赞助高级分析师:全球体育赞助市场的趋势是什么?》,来源:禹唐体育,2015年11月13日。

界杯上占尽了主场优势。国际足联赞助商的身份,使得阿迪达斯在许多领域享有耐克和彪马没有的优待。除去为裁判、官员和志愿者等大会参与者提供服饰装备之外,最重要的是阿迪达斯是本届世界杯指定用球"+团队之星"的制造商。根据阿迪达斯提供的数据,该球已在世界各地卖出了1500万个,而它的前任"飞火流星"4年前只卖出了600万个。

中国匹克与NBA结缘后声名大振,通过在火箭主场树立球架广告和签约火箭球星巴蒂尔,一举成为国际知名品牌,打开了北美和欧洲市场,在全球体育市场一马平川。

中国计算机大牌公司联想集团曾经倾力赞助奥运会,在2004年3月以6500万美元的巨额赞助,成为国际奥委会(IOC)第六期(2004—2008)全球合作伙伴(TOP赞助商),中国企业的名称第一次出现在奥运会TOP赞助商名单中。就在几乎所有中国人都以联想与国际接轨而振奋的时候,联想突然宣布,在北京奥运会结束后,将不再续签TOP赞助商。

由于当时不熟悉体育赞助游戏规则,联想交出了巨额学费。几年后,长期关注体育赞助的联想集团痴情不改,选择了全球顶级联赛美国橄榄球作为合作伙伴,并且一举成功。从2012年开始,联想已经赞助美式橄榄球长达四年,一直为美国橄榄球联盟提供官方供应的笔记本电脑、台式机和工作设备,希望能在促进销售的同时,提高这个中国品牌在美国的知名度。

联想方面说,视频播放数、在Twitter上的转发数和分享数都是我们品牌知名度上升的标志。自从2012年赞助美国橄榄球联盟以来,联想品牌在橄榄球爱好者之间的知名度上升了32%。[①] 媒介评论称,联想把电脑卖给美国人,靠的是橄榄球。

第一节 体育赞助的要件

"赞"有称颂、夸奖、爱许和帮助的含义,"助"意味着辅佐、协同。赞助的基本意思是因为喜欢某人、某物、某事进而颂扬,希望通过出资(出力)辅佐协同使之更具成长性,形成一种特殊形式的联系。出资(出力)一方因为喜欢的人、物、事在自己的出资出力支持下得以成长壮大,处处时时事事都会

[①] 参见周卓然:《联想把电脑卖给美国人,靠的是橄榄球》,来源:新浪科技,2015年9月2日。

感到一种心理满足,被资助一方也会不由自主以各种方式予以回报,双方联系的纽带进一步稳固加强。

赞助的另一种解释是"帮助、支持",意思是为了获得某项资产(通常是运动、艺术、娱乐或者活动等)的可开发的潜在商业机会而向该资产支付现金或等价物。而 Head 在他的专著《赞助——最新的市场技能》一书中提出:本质上现代赞助是赞助一方与被赞助一方具有共同利益的一个商业协定,并伴随着一个确定目标的实现。

由此可见,赞助似乎与体育艺术有着不解之缘。有人甚至认为,最早对赞助的文字理解应该追溯到由体育部门给出的概念,即英国体育理事会给赞助下的定义,即"赞助是为了获取某些有利条件或优惠的一种礼品或付出。捐赠的目的是为了引起公共广泛的注意"。

体育赞助是通过对体育组织(如国际奥委会、国家体育总局)、体育个人(如费德勒、贝克汉姆等)、体育赛事(如奥运会、全运会、世界杯等)或体育活动(如劳伦斯奖评选、体育晚会评选等)为对象的现金或者实物的提供,实现个人或企业(赞助商)与体育组织、体育个人或体育赛事(被赞助者)的有机"联姻",赞助商向被赞助者提供金钱、实物(场地服装器材等)或劳务等支持,被赞助方则根据自身的便利条件与优势以广告、冠名、专利等无形资产作为回报,实现两者平等互利、获益多赢的商业活动。

依照上述基本含义,体育赞助至少有三个要件:赞助方——企业或个人,被赞助方——体育部门,中介方——体育经纪公司(或经纪人)。随着体育赞助的发展,赞助活动的规模越来越大,赞助金额水涨船高,竞争越来越激烈,媒介尤其是电视媒介也成了体育赞助的重要组成部分。现在的体育赞助要件,已经包括了赞助方、被赞助方、赞助中介和大众传播四个方面。无论是奥运会、全运会,还是世界杯足球赛、网球四大满贯赛和美国四大联赛等的商业赞助,赞助双方和中介方都会首先考虑电视媒介的到位和即时报道。如今,体育赞助的四大要件彼此相互联系,已经成为一个复杂的系统工程,其中赞助方和被赞助方是体育赞助的两大主体。

一、赞助方

企业或个人是体育赞助的赞助方,即体育赞助的买方。企业或个人以提供资金、产品、设备、设施和免费服务等形式,无偿资助(援助)体育事业、体育活动或体育人物,是一种专业性很强的公关专题活动。在普通民众看来,体育赞助是一种对体育做出贡献的友善行为,是一项功德无量的善举。对于赞助方,体育赞助是一种信誉投资和感情投资,是企业或个人改善社会环境和社会关系最有效的方式之一。任何赞助方的赞助都会带有明确的具体目的,概括起来,主要有四种:一是通过体育赞助活动做广告,通过赞助所获得的冠名权提高广告的效应,增强广告的说服力和影响力,赢得公众的普遍好感;二是树立企业或个人关心体育事业的良好品牌形象,有助于企业或个人赢得政府与全社会的支持,为企业或个人的生存与发展营造相对宽松的社会环境;三是培养企业或个人与社会公众的良好感情,增进相互间的友谊和联系,使企业或个人得到社会公众在内心深处的广泛认同;四是通过赞助体育赛事与体育活动、体育人物制造体育新闻,扩大组织或个人的认知度和影响力,提高他们在公众中的美誉度和公信力。体育比赛活动是新闻媒介热衷报道的对象,拥有众多的观众,对公众的吸引力大。社会企业组织或个人通过赞助体育活动,可以增加对公众施加影响的广度和深度。

体育赞助方支付现金或等价物。任何赞助形式,都需要赞助方付出一定金额的现金(各级赛事或活动都有明确规定的数额),赛事级别越高或体育活动影响力越大,体育人物的知名度越高,群众基础越好,体育赞助方支付的数额越大。有时候,赞助商也可以实物冲抵赞助,或者实物与现金混合的方式。

二、被赞助方

体育组织机构、体育赛事组织机构和体育人物(包括体育场馆)是体育赞助的被赞助方,即体育赞助的卖方,是体育赞助服务的提供者。被赞助方相当于一个大型商铺,商品货物是否愿意进驻,顾客是否愿意上门购买,取决于这家店铺的知名度和口碑品牌。体育组织机构能否得到最高层级的赞助,与这个国家的政府形象有关联,与这个国家和地区的体育运动整体水平密切相关,世界强国、大国更容易获取高级别的、大规模的体育赞助。体育赛事水平的高低,体育赛事的项目本身,是决定和吸引体育赞助又一诱因。四年一度的奥运会和足球世界杯,欧洲五大足球联赛,美国橄榄球、棒球、冰球、篮球等四大联盟赛事,网球四大满贯及 ATP 超九赛事,美洲杯帆船赛,世界汽车拉力赛,高尔夫大满贯赛及欧巡赛、美巡赛等,从来都是体育赞助商趋之若鹜的赛事平台,从来不缺世界一流品牌前来捧场。当然,世界超级体育巨星是永恒的赞助法宝,乔丹、泰森、费德勒、老虎伍兹、莎拉波娃、林丹等都是炙手可热的赞助对象和企业形象代言人。有了良好的赛事平台,体育场馆也成了很多商家的赞助对象,美国的篮球场馆很多已经被冠名,"美航中心"、"甲骨文中心"、"丰田中心"和"大西部论坛球馆"等可以看出球馆的赞助归属。

三、体育赞助中介

在被赞助方和赞助方之间需要一座桥梁,形成稳固而长期的联系,体育赞助经纪公司(或经纪人)由此诞生。体育赞助中介包括从事体育赞助中介工作的个人、法人和其他中介组织,是体育赞助两大主体之间的催化剂,在促成赞助交易,提高赞助质量和效益方面发挥了巨大的作用。国际足联公布了2014年巴西世界杯财务报告,其中国际足联利用世界杯等比赛,在2014年共营收了20亿美元。在这20亿美元的总收入中,有14亿美元是从巴西世界杯20大赞助商那里得到的,比2010年南非世界杯的总赞助费多了10%。考虑到这么大的金额,关于赛事赞助的投入产出比应该有一套完整的评估体系。但是约有30%~50%的赞助企业并没有一套赞助投入产出比的评估系统,这样的情况让很多公司损失惨重。据估计,一家有成熟评估系统的公司可以在体育赞助中多得到30%的收益。[①] 可见,体育经纪公司在商业体育活动中的重要位置。

体育经纪公司需要了解企业的想法是什么,如他们想在一段赞助中达到什么目的?最看中的服务是什么?他们何时决定、怎样分配自己的预算?为此,全球顶级咨询管理集团IEG做了长时期的体育赞助调查。数据显示,更多的企业会选择和代理机构合作,并且更看重切实的赞助权益。

调查包括企业看重哪些赞助权益?权利所有方所提供的哪些服务比较有价值?球队在帮助企业测量ROI(投入产出比)上,企业是否满意?用哪种代理机构来帮助支持自己的赞助?通过什么渠道利用赞助?市场营销费用中的多少是花在赞助费上的?花在赞助执行上的费用和赞助费的比例是多少?在衡量一个赞助的时候哪些很重要?赞助预算中的多少是花在测量回报上的?衡量赞助效果的时候,标准的重要程度怎样?什么时候定赞助预算?如此种种,都是体育经纪公司需要深思熟虑的要件。

---

① 参见《看多了体育赛事的广告,你知道体育赞助究竟怎么算吗?》,来源:禹唐体育,2015年3月23日。

四、大众传播

大众传播尤其是电视媒介和新时期的新型媒体是体育赞助的助推剂，如果没有电视媒介和新媒体等大众媒体传播的大力配合、渲染和推波助澜，体育赞助就失去了其独有的魅力而无法生存。无论是参与体育赛事转播，还是介入到体育活动的媒介传播，以及对体育明星人物的全媒体包装宣传，电视机构和新媒体机构在为体育赞助商、被赞助方和体育赞助经纪人方面做出贡献的同时，这些传播机构往往也获利匪浅。在整个体育赞助商业体系的闭环中，电视转播商不仅可以获得独家优质的赛事与活动节目资源，进而得到更多广告青睐，而且可以借此提升媒介地位与形象。

体育赞助作为最广泛而最直接的体育资助形式，运作方式与手段已经逐渐成熟，企业或个人通过捐钱、捐物来支持赛事、体育组织或个人，其回报就是社会美誉度和品牌的广告效应，获得消费者对产品和品牌的认可度，最终实现品牌升值，形成可观的市场销售量和经营利润回报。

有人认为，目前体育赞助市场普遍是供大于求，属于买方市场。此种观点，未必符合现时实际。实际上，体育赞助市场前景广阔，不存在清晰明确的供求状况，只要选准赛事或赞助明星，协调好被赞助对象、媒体、受众以及消费对象等方面的关系，可供挖掘的宝藏依旧丰盛。

第二节 起源与发展

体育赞助的发展，离不开社会进步和文明程度的提高，离不开市场需求和商业策划。体育赞助的发展过程，经历了完全是无偿的单向援助，因为兴趣爱好支持相关赛事或人物，有条件和商业动机渗入体育赛事、体育活动、体育人物等的支援，参与和有计划有组织追求商业价值的营销行为等几个阶段，简述为单向援助阶段、兴趣支持阶段、商业动机阶段和价值营销阶段。即使到了现在高度发达的价值营销阶段，在一些国家和地区的某些特定体育赛事、体育活动、体育人物的赞助行为中，也不乏不讲究任何条件和回报的单项援助和完全凭借一时兴起的兴趣爱好支持和帮助。

一、单向援助阶段

在人类社会生活中，由富人赞助艺术与体育可以回溯到古希腊时代、古罗马时代或更为久远的时期。在相当长的时期里,这种赞助是单向的、无偿的、无条件的非商业性行为,纯属善举、义举或爱国之举。

体育领域具有商业目的的赞助始于 19 世纪中叶,交通运输业是最早运用现代意义体育赞助的行业。1852 年,美国新英格兰铁路运输公司曾向哈佛大学和耶鲁大学划船队提供赞助,免费运送他们前往比赛,与此同时大力宣传此事,以吸引上千万体育迷购票搭乘他们的火车前往观看比赛,从而首开体育赞助的先河。

第 10 届夏季奥林匹克运动会于 1932 年 7 月 30 日—8 月 14 日在美国的洛杉矶举行,共有来自全球 37 个国家的 1331 名运动员参赛,包括中国在内的很多国家运动员因费用问题无法成行,参赛的运动员人数显著减少。中国首次派出了仅刘长春一人为运动员的 3 人代表团,东北少帅张学良私人资助了 8000 元大洋,作为中国第一支奥运军团的路费。刘长春由于准备不足,仓促上阵,未能发挥出自己的水平,在 100 米和 200 米预赛中落选。后因旅途劳顿,体力不支,刘长春放弃了 400 米的比赛,开创了中国参加奥运会比赛的历史,对中国体育的发展影响深远。当时,国民党南京政府怕得罪日本人,借口没有经费,宣言不派运动员代表参加,张学良的赞助之举完全是正义感使然。张学良说,中国选手出国参加比赛,这本是件好事,政府不支持我支持。这个钱我出。张学良鼓励刘长春说,国难当头,更需要有你这样的有志青年,到奥运会去为国争光,长一长中国人的志气。

单向援助阶段的体育赞助,完全是自发自主行为,很多时候就是一时冲动,或者就是需要赞助方通过至爱亲朋找上门来,盛情难却脸面抹不开,只好掏腰包。至于出资金、出劳力或者出场地等的后续演进和效果,赞助方一般不再关注与评述。这类赞助,差不多是一次性了断,没有后续的要求。

二、兴趣支持阶段

这种因为喜欢、欣赏某一体育项目(赛事)或赞赏某一运动员,而不考虑成本与回报的真金白银支援,可谓典型的爱屋及乌。在这一阶段,还混杂着烟草酒类产品因为受到该国商标广告法的限制,突然大规模将广告投向体育赛事的系列行动。

美国甲骨文老板伯克莱·埃里森早年就痴迷帆船,在夫妇俩月收入合计 1600 美元时,就借了 3000 美元购买一条 34 英尺的帆船并分期付款购买了另一条小帆船。功成名就之后,埃里森痴情不改,倾力赞助并且亲力亲为参加帆船运动和帆船赛事。埃里森非常热爱海洋,挚爱帆船运动,懂得欣赏海洋的自然美感,他获得的帆船奖杯、拥有的无数超级豪华游艇以及他对海洋力量的崇拜就是明证。

1998年,埃里森赢得了在南太平洋举行的725英里的帆船竞赛。比赛途中,参赛船队遇到了一场猛烈的暴风雨,有6名水手丧生,埃里森凭借与生俱来的征服欲和天才的水性侥幸逃生。2010年,在经过三年的失败后,埃里森赞助的甲骨文帆船队最终夺得了美洲杯帆船比赛的冠军,达到自己竞技帆船运动的顶峰。从2012年开始,埃里森着手实施一项疯狂的计划,想要把美洲杯帆船大赛变成电视奇观。作为推广世界系列赛的一部分内容,埃里森特许使用直升机拍摄美洲杯帆船赛的所有赛事,将其拍摄为激动人心的电视节目。埃里森将美洲杯的决赛想象为帆船比赛中的超级碗,在2013年夏天于旧金山湾区举行的路易威登杯勾画为季后赛,正在威尼斯举行的世界帆船系列赛以及将在全球各个城市中举行的世界系列赛赛事比作常规赛。外界评论,这位世界级富豪对帆船运动的赞助和投入,已经到了无以复加的地步。

朱树豪博士因为热爱体育,多年来一直热心赞助支持体育事业。1995年,中国女排处于历史低谷期,为重振女排雄风,力争1996年奥运打翻身仗,朱树豪博士出资帮助郎平解除国外和约,回国执教中国女排,并在1996年奥运会上夺得银牌。朱树豪还发起中华体育基金,资助中国青少年足球队赴巴西训练,并设立高尔夫训练基地,支持中国第一支国家高尔夫队的成立和训练。作为北京奥申委邀请的唯一特邀顾问,朱树豪调动自己多年积累的国际体育资源,参与了北京申奥的全过程。2006年,朱树豪充分利用与国际大体联主席基里安先生等人多年的深厚友谊,为深圳成功申办2011年世界大学生运动会展开卓有成效的国际公关和无私援助。同时,朱树豪作为六位钻石赞助人之一,还积极支持香港举办2009年东亚运动会。

1966年,英国政府出台文件,禁止在电视媒体上做香烟广告,以此防止青少年受到诱导染上烟瘾。1970年,美国做出明文规定,不许在电视上做香烟广告,给了美国烟草经销商当头棒喝。受到电视广告停播影响,英国、美国乃至一些邻近国家地区的香烟产量、销量等急剧下滑,烟草业遭到巨大的打击。在这种背景下,烟草商灵机一动,将巨额广告费用于体育比赛,从而成为企业大规模赞助与自身产品没有直接关系的运动项目的开路先锋。在许多国家,烈酒也被禁止在广播和电视上做广告,因此,在很长一段时间内,烟草商和烈酒商成了体育赞助的主力军。后来,英国、加拿大、美国又相继出台了一些法规,严禁烟草企业进行赞助活动,但它们在体育赞助方面取得的成功,无疑极大地促进了体育赞助活动的发展。

我国早期的体育赞助,基本上是烟雾缭绕,各种各样的烟草品牌渗透到各项赛事中。555汽车拉力赛、沙龙网球赛、健牌台球赛等,无一不是各类香烟品牌的相继登台。就连我国最早实行职业化的足球联赛,前几届都是由万宝路提供的赞助。1993年年底,中国足协和IMG(国际管理集团)签订了中国足球史上的第一份联赛推广合同,由万宝路公司竞标成功,与中国足协签订了五年冠名合同。按照合同,在1994—1998年这五年时间里,第一年赞助费用为120万美元,以后每年的冠名费用按照10%递增。1998年年末,由于广告法的制约,万宝路作为烟草公司不再续约,百事可乐公司得以在新一届竞标中脱颖而出。

三、商业动机阶段

烟草业和酒类产品进入体育赞助,自然属于有着明确动机的营销行为,但它还是一种受到当地政府广告法限制、迫于无奈的应急举措,仅仅只是拉开了体育赞助全面铺展的序幕。20世纪60年代中叶,壳牌、埃索和BP这3家英国跨国石油公司正式大规模赞助体育赛事,才是真正意义的具有商业动机的赞助行动。

1965年,壳牌、埃索和BP共耗资1000万西德马克赞助1.5公升级的汽车大赛,取得了在参赛汽车上粘贴公司招牌的回报,从而开创了企业大规模赞助与自身产品有直接关联的运动项目的先例。

1966年,在前南斯拉夫举行的赛艇世界锦标赛上,第一次出现赞助商的大型广告看牌,把受赞助的项目从汽车、摩托车扩大到其他领域,体育赞助达到了一个全新的更为广泛的境界。

我国改革开放初期,体育赞助停留在学习借鉴国外体育赞助经验、具有一定商业动机的阶段。当时,我国物质生活相对贫乏,有着一定市场意识的企业主多少会担心拿出现金参与体育赞助得不偿失,更多局限于提供实物支持。1984年,健力宝作为首次参加奥运会的中国体育代表团的特供饮品而名声大噪。在中国运动员的节节胜利中,健力宝被西方国家视为揽金夺银的"魔水",中国体育赞助顿时受到各方面的追捧。李宁服装和安踏体育作为中国体育代表团的指定服装,多次伴随着中国奥运军团远征,已经在不知不觉中成了"体育国服"。

此后的很长时间,我国的各类体育赞助特别是职业体育赛事赞助,开展得轰轰烈烈,发展势头强劲。但是,应该看到的是,我国体育赞助到现在还更多停留在商业动机阶段,即已经有了体育赞助的商业意识和动机,但是缺乏整体性、系统性的全盘规划和科学统筹。绝大多数体育赞助(无论是资助者还是被赞助对象,无论是临时或单个赛事还是长期项目或综合运动会)既缺少专业组织机构与专业人才,又缺少长期系统的规划与周密精确的策划与组织实施。很多体育赛事的赞助都是全民皆兵,依靠动用关系"拉赞助",大部分赞助签约都是"一锤子买卖",缺少深谋远虑的系统工程。其中,还不乏个别哄骗赞助商(有些是事先考虑不周,合约难以执行)、不履行合约的情况。尤为让国内外专家费解的是,我国的职业球队(中超、CBA 以及乒超等)无不是以企业冠名,恒大淘宝、宏远、燕京啤酒、申花、SBS 和克明面业等,五花八门,蔚为壮观。在各种企业品牌赞助下的中国职业联赛,俨然就是企业标签的大拼汇,职业赛事变成了"企业联赛"。

四年一届的全运会是中国最高级别的国家级大型体育综合赛事,参加人数最多、比赛项目最多,历年来为各级政府、各界人士及全国广大体育爱好者所关注。1983 年,在上海举办的第 5 届全运会上第一次改变了全部由国库开支的惯例,出现了赞助性的广告。虽然总金额只有 11.36 万元,只占全部支出的 1.16%,但毕竟迈出了中国全运会赛事赞助历史性的一步。第 8 届全运会是全运会历史中第一次有了赞助商,当时的组委会已经开始提出为国家减负的口号,于是采取冠名和拍卖等方法来筹集资金,通过制定产品、杯赛冠名权、各种广告等共为第 8 届全运会的组委会筹集到了大量资金。自此,中国体育赞助开始了价值营销探索。

四、价值营销阶段

全球体育赞助现在已经成为市场营销的重要手段,是国际化品牌打开世界市场、树立品牌形象的有力武器,全球化的顶级赛事、体育赛场上的超级巨星,业已成为企业垂涎、市场哄抢的稀缺资源。

在体育赞助的价值营销阶段,赛事资源、体育明星资源、体育赞助的中介资源和体育媒介资源四位一体空前协调。在专业化体育赞助公司的策划操作下,整个赞助体系不仅强化重视和升华赞助方的品牌利益,优化配置被赞助方的赛事资源、场馆资源,重点保证被赞助的体育赛事、体育人物和体育活动等得到最大化媒体曝光度,施以最佳的媒介的系列报道、连续报道和深度报道,将体育赞助提升到一个各方受益、多维共赢的品牌价值不断深化不断升值的高级科学营销。为了实现赞助方的利益最大化,被赞助方有时候不得不考虑将赛事或者活动放在非常规时间进行,以博得电视转播商(包括新媒体转播商)的高收视率和媒体曝光率。有时候则是因为迎合被赞助方(组织者)的特殊需求,将赛事或者活动安排在电视转播与新媒体转播的非黄金时间段进行,主办方通过其他补偿方式对牺牲了收视率和广告收益的电视转播商加以平衡。

在价值营销阶段,体育赞助呈现出广泛性、规范性和精确性特征,是体育产业最主要的收益来源。最近20年来,全球体育赞助大幅增长,由1995年全球体育赞助总值30.5亿美元上升到2015年的438亿美元,占全球体育产业总额1453.4亿美元的30%以上。体育赞助已经不再是烟酒广告的大转移、大腾挪,不仅仅局限于是体育产品展示的舞台,而是各类世界一流企业品牌的大比拼,可口可乐、百事可乐、劳力士、IBM、飞利浦、万事达、三星、阿联酋航空公司、联想、中国人寿、昆仑润滑油等都经常出现在体育赞助的榜单中。

世界杯是当今世界上受众人数最多的体育单项赛事之一,近年来,越来越多的国际知名企业加入到争夺世界杯赞助商名额的角逐中。1982年世界杯首次引进赞助时,9个一级赞助名额仅值1900万美元。1998年,世界杯赞助金额一路高涨,赞助商数量增至43个。

2006年德国世界杯,国际顶级品牌纷至沓来。其中,汽车赞助商韩国现代、胶片赞助商日本富士、饮料赞助商可口可乐、食品赞助商麦当劳,体育制造大牌阿迪达斯和近水楼台的德国电信等纷纷加盟到世界最高水平的足球大赛中。2006年世界杯期间,国际足联总共与15家企业签订了赞助合同,每家企业的赞助金额为6000万欧元。2006年世界杯后,FIFA调整了赞助商结构,按照市场状况将世界杯赞助分为以下三层:第一层是FIFA全球合作伙伴,只有阿迪达斯、可口可乐、现代起亚、阿联酋航空、索尼和万事达6家公司;第二层是FIFA世界杯赞助商,同样可以进行全球推广,但使用权限仅限于FIFA世界杯和联合会杯的相关商标。2014年巴西世界杯有8家赞助商,分别是安海斯布希(百威)、嘉实多、大陆轮胎、强生、麦当劳、MoyPark(欧洲家禽食品生产公司)、OI(巴西电信)和英利能源;第三层则是主办国支持商,必须为主办国公司,并且只能在本国就当届赛事进行推广营销。虽然赞助层级最低,但2014年巴西世界杯期间每家投入了2125万美元以上,8家共计给FIFA贡献了1.7亿美元的收入(见表1.1)。①

表1.1 世界杯赞助商名单

序号	2006年德国世界杯	2014年巴西世界杯		
		全球合作伙伴	世界杯赞助商	主办国支持商
1	阿迪达斯	阿迪达斯	安海斯布希	
2	可口可乐	可口可乐	嘉实多	
3	德国电信	阿联酋航空	大陆轮胎	
4	阿联酋航空	现代起亚汽车	麦当劳	
5	雅虎	索尼	强生	
6	富士	万事达	MoyPark	
7	吉列		巴西电信	
8	现代汽车		英利能源	
9	万事达			
10	麦当劳			
11	飞利浦	6家公司共向FIFA提供高达7.3亿美金的赞助费,即平均每家至少贡献1.2亿美元	8家公司共给FIFA贡献收入5.5亿美元,每家至少交6800万美金	每家投入2125万美元以上,8家共计给FIFA贡献1.7亿美元的收入
12	东芝			
13	安海斯布希啤酒			
14	CommScope			
15	Conti-online			

世界杯的赞助商基本上都是全球体育赛事赞助常客,如阿迪达斯、吉列、万事达、可口可乐、麦当劳、飞利浦等。网络巨头雅虎则扮演了国际足联

---

① 参见《FIFA赛事赞助——14亿美元赞助费如何得来?》,来源:华奥星空,2015年11月15日。

的网站合作商的角色,而名字尚不大为欧洲人熟悉的亚洲阿联酋航空公司也跻身到2006德国世界杯行列中。国际足联为了保护这些赞助商的利益和世界杯商标的使用权,专门立法保护世界杯商标,严禁非官方赞助企业在任何产品或服务、销售、广告中非法使用世界杯商标。

第三节 分类与特点

体育赞助具有可信度大、沟通面广、社会反响大、效果自然易被接受等特点,因而倍具魅力,深受各路厂商的欢迎。体育赞助分类可以有着多种形式,每一种分类方法都有其主线和路径。

以赞助的对象分,体育赞助可以分为体育赛事赞助(包括单项赛事、综合赛事和其他赛事)、体育组织赞助(国际奥委会、国际足联、国家体育总局)、体育场馆赞助(NBA美航中心、水立方、鸟巢、万事达五棵松体育馆)、体育运动队赞助(中国跳水队、中国乒乓球队)和体育运动员赞助(姚明、刘翔、李娜、丁俊晖、宁泽涛)等。

以赞助类型分,体育赞助包括竞技体育赛事赞助(奥运会、全运会、世锦赛)、群众体育赞助(全民健身、拔河赛、中国棋王争霸赛)、商业体育赛事赞助(NBA、世界杯足球赛)和体育活动赞助(安踏CCTV体坛风云人物评选、劳伦斯杯年度体育人物评选颁奖)等。

以赞助的形式分,体育赞助可以分为货币赞助、实物赞助、技术赞助、劳务赞助和混合赞助。

以赞助的程度级别来分,可以分为总冠名赞助、独家冠名赞助、冠名赞助、部分赞助、长期赞助和一次性赞助等。

可以看出,体育赞助形式多样,花色繁杂,能够满足不同层次赞助商的需求。赞助商可以根据自身的实力和发展需要,选择不同级别、不同类型的资助方式,达到事半功倍的效果。

在实际操作中,国际知名企业往往选择高级别的国际赛事(奥运会、世界杯足球赛、美洲杯帆船赛、网球大满贯和高尔夫球欧巡赛、美巡赛等)或国际一线明星(如乔丹、麦克罗伊、费德勒)作为长期资助对象,以体现其国际品牌的特定意义。当企业需要拓展区域市场时,可能会选择单个赛事(如NBA中国赛、中国网球公开赛、意大利鸟巢超级赛等)或某支球队(江苏苏宁足球队、新疆天山银行篮球队等),也会考虑国家地区一级的赛事(如全运会、中国足球超级联赛和 CBA 等)作为资助对象。

体育赞助有着公益慈善和广告营销的双重属性,它表面上是付给有关方面一定量的现金或者物品,支持举办体育赛事、体育活动,类似于无私的捐赠资助。同时,体育赞助方要求体育组织以广告、冠名、专利和媒介报道等无形资产进行回报,使之获得更多的商业利益和市场价值,是一种体育场景下的价值营销行为。因此,体育赞助具有周密性、长期性、大型性、排他性、全球性和关联性等特点。

一、周密性

体育赞助不是脑袋发热的一时冲动,需要精心策划,制定一整套缜密的赞助方案,以保证体育赞助的最终效应。体育赞助作为企业营销战略的一部分,应该成立专门部门,安排专业人员,专门司职赞助项目公关策划工作。有时候,还需要由总裁或专门负责营销的副总挂帅,瞄准预定目标,从整个行业背景到主要竞争对手、从产品服务的订制研发到市场投放、从资金落实到人才配置等各个方面,全面精确进行分析,每个环节丝丝入扣密不透风。真正把体育赞助,打造自身品牌成为公司战略实施的一部分,并贯彻执行到位。

2007 年 8 月 10 日,伊拉克奥委会总监提拉斯·安瓦雅与中国匹克总裁徐景南在北京亮马饭店签约:匹克公司作为伊拉克奥运代表团的赞助商,为伊拉克国家代表团提供全部体育装备及参加 2008 北京奥运会的全程费用。这个简单的、仅有几分钟的签字仪式,其背后却有着周密的策划和严格的考察论证。从 2005 年开始,主要针对篮球领域的匹克公司明确了品牌国际化战略,实施赞助了以篮球为主的多项国际赛事,并逐渐在全球 20 多个国家设立代理商,在欧洲还设立了全资子公司。在此期间,中国匹克一直在计划寻找与之形象配套的、能够在 2008 年北京奥运会上一展身手的"代言人"。中国匹克的中东代理商从中"撮合",2006 年伊拉克男足在亚洲杯夺冠,坚定了中国匹克与伊拉克国家队的奥运合作。中国匹克方面直言,除了伊拉克人民不屈不挠的精神,伊拉克要价较低和对赞助条款的宽松条件,也是携手的原因之一。

如果准备不够周密,对体育赛事赞助的评估、组织计划、资金实力、项目执行和后续服务等的不足,体育赞助很难取得预期的理想效果。据统计,在赞助夏季奥运会的上百家企业中,大约只有 1/4 的企业得到满意的回报,有些企业只得到一些短期效益,有些企业甚至血本无归,再也不敢涉足体育赞助的"泥潭"。

二、长期性

　　体育赛事是一个注意力高度集中的精神产品,体育赞助通过延伸出其内涵特质,带动企业的品牌拓展。体育赞助是以心理渗透为主,最终实现广告效应的营销活动,各种商业价值只有经过长期不懈的努力方能实现,很难一蹴而就。因此体育赞助贵在坚持,无论是赞助目标还是赞助项目都要保持相对稳定,使之形成系统、完整的赞助品牌形象,切忌朝三暮四、一锤子买卖。通过长时间的体育赞助,可以确保产品形象的稳定性特质。体育营销不同于一般的事件营销,它具有持续性、间接性和公益性的特点,提倡精神文化层面的宣传。企业在进行体育赞助时,应该针对确定项目或赛事进行长期的传播主线规划。

　　劳力士一直是马术、高尔夫和网球的赞助商。在赞助马术、高尔夫和网球赛事时,劳力士精准定位了其高端消费群体,将企业产品或品牌不能产生的理念和文化元素,有效地与体育元素融合嫁接。通过整合以后,劳力士的"超凡脱俗""彰显尊贵"的品质有机地融入赛场的每个角落,融入运动员教练员和观众的内心,稳固了品牌的知名度,增加了品牌的美誉度。长期的赞助,传播主线的连贯和专一,使劳力士"彰显尊贵"的特质明晰地保留在其目标消费群体中。自1967年起,劳力士一直致力推动高尔夫球发展,冠名赞助了多项赛事,延续着高尔夫球运动的悠久传统及其力臻完美的精神。

　　可口可乐之所以成为世界品牌,与它长时期赞助体育有着密不可分的关系。只要有大型的国际体育赛事,就能看到可口可乐的身影。可口可乐俨然成了体育的代言人,长期的、无所不在的体育赞助成就了可口可乐的全球巨无霸市场。韩国三星电子对奥运会的赞助、步步高对中国排球联赛的赞助、万宝路对中国甲A的赞助和李宁对我国国家队运动装备的赞助等,都体现了体育赞助长期稳定的特点。

三、大型性

　　近年来,体育赞助的投入费用越来越多,赞助规模越来越大,呈现资金大型化、执行团队大型化的特点。不仅奥运会、世界杯等顶级赛事的赞助费用越来越多,我国的全运会、城运会、农运会赞助也水涨船高,就连一些小型赛事的赞助竞争也越发激烈,没有很强的实力和良好的品牌形象,很难挤进去争夺到体育赞助这个"香饽饽"。

2015年10月28日,中超联赛有限责任公司在北京召开2016—2020年中超联赛电视公共信号制作及版权合作伙伴的签约仪式,体奥动力(北京)体育传播有限公司从五星体育传媒有限公司、中视体育娱乐有限公司(中央电视台的体育赛事商业运营机构)和广东广播电视台等的竞争者中拔得头筹,以80亿元人民币的价格购买未来5年中超联赛全媒体版权。

体奥动力是至今为止唯一一家从甲A时代就和中国职业足球联赛在一起的合作伙伴,是与中国足球职业联赛合作最长的伙伴。体奥动力之所以最终能够拿到中超联赛未来5年的全媒体版权,绝非仅仅凭借80亿的最高报价,最主要的还是缘自多年来与中国足球的长期真诚合作以及自身积累的各种优势。体奥动力有着超强的专业团队,具有丰富的足球赛事制作经验和赛事版权销售实力,可以保证中超资源的最大媒体覆盖。体奥动力还将投资建立中超联赛制作中心,大量生产基于中超联赛的各类节目,全面向国际先进联赛靠近。[①]

体育赞助的大型性连锁带来的另一个特点就是不平衡性,这包括各个项目的不平衡、各个赞助国家和地区的不平衡等。球类赛事(如足球、篮球)、拳击、赛车、帆船、网球和高尔夫等往往更加受到赞助商的热捧,体操、举重、乒乓球、羽毛球比赛等常常受到冷落。美国体育赞助占到全球40%左右的份额,加上日本、德国、英国、意大利和法国等发达国家,盘踞了体育赞助的大半江山。

四、排他性

体育赞助长期以来一直是运动品牌营销的重要手段,它的一个重要特点就是排他性,即一个行业通常只容许一个企业或品牌出现,赞助企业将自动获得阻止竞争对手进入该领域的战略性优势,这必将导致无缘赞助的企业只能选择其他途径和手段营销。体育赞助的排他性正在从赞助企业要求被动"排斥异己",向体育主管部门主动制定行业内部竞争细则过渡。

体育赞助的排他性表现在项目的排他性和代言人的排他性。无论是奥运会、全运会等综合赛事赞助,还是世界杯、NBA、中超等单项赛事的赞助,都

[①]参见徐江:《中超公司与体奥动力正式签约,携手打造一流联赛》,来源:搜狐体育,2015年10月28日。

在细分市场,各个层级的赞助金额和利益分配泾渭分明,各个行业的赞助门槛和类别也条分缕析,不仅让赛事组织主管部门获得了更多的商业权限开发空间,还使赞助企业的利益得到最大限度的满足。

1984年洛杉矶奥运会时,由于赛事赞助的排他性,行业内部竞争异常激烈。碳酸类饮品的两大巨头可口可乐和百事可乐这对死冤家争得不可开交。从400万美元的底价,一路攀升。最后,可口可乐一下子亮出1260万美元的高价而夺标,报了莫斯科奥运会败给百事可乐捷足先登的一箭之仇。

我国的全运会商业运作逐渐向奥运会接轨,2005年南京全运会,一改以往历届全运会场地广告和作为赞助回报的赞助广告一锅烩、赞助和场地广告混淆不清的格局,取消场地广告招商,集中精力开发赞助,把所有场地广告纳入到赞助的企业回报范畴,由各个层次的赞助商来分享。同时,又下大力气来提高行业排他性的力度,严格规定每一个行业只吸收一名赞助商,而且由这名赞助商独享全国行业排他权。同行业中的其他任何企业,不管名声多大,实力多强,出价多高,都绝对不得插足任何与全运会有关的商业活动。这样,就可确保赞助商在规定时间内,特别是全运会比赛前后的一两个月左右的高潮时间里,围绕全运会开展营销活动,不但能在气势上压倒同类企业,而且还可大大提高企业在公众心目中的公信力和影响力。

体育赞助的排他性还体现在体育明星代言上面,为了避免同类企业的"入侵",总会在合同条款中非常明确写上"不得给相关同类企业进行广告宣传活动",以维护企业自身利益。2014/15赛季中国羽毛球超级联赛期间,代言日本品牌的林丹就因为与赛事主赞助商发生权益冲突,不得不只能作壁上观。

五、全球性

体育是全球化的精神文化产品,没有疆域,没有国界。随着"地球村"的逐递实现,全球经济一体化的进程加速,体育赞助正在掀起全球性浪潮。

体育赞助的全球性首先是全球化国际公司(如IBM、可口可乐、奔驰、劳力士等)为建立和稳定国际品牌形象,实施全球性销售计划,往往会选择全球顶级赛事的赞助(如奥运会、世界杯、网球、高尔夫、帆船、F1赛车、拳击等)。其次,发展中国家的成长型企业(如联想、李宁、匹克、燕京啤酒、中石化、昆仑润滑油和汇源果汁等)为了开辟国际市场,倾力赞助发达国家的体育赛事(如匹克、燕京啤酒和昆仑润滑油等赞助火箭主场,汇源果汁赞助美洲杯帆船赛)。最后,发达国家的企业为扩张区域市场,对目标区域的国家和地区的体育赛事、体育活动或体育运动员进行赞助,如沃尔沃中国高尔夫公开赛、喜力网球大师杯总决赛等。

李宁公司的全球性赞助很有代表性。李宁品牌不仅多次赞助中国体育代表团(队)参加国际比赛走向世界,扬威全球,而且在对外国体育赞助扩张上也频出妙笔。2006年6月,李宁公司就成功击败阿迪达斯赞助法国体操队,开创了中国本土体育品牌在奥运会上赞助海外奥运代表团的先河;2001年8月的北京世界大运会,李宁赞助了整个俄罗斯代表团的器材装备;2006年,身披"李宁"战袍的西班牙男篮首次杀入男篮世锦赛决赛,夺得世界冠军。最耐人寻味的是,2002年8月,李宁在世界女篮锦标赛上赞助的西班牙女子篮球队大出风头,一举战胜了由耐克赞助的多支强队,包括耐克的赞助对象中国队。在西班牙女篮战胜中国女篮后,某新闻媒体"李宁打败了耐克"的报道,让耐克不知所措。围绕2008年北京奥运会,李宁公司进行了一系列大的动作,先是与西班牙篮球协会签约,成为2004—2008年西班牙男女篮球队指定运动装备赞助商。在雅典奥运会以及随后的四年内,西班牙男女篮球队都将身穿李宁比赛服参加各项比赛。随后,李宁公司又分别与苏丹田径队和阿根廷篮球协会签约,共同携手奔向2008年北京奥运会。2007年3月和6月,李宁公司分别签约瑞典奥委会和西班牙奥委会,公司将为两国奥运代表团提供参加北京奥运会的各项装备。这一系列大手笔运作,为李宁品牌在国际上赢得了相当的知名度与美誉度,品牌地位日益提高。李宁的全球性体育赞助还体现在聘请国际球星如美网冠军西里奇、撑竿跳女皇伊辛巴耶娃和NBA球星等充当形象代言人,以融入全球文化,稳固与壮大全球品牌。

六、关联性

体育赞助的目的之一是为了促进产品销售和服务升级,因此,对赛事项目、体育明星代言人等的选择至关重要。如果所赞助的体育项目或球星与企业销售计划没有关联性,赛事观众不是目标消费群,也不被他们所钟爱,也就无从谈商业价值,赞助就失去了应有价值。

体育赞助不管采取什么样的形式,投入多大,其终极目标都是为建立、巩固一个强有力的品牌定位服务,从而影响和推进销售业绩,首先要考虑赞助项目与品牌定位、产品特性和覆盖区域是否相符。万宝路香烟品牌多次赞助欧洲一级方程式赛车和中国足球甲A联赛,将世界顶级车手的阳刚气质、足球运动员的张扬个性与万宝路的男子汉气概的品牌内涵联系在一起，阐发了万宝路的品牌内涵——自由、粗犷和冒险精神。

啤酒与体育赛事、体育活动的关联度非常高，激情、迸发、挥洒、狂欢是二者的共同内质，啤酒成就了体育赛场激情澎湃、情感飞扬的助力剂。在受众群体方面，啤酒产品本身就是一款倾向男性的消费品，而体育赛事吸引的也主要是男性群体，两者目标群体高度重叠。在烟草赞助受到更多限制之时，酒类企业特别是啤酒企业义不容辞地充当起了体育赛事赞助的新军，各种体育赛场上，当初的"烟雾缭绕"变成了"醇酒飘香"——喜力、嘉士伯（网球），百威（拳击、奥运会），金威（中超）。在2008年北京奥运会的赛场上，国际奥委会打破"排他性"禁锢，根据中国国情史无前例的汇聚了老牌奥运赞助商百威和中国本土啤酒品牌燕京、青岛三大啤酒巨头作为顶级赞助商。

体育赛事除了对啤酒销售的带动，更重要的是让企业借助体育营销提升品牌，将品牌形象与活力更深地植入消费者心中，使得啤酒赞助商得到硬性资产方面和联想价值方面的双重收益。

第四节 体育赞助的功能

体育赞助是一项赞助方、被赞助方、中介方和电视转播商（新媒体转播商）等四位一体的有机行动，是一项联动共赢的品牌价值营销。通过置身于体育赞助体系，赞助方、被赞助方、中介方和电视转播商（新媒体转播商）各得其所。对于被赞助方来说，通过体育赞助，可以吸纳到更多资金参与体育赛事、体育活动之中，扩大体育赛事财源，增强体育赛事体育活动的活力，将体育赛事的规模规格做大，促进体育运动水平的提高，促进竞技体育的发展，满足人们日益增长的赛事活动观赏需求，提振体育的形象、地位和社会影响力；对赞助方而言，体育赞助可以扩大和提高赞助商的企业品牌知名度，凸显赞助者的实力与地位，美化企业和品牌形象，重新塑造企业产品与服务个性特征，培育与消费者、合作伙伴的"零距离"感情，可以绕越某些沟通障碍，实现有针对性地与目标顾客沟通，达到事半功倍的营销效果；对体育赞助中介方来说，通过整合赞助方、被赞助方和电视转播商的资源，扩大赛事与活动的影响力，将体育明星效应最大化，就可以达到利益最大化，卓越的体育赞助中介水平得到业界内外认可，将形成良性循环，可吸纳到更多更优质的赞助商以及更高规格的赛事资源、活动资源、体育明星资源；对电视转播商(新媒体转播商)而言,全球化高水平的体育赛事资源、体育活动资源是收视率的强有力保障,精彩赛事与玄妙活动给了体育明星和娱乐明星同台献艺的舞台,有时候还是赞助商、被赞助方甚至中介方登台献技、露脸争光抑或与明星互动的最好机会,电视转播与新媒体转播的独特光晕,烘托出难以想象的赞助效果。

一、提振体育形象

体育赞助是体育赛事、体育活动和体育人物等的开源活水,是激活赛事潜力的催化剂和助力剂。通过吸引强大品牌的赞助参与,体育赛事与体育活动的组织机构更趋平衡合理,集中多方智慧的赛事活动策划与安排更为周密科学,更加符合观众胃口和市场需求,大大提高赛事活动的人气指数和观赛热情,增添体育的社会效应和经济效益,提振体育在社会公众中的形象和地位。

国际奥委会有着现在崇高的地位,与夏季奥运会和冬季奥运会联合导入 TOP(The Olympic Partership Programme)计划有着直接关系。正是科学完备的奥运会赞助方案,激发了奥运赛事的潜力与活力,将濒临停摆的奥运会赛事成为世界狂欢的体育盛事,成为可以让战争停火的和平港湾。

1976 年蒙特利尔奥运会被视为现代奥林匹克的滑铁卢,由于赞助不尽合理和其他赛事开发不利,留下了 7.9 亿美元债务,直到 30 年后的 2006 年才完全偿还,导致第 23 届夏季奥运会仅洛杉矶接盘。国际奥委会的社会地位跌入低谷。

20 世纪 80 年代,萨马兰奇掌控国际奥委会,进行了大规模的变革,大胆进行商业性开发,利用各种活动创造财富,为奥林匹克运动的发展创造了一个良好的经济基础。通过组织实施 TOP 计划,一改奥运赛事赞助依靠"施舍"的既有印象。TOP 计划的成功实施,使奥运赞助收入与电视转播收入、门票收益成为奥运赛事并驾齐驱的三大收益支柱。从第 23 届奥运会开始,连续几届的奥运会主办国不仅均未出现财政赤字,而且产生了良好的经济效益和前所未有的社会影响力。国际奥林匹克的良好信誉和经济上的巨大盈利,极大地调动了主办国家和承办城市主办奥运会的积极性和创造性,国际奥委会的国际地位空前高涨。

在此基础上,国际奥委会开始举办奥林匹克艺术节,在全球范围内的很多国家和地区建立奥林匹克博物馆,定期举办奥林匹克日纪念活动,定期召开奥林匹克科技大会,支持各国奥委会参加每年在希腊奥林匹亚开设的国际奥林匹克学会研讨会。国际奥委会打破禁锢,与世界上联合国组织、各国政府和其他民间体育组织密切合作,召开与体育有关的专题研讨会,包括世界体育科学代表大会、世界体育和环境代表大会、世界体育领域反对种族隔离代表大会、世界反兴奋剂代表大会等,以推动奥林匹克运动在全世界的发展,促进体育运动更好地为人类健康、和平和友谊服务。在国际奥委会的倡议之下,2001年第56届联合国代表大会通过了一项由世界上170多个国家提出的题为"通过体育和奥林匹克理想来建立一个和平和更加美好的世界"的决议,在2002年盐湖城冬季奥运会期间实现"奥林匹克休战"。自此,通过国际奥委会组织呼吁休战,成为很多国际组织翘首以盼的重要时刻。

美国 NBA 联盟充分调动赛事组织中的多元赞助因子,提高观众的忠诚度,使广大观众通过观看体育赛事接收赞助商的全方位信息,更直接地接受赞助商的企业品牌和产品,达到了激活赛事资源和赞助价值营销的双重效果。在跨年度的 NBA 赛季中,赛事组织者为赞助商提供多层次的体育市场展示机会,经常举行与 NBA 赛事相关的基础活动,如篮球培训班、三人篮球赛、扣篮大赛、三分球大赛和街头篮球赛等,将赞助商的企业品牌与这些基础活动紧密地结合在一起,使赞助商的企业形象和产品在广大消费者中获得较强的生命力,最终达到消费者一看到 NBA 相关活动就会联想到赞助商的品牌和产品的效果,帮助赞助商提高品牌和产品的知名度。

二、放大企业品牌

体育赞助可以放大企业品牌,扩大国际知名度。三星、耐克、阿迪达斯、可口可乐和 IBM 等是体育赞助的常客,是体育赞助的受益者。这些赞助商通过利用体育赛场,争取到更多商业合作伙伴,扩大了商业领域版图。在奥运会,世界杯足球赛、网球四大满贯,美洲杯帆船赛及高尔夫球美巡赛、欧巡赛期间,国际顶级赞助商都邀请了数以千计的客户及合作伙伴去观赏赛事,为与合作伙伴及客户增进感情交流、谈判及签订协议、争取新投资或客户提供了机会和可能。

体育赞助可以得到超值广告回报。据专家测算,企业通过体育赞助平均品牌提升度是进行普通广告投入的1.8倍,而赞助夏季奥运会、世界杯足球赛等超级赛事,平均品牌提升度回报率是普通广告的3倍。韩国三星集团先后出巨资赞助了汉城奥运会、巴塞罗那奥运会、亚特兰大奥运会、长野冬运会、悉尼奥运会、雅典奥运会,品牌国际形象大大提升。三星电子认为,赞助奥运会"物有所值",可以使企业的形象、产品及技术得到被世界公认的机会。三星产品借奥运会五环,能提高中低档品牌的形象,有利于公司打败竞争对手,占据市场主导位置。

可口可乐是全球体育赞助的积极推动者和品牌成功范例,是体育赞助的常客,也是通过体育赞助发家致富的最大受益者。几十年来,可口可乐热衷于奥运会和足球世界杯等顶级赛事,将大量财力投入到世界最高规格、最高水准的体育赛事,取得了品牌扩张和市场渗透的良好效益。利用奥林匹克思想在全世界范围内一直深入人心的思想,可口可乐从1928年赞助第9届奥运会开始,便一直赞助奥运会,并从1985年成为国际奥委会第一轮TOP计划的核心成员,是奥运会长期稳定的合作伙伴。从1930年举办第1届世界杯开始,可口可乐成为世界杯从未间断过的赞助商。通过赞助体育赛事,可口可乐将体育运动中激情、活力、青春和力量等体育的特有形象气质,成功转移到可口可乐的品牌形象上来,对其形象建设和大幅提振品牌形象提供了极大的帮助。

华为、中兴和OPPO等手机制造企业将手机品牌与体育赛事的结合视为市场推进的蓝海,通过与全球顶级的赛事资源合作收益颇丰。

从2013年下半年开始,华为连续赞助了德甲多特蒙德、意甲AC米兰、西甲联赛、英超阿森纳、法甲巴黎圣日耳曼等诸多传统欧洲强队。此后,华为又注资成为俄罗斯足协官方合作伙伴,赞助印度超级板球联赛(IPL)的班加罗尔皇家挑战者俱乐部,拿下澳大利亚橄榄球联盟堪培拉奇袭队。

中兴对篮球营销情有独钟,与篮球顶级赛事NBA签订了长达三年的排他性战略合作,同时新签芝加哥公牛队、克里夫兰骑士队,续签休斯敦火箭队、纽约尼克斯队和金州勇士队。中兴正在打造体育营销的"全球+"版图,北美、澳大利亚、日本以及埃塞俄比亚,都有着中兴体育营销的身影。2015年,中兴手机向高尔夫高端赛事拓展,新机Axon Phone与新晋高尔夫美巡赛冠军李真明同时出现在了冠军领奖台上。

一向在娱乐营销上非常豪气的OPPO,最近也发出了进军体育营销的信号。2015年9月,OPPO宣布在未来三年成为巴塞罗那的官方合作伙伴。在达成协议之后,巴塞罗那俱乐部和OPPO将在足球赛事、球迷活动、电视广告以及其他方面展开一系列合作。与OPPO血肉相亲的同门VIVO近期宣布,自2016年起正式成为印度板球超级联赛主冠名合作伙伴。

此间人士表示,这些厂商并不打算通过这种合作多卖几台手机,他们更看重合作后能给品牌带来怎样的增值空间。通过和国际体育赛事品牌合作,能直击他们的目标用户,也能在国际范围内增加曝光度,提高消费者的辨识度。

三、整合定制营销

全球顶尖的体育赛事,可以实现乘数级的传播效应,能大大减少与不同地区消费者的沟通成本。作为致力于国际化的企业品牌,顶级体育赛事在营销中是必不可少的一环,不仅能提升销售力和品牌力,更能给予合作伙伴们极大的信心。体育赞助需要真金白银的投入,不能只满足于品牌的曝光以及产品的简单植入。围绕核心体育资源,搭建系统性的整合营销方案,最大化地发挥顶级赛事的辐射力和影响力,盘活体育赞助资源,才是体育赞助方的根本所在。

华为手机业务在全球迅速扩张过程中,完美实施了整合定制营销计划,迅速拉升了华为品牌在全球大众消费市场的影响力。2014年底,华为入选 Interbrand "Top100" 全球最具价值品牌,成为首次上榜的中国大陆品牌。市场调研机构 Digitmes Research 公布的 2015 年全球智能手机出货量数据显示,中国的华为位居中国第一世界第三位,正在大跨步地缩小与苹果和三星的距离,并有明显的后来居上之势。[①]

2015年3月18日,1990年世界杯冠军获得者、现沃尔夫斯堡助理教练皮埃尔·利特巴尔斯基和中国籍球员张稀哲空降华为展台前,宣布华为将与德甲顶级球队沃尔夫斯堡进行技术合作,通过实施华为"敏捷场馆"解决方案为大众竞技场提供 WiFi 接入服务,提升球迷的观赛体验。这项可为超过8万用户同时提供 WiFi 接入的"敏捷场馆"解决方案,已被全球20多个大型的体育场馆所采用,其中包括德国多特蒙德球场、荷兰阿贾克斯球场和英国格拉斯哥流浪者球场等。这项从2013年开始推出的"敏捷场馆"解决方案,不仅可以为场内8万余名观众和全体工作人员免费提供 WIFI,球迷甚至可以在第一时间接收到比赛双方的首发阵容、赛事进展等信息推送。

通过技术专利,华为 B2B 业务已经打开了几乎全球的通信市场。近几

---

① 参见 Kant:《本土手机品牌,豪赌体育营销值不值?》,来源:媒介360,2015年11月4日。

年,面对火热的海外手机移动终端市场,华为选择通过体育赛事提升自己的知名度和美誉度,力图实现向 B2C 转型的战略规划。华为表示,足球是当之无愧的世界第一运动,拥有广泛的粉丝人群,这是华为选择将足球产业作为商业布局的切入口来提升品牌知名度的重要考量因素。华为创始人任正非表示,华为与足球的渊源从 2011 年就开始了,不知不觉,足球也变成了华为的一个利润增长点、一种文化。

墨西哥美洲队是墨西哥联赛的豪门级球队,曾经 10 次获得墨西哥甲级联赛冠军、5 次获得中北美冠军杯冠军。华为选择与美洲队达成合作关系,正是看中了其在墨西哥乃至整个中北美地区的巨大影响力。通过赞助美洲队,华为在墨西哥当地的手机销量增长明显。

已经步入时尚领域的华为,在与美洲队的合作发布会上邀请维密超模进行走秀表演,将体育与时尚的力与美完美地进行了结合。现代体育已不仅仅是只有运动这一单一元素,从贝克汉姆、永贝里、伊布,再到近些年的 C 罗、贝尔等人都是时尚界的宠儿,更不必说当年号称"模特队"的意大利国家队了。华为通过维密超模与美洲队合作发布会,将越来越时尚的华为手机很好地融入到了合作中,可谓是参透了体育营销的精髓所在。

赞助墨西哥美洲队、F1 Fanzone 粉丝嘉年华,可以说华为在墨西哥的动作不止于足球赞助。通过这一系列的合作,华为以墨西哥作为核心,辐射整个美洲地区,全面提升在该区域的品牌知名度。

四、开辟全球市场

体育赞助的全球化特征,决定了其有着开辟全球市场的动能。无论是体育类品牌阿迪达斯、耐克、李宁、IBM、劳力士、飞利浦等高精技术巨头,老牌的可口可乐、百事可乐、麦当劳等食品饮料公司,还是万事达、中国银行、中国平安等金融保险企业,包括中国新兴的体育赞助企业燕京啤酒、华为集团等,无一例外都将体育赞助作为打开海外市场、实现全球战略的重要手段。

从华为集团的体育赞助之旅可以看出,无论是简单的赞助比赛和赞助球队,还是通过技术改造球场做专属定制,华为通过建立与赞助体育俱乐部的连接,促进了与全球消费者的互动,实现了海外业务发展和全世界品牌扩张的终极追求。

2011 年 8 月,华为独家冠名赞助在北京鸟巢举行的意大利超级杯比赛,首次通过赞助国际赛事切入全球化体育营销。凭借这一夺人眼球的跨国界顶级足球赛事,华为的国际知名度瞬间暴涨。通过赛事新闻发布会、赛事前期的系列推广活动中礼仪导购小姐的循环穿梭和赛事间歇见缝插针的大力推广营销,华为手机由运营商路线的 B2B 模式一举走向消费者品牌路线的 B2B2C 模式。

尝到体育赞助甜头的华为集团,将更多精力和财力的境外市场推广置于体育赛事和体育球队的价值营销。从 2013 年下半年开始,华为终端连续赞助了德甲多特蒙德、意甲 AC 米兰、西甲联赛、英超阿森纳、法甲巴黎圣日耳曼等诸多传统欧洲强队。2013 年 8 月,华为冠名了第 5 届中东地区青年海湾杯足球赛,2014 年 6 月又成为俄罗斯足协官方合作伙伴(见表 1.2)。

表 1.2 华为集团几年来体育赞助一览表

时间	赞助对象	赞助形式
2011 年 8 月	意大利超级杯北京站	总冠名
2012 年 4 月	马德里竞技俱乐部	赞助商
	多特蒙德俱乐部	官方合作伙伴
2013 年 8 月	中东地区海湾杯	冠名
2013 年 9 月	惠灵顿凤凰足球队	主要赞助商
2013 年 10 月	AC 米兰俱乐部	移动通讯合作伙伴
2013 年 11 月	西班牙足球甲级联赛	全球技术伙伴
2014 年 1 月	阿森纳俱乐部	全球智能手机合作伙伴
	巴黎圣日耳曼俱乐部	官方合作伙伴
2014 年 4 月	印度班加罗尔俱乐部	主要赞助商
	俄罗斯国家足球队	足协官方合作伙伴
2014 年 6 月	阿贾克斯俱乐部	官方赞助商
2014 年 9 月	加拉塔萨雷俱乐部	赞助商
	安德雷赫特俱乐部	赞助商

第一章 体育赞助

华为不仅与意甲豪门 AC 米兰、英超豪门阿森纳、德甲豪门多特蒙德、法甲豪门巴黎圣日耳曼、荷甲豪门阿贾克斯、葡甲豪门本菲卡等一群世界范围内广为人知的豪门球队建立了合作关系,甚至整个西班牙足球联赛、加纳国家男足、意大利超级杯等都是华为的赞助对象,从国人熟知的欧洲五大联赛到美国第一运动橄榄球联赛 NFL,再到上海网球大师赛、F1Fanzone 粉丝嘉年华活动,都有华为参与赞助的身影。华为的体育营销成了其品牌文化的一个标签,国际影响力和全球销售业绩节节攀升,成为全球第三大手机品牌。

华为终端在海外进行的体育营销,其实是和它国际化战略和国际化地位相匹配的。汪潮涌表示,华为终端赞助大型体育赛事学习的是欧美品牌推广策略,不再仅仅利用价格战提高产品销量,而是更加注重企业形象的塑造,为当地社会的文化和艺术领域做出贡献,从而获得消费者的品牌认同感,达到了"名利"双收的成功。

华为通过体育营销而扩展当地市场的战略已在全球铺开,并且取得了不凡业绩。华为深谙体育的强大力量,选择绕行体制和意识形态障碍,直接向同样热爱体育的美国球迷抛出橄榄枝。在美国推广布局中,华为避开和中兴"撞衫"NBA,转而赞助深受美国人喜爱的职业橄榄球联赛。2014 年 11 月,华为成为华盛顿红皮队官方合作伙伴,并承诺为有 8.5 万个座位的红皮主场 FedEx 球场提供无线网络信号。

除欧洲和美国市场之外,亚洲的印度超级板球联赛(IPL)的班加罗尔皇家挑战者俱乐部(RCB)和澳大利亚橄榄球联盟堪培拉奇袭队也进入了华为的赞助名单。尽管 2012 年华为曾被禁止参与澳大利亚国家宽带网络(NBN)项目,但是并未放弃澳洲市场,而是将体育营销作为突破点,希望找到本土企业加入华为全球供应链。"华为已经开始主导全球市场,"资深体育记者 Mark Dreyer 认为。在其全球扩张版图受到政治上困扰的时候,体育将帮助其实现市场目标。[1]

---

[1] 参见郭曼洁,张涵:《从简单赞助到专属定制 华为体育营销步步为营》,来源:21 世纪经济报道,2015 年 3 月 23 日。

第二章 体育博彩

博,有赌博之意;彩,即彩头,如彩券、彩票。博彩,英文名 cambling 或 bet,意为博得各种中彩机会的游戏活动。汉语中与"博"有关的词句由来已久,但"博彩"一词辞海中没有介绍,首见自于澳门政府 1982 年 5 月公布的法令中,法令说"凡博彩,其结果系不可预计,且纯粹碰运气,概称为幸运博彩"。

体育博彩是以体育项目为主要内容而进行的各种赢取中彩机会的游戏活动,包括以发行体育类相关彩票等为主要渠道、以筹集社会资金为主要目的的体育彩票,也包括四年一度的全运会彩票和其他相关中彩游戏。只要有了体育赛事或者相关体育活动,就会有搏击彩头赢取奖品或奖金的机会,就会有体育博彩的生存空间和发展潜力。受关注程度越高的体育赛事或体育活动,人们投注的热情越高,投入博彩的资金规模越庞大。不可预见性程度越高、偶然性越大的体育赛事与体育活动,越是体育博彩迷们争相投注的舞台。体育博彩比拼的是勇气和魄力,角力的是财力和实力,玩味的是智慧和机缘,是体育竞技和心力才智的际会,是怡情养性和激情喷发的交融。

体育博彩的主体行业是体育彩票业,赛马博彩、赛车博彩、足球博彩、自行车博彩、赛狗博彩、龙舟博彩、斗鸡博彩和斗牛博彩等又称为专项体育博彩。

在我国,蟋蟀(蛐蛐)博彩和麻将博彩(南方很多地方的纸牌与此相似)有着数千年的历史,由于没有很好地加以规划管理,规范博彩规则和规章,这些具有文化底蕴和广泛群众基础的巨大产业,一直只是个潜滋暗长的民间活动,带有浓厚的赌博色彩,其潜在的愉悦身心功能、聚群效应和经济价值往往被忽略,成为扫黄打赌的专政对象。

第二章 体育博彩

体育博彩业是体育产业不可或缺的产业支链,而且存在着巨大的发展空间。在体育赛事和体育产业都很发达的美国,尽管仅有内华达州、俄勒冈州、特拉华州、蒙大拿州等具有体育彩票销售特权,但这丝毫没有影响美国人投注体育比赛的热情。据 ESPN 报道,仅内华达州 2013 年体彩的销量,就高达 36 亿美元。随着互联网彩票售卖的盛行,体育博彩业在美国的市场规模正在扩大。目前,NBA 联盟已经跟多家博彩公司展开谈判,计划 2016/17 赛季在欧洲联合推出 NBA 比赛的博彩产品。NBA 总裁亚当·萧华一直支持体育博彩合法化,他在 2014 年 9 月和 2015 年 2 月两次公开表示希望推动体育博彩发展。

卡塔尔的一家体育行业安全研究中心的数据表明,在合法注册体系之外的体育博彩赌注额度,每年高达近 4000 亿美元,约占全球体育博彩总额的 80%,重要赛事如 2014 年的世界杯决赛、美国超级碗,单场投注金额都超过了 100 亿美元。这些数据,远远超过了体育赞助、体育赛事转播费和体育门票销售所创造的财富。

第一节 发展进程

博彩历史悠久,一般说来,体育博彩在世界上有 200 多年的历史。如果将中国的斗蟋蟀和打麻将列入正规体育项目,蟋蟀博彩、麻将博彩名正言顺置于体育博彩体系,则其发展历史更加源远流长,有着数千年的渊源。这从中国古代最早的博戏——六博可以得到佐证,六博相传出于夏朝末期乌曹之手,距今已有 3500 余年的历史了。

国际上公认的最早的体育博彩,诞生于体育竞技极为活跃的古罗马。当时,富有并喜欢刺激的罗马贵族常常利用闲暇时光去角斗场或赛马场,在观看比赛的同时进行博彩。后来,博彩活动渐渐在欧洲风行起来并流传到世界各地。真正意义的现代体育彩票,是在第二次世界大战后发展起来的,主要手段即是发行体育彩票。当时,各国发行体育彩票的目的,主要是为了募集更多资金推进本国的体育事业。近百年来,体育彩票的作用已被各国政府所承认。目前发行体育彩票的国家已有 100 多个,遍及五大洲。

19 世纪末现代足球诞生后,博彩顺理成章地进入了足球领域,伴随着英国足球的强大影响力,体育博彩迅速走向全球。最早的竞猜型体育彩票出现于 1921 年,英国利物浦的小森林队邀请球迷对足球赛的比分下注。十多年后,这种做法传入瑞典。1934 年,瑞典发行了第一张乐透型体育彩票,主要是基于足球比赛,下注者事先竞猜哪个队获胜或哪场比赛的比分为零。通过运用自己对赛事的理解和比赛知识,下注者在足球彩票单上下单注或多注。全球最早开展足球彩票的几个国家主要在欧洲大陆,包括英国、瑞典、瑞士、芬兰、意大利、西班牙和匈牙利。

在体育博彩业的最初年代里,由于投注量较小,贪婪的博彩商们不满足于仅仅收取小费,他们试图去影响比赛结果以谋取暴利。20 世纪初期最扑朔迷离的"假球案"为 1922 年的曼联保级战,濒临降级的曼联以 2:0 蹊跷地击败了如日中天的利物浦而保级成功,背后即有体育博彩操控比赛的嫌疑。当时,球员和俱乐部收入水平较低,球员收受庄家、对手的贿赂也较普遍,单个球员甚至整支球队集体踢假球的情况屡见不鲜,体育博彩业因此蒙羞。

1964 年的托尼凯事件成了英国政府整治体育博彩乱象的起点,托尼凯成了英国足球历史上第一位被司法机关认定打假球的球员。这位当时英格兰代表队的主力右后卫,在两场英格兰甲级联赛中,伙同两位队友有操控比赛的嫌疑,故意放对手进球。在场外,托尼凯和两个队友就在球场边的投注点一起向博彩商投注,买自己的球队输。最终,托尼凯被罚款 150 英镑,监禁 4 个月,终身禁赛。托尼凯事件迫使英国政府开始重新思考体育博彩的政策法规,并下决心让其逐渐公开化、法制化。通过政府进行严格监管,杜绝博彩业对足球的过度、过滥渗透。1968 年,英国的博彩法案开始允许开设公共赌场,司法机构、审计部门参与其中,对足球联赛进行严格监督。自此,英国体育博彩业开始走上"正规军"的道路,最终也带动了欧洲体育博彩的规范化。

旧中国的体育彩票是随着西式赛马产生的,当时主要在上海、天津、武汉等大城市发行,新中国成立后,彩票被视为赌博而遭到长期禁止。随着改革开放的逐步深入,政府开始尝试利用彩票为社会公益活动筹集资金,博彩禁区被打破,体育博彩业应运而生。新中国第一张体育彩票是 1984 年 10 月 10 日首发的"发展体育奖·一九八四年北京国际马拉松赛"奖券。不少省级政府为发展体育事业,陆续发行了体育彩票,这一阶段的体育彩票称为"地方体育彩票"。1994 年,国务院批准原国家体委发行体育彩票并成立体育彩票管理中心,对全国体育彩票统一管理发行,并正式定名为"中国体育彩票"。

新中国博彩业自1987年开禁以来,发展迅猛,按国际通常的划分,博彩业包括彩票、赛马、赌场等三个不同的活动种类和层面,三者间因玩法不同也有差异性。现代博彩业中既便于政府管理,又可以大规模运营的博彩形式主要是彩票。目前经我国中央人民政府批准的博彩活动只有彩票层面,而且每年都有额度限制。作为博彩业主要组成部分的体育博彩业,它的主体功能就是发行体育彩票。在许多国家,购买体育彩票已成为公众生活的一种嗜好。在我国,发行体育彩票是体育博彩业开展的主要内容,在沿海一些发达地区,近几年则逐渐开展了赛马博彩活动,从而进一步促进了我国体育博彩业的发展。作为体育博彩业发展相对落后的亚洲国家而言,推行体育博彩、体育博彩合法化正成为一种趋势。

2009—2012年是中国足球最为暗淡的三年。2009年9月,一个跨国跨洲的大型赌球团伙被端,揭开了中国足坛"扫赌打黑"风暴,南勇、谢亚龙、杨一民锒铛入狱。至今为止,在中国已经查获多起地下庄家的赌球案件,涉案金额累计已经超过6000亿元人民币。

从2001年中国正式推出官方足彩以来,合法的足球博彩已走过了14个年头,根据财政部的数据显示,2014年中国体彩销售金额为1764亿元,其中足彩占1/3以上,投注规模呈稳定上升态势。但由于中国足彩玩法有限,规矩太多,回报有限,投注方式受限(2015年3月各省体彩中心暂停互联网售彩渠道),对博彩参与者而言,他们更愿意选择国外足彩平台,由此导致的每年足彩资金外流达上千亿元。2003年11月,中国香港率先开放赌球,当时一个很重要的目的就是打击非法赌球,经过时间的检验效果良好。2010年在足坛扫赌打黑的大背景下,有人大代表提议逐渐放开足球博彩限制,用公开的、合法的足彩来彻底压制非法赌球。我们必须正视非法赌球现象背后蕴含的巨大市场需求,2014年世界杯期间,随着移动终端和社交平台的兴起,中国球迷在观赏精彩球赛的同时,交谈间几乎少不了某某某又下了多少注、某某某赢或输了多少钱这些信息。据统计,世界杯开赛后仅一周,中国仅合法足彩下注额便高达40亿元,几乎是2010年南非世界杯的全部。客观看待博彩行业的特殊消费群体,合理解决他们的消费需求,照顾球迷的参与感需要与国家传统价值观之间的矛盾,似乎是目前横在中国足彩发展道路上的最大拦路虎。

体育博彩收入的分配去向大体包括中奖者奖金、上缴国家税收、资助体育运动和其他用途四部分。在一些国家,利用体育比赛活动的吸引力、竞争性以及比赛结果的不确定性,开展体育博彩已成为体育产业的经济支柱。体育博彩因其成本低、风险小、收益高的特点,越来越多的国家把它作为扩大财源、发展体育事业的经济手段。

第二节 基本类型

体育博彩门类繁多,只要与体育竞技有关的投注游戏活动,皆属于体育博彩的范畴。在几千年的历史文明长河中,人们乘兴娱乐的博弈赢得彩头是人类社会生活活动的组成部分,是各个国家和地区传统文化的一个特殊组成部分。鸦片战争后,一些西洋赌术诸如跑马、轮盘赌、扑克等引入中国,使得中国的赌博文化更显纷繁庞杂。

体育博弈简单划分有两种类型,一是单纯性的心智和财力赌博,如掷骰子、押宝、牌九、麻将和扑克等,是人与人之间直接的博弈;一是游戏和娱乐的赌博,如弈棋、斗鸡、斗鸭、斗牛、斗蟋蟀、斗鹌鹑、赛马等。由此,有人认为博弈来源于游戏娱乐,加上赌注附上彩头使之具有刺激性,增加了更多乐趣。

随着时代变迁和技术发展,体育博彩基本上可以包括蟋蟀博彩、赛马博彩、棋类博彩、赛车博彩、足球博彩、篮球博彩、自行车博彩、赛狗博彩、龙舟博彩、斗鸡博彩、斗牛博彩和牌九、麻将等专项体育博彩类型,而彩票则是可以贯穿各种体育博彩的主营产业。

一、体育彩票

据史料记载,1530 年在意大利佛罗伦萨诞生了全球第一个公开发行彩票的机构,运作下来,获利颇丰。1566 年,英国女王伊丽莎白一世曾批准发行彩票以筹款修建港口和弥补其他费用。18 世纪,随着欧洲工业革命兴起,彩票业也得以蓬勃发展。由于彩票业具有高利润,荷兰、丹麦、西班牙、奥地利、美国、墨西哥、巴西等国家都先后把发行彩票作为政府一种新收入的来源。

泰国最早于 1936 年成立政府彩票办公室,日本于 1945 年成立住友银行彩票部,而韩国、马来西亚和新加坡等国家的彩票是从 20 世纪 60 年代末才发展起来的。中国香港官方的彩票发行历史更短,于 1975 年才成立香港奖券管理局。

第二章 体育博彩

彩票最早于19世纪中叶由西方引入我国大陆。我国最早正式发行的彩票,是清末湖广总督张之洞批准发行的"湖北签捐票"。民国初年,在《中华民国临时约法》中曾明令禁止发行彩票。但自1910年后,各省的地方军阀仍以"善后""济实""慈善"等名目发行各种彩票。

体育彩票则是从普通彩票发展演变而来,各个国家和地区有着不同规则和方式,产生了各种各样形式的体育彩票。目前,体育彩票的类型主要有五种,包括传统型彩票、即开型彩票、"乐透"型彩票、电脑传统型彩票和网络彩票等。

传统型彩票又称被动型彩票,由发行部门事先将固定编组、中奖形式、奖金等级和得奖金额或实物公布于众。彩票销售一段时间后,进行集中公开摇奖,由购买者"对号入座"兑奖、领奖的一种彩票。

许多彩票公司在传统型彩票中又开辟了即时刮开中奖区,使人们不会由于等待传统彩票的开奖时间过长而减少兴趣。即开型彩票是指彩票购买者在购票后,立即就可了解其中奖与否并可当即开奖兑奖。由于这种彩票节奏快,无须等待开奖时间,所以一出现就引起人们极大的兴趣,并得到迅速发展。

最早的即开型彩票源于瑞士,以折叠形式,把号码封在里面(我国刚开始搞即开型彩票时,形式类似,有扎线也有钉封的)。人们购买后把彩票撕开,在销售现场可根据事先公布的号码查对自己的彩票中奖与否。

随着彩民数量的增多,相关技术也在不断引用。1974年以后发展的即开型彩票,是由美国科学游戏公司于1974年开发的美国版本,即奖金事先印在票面上,但被一层薄薄的乳胶镀膜所覆盖,购买人只需即时刮开涂层即可。

即开型彩票的奖金结构相对偏重于低奖、多奖,鼓励更多人购买。美国是即开型彩票开展最好的国家,中国、法国、新西兰、西班牙和土耳其对即开型彩票也有极高的热情。

乐透彩票的奖金取决于投注额的多少,投注额越多,奖金越高。由于乐透彩票规定在一等奖不中的情况下,其奖金移到下期一等奖中,直至中奖为止(有些国家,如新加坡以十期为限,如十期尚不中,则在下期各奖级中分配),这就使一等奖奖金如滚雪球一样累积,几期不出现一等奖,非但未减少人们的兴趣,反而促使更多的人加倍投注。为使乐透更具吸引力,许多彩票公司不断增多底数号码,使中奖难度加大,机会变小,增加一等奖下移的机会。中国体育彩票超级大乐透最具备变形金刚特征的玩法。从该玩法上市以来,"超级大乐透,超越500万",这一口号已经响彻了华夏大地各个彩票销售网点,具有如同汽车人首领"擎天柱"一般的领袖气质。2014年,中国体育彩票超级大乐透"千万大奖成常态,亿元巨奖引疯狂"。在2014年超级大乐透全年488注头奖当中,有213注奖金过千万,相当于每2天产生一位千万富翁,超级大乐透因此被冠以"千万富翁制造机"的雅号。

二、足球彩票

足球彩票起源于足球发祥地欧洲,随着足球运动的普及和足球产业不断壮大而产生,有着近百年的历史。在现代足球的发源地英格兰,1872年便已出现早期足球博彩的雏形。在欧洲很多国家,发行足球彩票不仅是整个体育彩票的主要收益来源,而且还是国民收入的支柱。英国在1921年就在全球成立了首家博彩公司,主要业务就是发行足球彩票。足球运动盛行的西班牙从1943年开始,国家彩票管理局开始发行足球彩票,至今已有50多年的历史。西班牙体育法明确规定,发行足球彩票的收入主要用于发展体育事业。据统计,20世纪80年代末,西班牙最高体育理事会年度经费的27%都来自发行足球彩票的收益。

在亚洲,新加坡于1999年3月推出"足球乐"成为东南亚第一个经营博彩的国家。足球乐不仅为新加坡职业足球提供经费,还为不同年龄的青少年足球运动发展计划提供了更多的经费,同时也为国家队在训练和参加国际比赛时提供了资助。

日本的体育界为筹集1994年广岛亚运会的资金,一些国会议员提出足球彩票的发行计划,该计划的实施,为日本奥委会在一年内筹集资金10亿美元。1998年5月,日本审定通过了"足球彩票法",2001年春季日本正式发售足球彩票。在足球彩票的运作上,日本几乎完全照搬意大利的卡尔乔足球彩票。

各国足球彩票的发展经历了从自发到自觉、从混乱到有序的阶段,形成了各自的特点,取得了显著的效益(见表2.1)。[①]

---

① 参见屈东华:《国内外足球彩票发展现状的比较》,载《体育学刊》,2002年第5期。

表 2.1　部分国家足球彩票发行情况

国家	足球彩票名称	发行时间（年）	每注金额	玩法
意大利	TOTOCACIO TOTOGOL	1946	700 里拉 （0.32 美元）	预测 13 场比赛胜平负 13 分得奖制 预测 30 场比赛先进球的 8 场
英国	3 次机会	1921	1 英镑	预测 58 场比赛，选出 8 场平球
巴西	对—错足球彩票	1970	1 克鲁塞罗	预测 14 场比赛（标准或系列投注）
德国	Ergebniswette Auswahlwette Toto‑Ergebniswette Toto‑Auswahlwette	1949 1965 1948 1975	1 马克 （0.0531 美元）	每周 11 场比赛预测胜平负 每周 45 场比赛预测 6 场平球 每周 11 场比赛预测胜平负 每周 45 场比赛预测胜平负
荷兰	TOTOTo to‑Select	1960	2 盾（0.1192 美元） 2.5 盾（0.149 美元）	预测 12 场比赛结果 预测 28 场比赛结果
丹麦	Tipning Super5	1949 1991	1 克朗 （0.2045 美元）	预测 13 场比赛的结果 仅预测 5 场比赛结果
法国	Loto Sportif MATCH DU JOUR	1985 1989	5 法郎 （0.9 美元）	仅预测 13 场比赛（投注数量 1 种） 预测 24 场比赛（标准投注和系列投注）

英国是足球彩票火爆的国度。到 90 年代，足球彩票已成为了英国体育运动经费的主要来源。1995 年，英国发行足球彩票的总收入达到 27 亿英镑。意大利足球联赛曾经风靡全球，意大利足球彩票每年发行量高达 20 多亿美元，约占世界足球彩票销售总量的 1/3，占意大利体育彩票的 90%。据

统计，意大利彩票收入约占国家财政收入的 1.5%，在国民经济中排名第 15 位。

　　足球彩票属于竞技彩票，完全不同于其他的数字彩票游戏，具有可预测性、观赏性和影响因素多等特点，中奖率高于其他彩票玩法。与足球彩票息息相关的因素很多，大到俱乐部奖励制度、转会市场动态、球星竞技状况和博彩公司的"盘口"等，小到球队阵形安排、天气是否干扰和电视转播等，每一个因素都可以成为讨论侃球研究比赛结果的话题。因此，对盘口、赔率的技术分析与球队信息搜集是重要的中奖手段。博彩公司会根据一些定性信息，包括队伍状况、教练的战术人选、核心球员的伤病情况、裁判员过往执法记录等能够左右赛况的消息，来调整赔率。随着互联网时代的到来，博彩公司和彩民之间的情报差距越来越小。以前在英国，无论是赌马还是赌球，博彩公司从不认为普通彩民会对其有任何挑战。在今天，博彩公司需要花大把的时间和精力来找出那些职业玩家，封杀他们的账号，将这些职业玩家列入黑名单，以防范这些彩民运用互联网技术利用规则对庄家发起挑战。

　　在世界范围内，由合法注册的博彩公司或者政府博彩机构进行足球彩票的销售。中国的足球彩票起步较晚，直到 2001 年 10 月 26 日才由中国体彩中心上市发行。

　　体育博彩业和足球业走得很近，职业足球俱乐部，大如皇家马德里，小如斯托克城，诸如胸前广告、场内广告、官方在线游戏等足球衍生品里，都少不了博彩公司的影子，动辄千万级别的赞助费使得大小俱乐部腰包丰盈。在 2007 年英国广告标准管理局（ASA）解禁电视博彩广告之后，博彩公司、赌场等机构被允许在电视里投放广告，博彩机构正式登入大雅之堂，威廉希尔甚至成了英足总的官方合作伙伴。

　　每至英超比赛日，街头最拥挤的永远是博彩公司的投注站，而主队俱乐部的博彩合作商更是堂而皇之地把流动投注站开在体育场里，方便观赛球迷滚球投注。线下投注如火如荼，而线上投注也非常火爆。英国足球彩票业的红红火火，直接带动了英超的赛场广告。目前，1/3 的英超球队胸前广告赞助商是博彩公司。

　　有足够的证据表明，足球博彩与假球有着直接关联。直至今日，来自亚洲地下博彩公司仍会操纵一些媒体关注度低、球迷兴趣不大以及球员收入不高的欧洲低级别联赛以谋取暴利。1998 年世界杯决赛，巴西三球惨败法国、球星罗纳尔多离奇失常等事件时不时被翻出重提，矛头直指国际足联与博彩组织的勾连。一桩桩足球赛场冤假错案,总会令足球官方组织形象与博彩业一道受到丑化,背负公众"踢假球"的道德责难。

足球彩票对足球产业发展的助推力量毋庸置疑,它吸引了更多的人关注足球这项运动。不能否认的是,博彩业设计的初衷便是针对人性的弱点,博彩公司光鲜亮丽的背后是无数失败者的血本无归。未来足球与博彩仍将相傍行走,对中国足彩而言,对足球博彩是引导、规范,还是打压、严控,仍将是一个值得深思的话题。①

三、数字体彩

数字技术的发展与互联网的逐渐普及,给全球体育博彩业注入了新的内容。电视节目的手机短信竞猜与网络点击竞猜,是一种全新的博彩方式,给电视台、电信运营商和服务商带来巨额利润,形成了一种新型的数字化体育博彩方式。2014年英国最热门的100款手机APP中,有三款是博彩公司的手机投注APP。其中之一的Betfair(必发)公司坦言,APP博彩业务占据他们全部业务的60%以上。

长期以来,英国传统博彩公司以威廉希尔和立博这两家公司为代表,扮演着英国博彩行业的龙头角色,两家公司各自在英国都有超过1000家以上的专营店业务。几年来,威廉希尔和立博公司过于依赖传统模式下的风险控制策略,忽略了互联网投注的业务,让Bet365,Betfair和Bwin这样的新生公司在互联网业务上占据了先机。Betfair公司异军突起,抢占了英国体育博彩的APP重头业务。

2004年后,Bet365、Betfair和Bwin这些新生代博彩公司充分运用互联网技术崭露头角,带动了博彩行业从店面销售转向互联网营销,使得传统博彩公司受到了很大的冲击。到了2007年到2008年,威廉希尔和立博这两家英国老牌的博彩公司不得不相继将各自旗下的线上体育博彩业务搬离出英国,在整个博彩行业内产生了巨大的反响。

威廉希尔、立博掌握着历时几十年的投注销售数据,在开出比赛赔率时有着一套传统开盘模式。这些传统博彩公司作为体育博彩盘口及赔率的主流风向标,依靠其公司的固有开盘模型和历史投注数据给出盘口。Bet365、

---

① 参见徐沛东:《博彩——足球产业发展的良药还是毒药?》,来源:微信公众号sportsmoney,2015年9月16日。

Betfair 和 Bwin 这些新生代博彩公司虽然没有这些核心资源,无法早期开出盘口,但将大量的精力投入到互联网营销方面,同时通过软件来完成即场投注的风险控制。Bwin 和 Betfair 这两家公司针对网民需求设计更好地网络投注前台页面和投注模式,让彩民的网络投注变得更通畅。最近几年,全英国最佳网络博彩公司中,Bet365、Betfair 和 Bwin 已经明显领先于立博、威廉希尔这样的传统博彩公司。

NBA 总裁亚当·萧华在《纽约时报》上呼吁,让职业体育在美国实现博彩合法化。萧华指出,即便存在法律的限制,体育博彩的现象依然普遍存在。体育博彩是一个正在壮大的地下产业,并且能够不受制于规章制度或者监管。由于合法的途径很少,那些想赌博的人只能求助于非法的赌博活动以及可疑的离岸网站。据估计,美国每年花费在体育博彩上面的非法赌资接近 4000 亿美元。

如今,博彩在美国已经逐渐成为一项受欢迎且可以被接受的娱乐活动。在 2011 年的公民投票书中,新泽西的选举人大声呼吁并支持体育博彩的合法化。现在,美国大多数州都提供乐透,内华达州、俄勒冈州、特拉华州等三个州已经批准了部分形式的网络博彩,而其他州也正蠢蠢欲动准备效仿。

我国对体育彩票的数字营销一直争执不休,有关人士认为,短信竞猜的高额利润,是一种变相博彩,互联网彩票销售应该禁止。2004 年 9 月,我国国家广电总局下发通知,广播电视播出机构在新闻和新闻类节目中,一律不得开设手机短信参与的竞猜环节,这标志着互动类短信今后将受到严格的控制。尽管如此,意不在"猜题"而在于"博奖"的互动短信,已成了我国很多电视节目争相推广的项目。

根据节目不同,这类短信的每条收费标准从 0.2 元到 2 元不等。有的节目还采取包月的做法,每月最低收费几元,最高可达 20 元。互动短信的发送量,也因为节目不同、频道不同、时间不同而千差万别。例如,省级电视台播放一集电视剧可吸引两万条短信,按照每条短信 1 元计算,短信收入为 2 万元。由于这些活动的奖品多为免费或只有一两千元,所以扣除给运营商和服务商的分成,节目制作方仍可获得近万元的利润分成。至于此次节目的中奖率,两万条短信中只有一个中奖者,省级电视台每月短信收入在 200 万元以上。

专家预计,体育博彩行业未来的潮流和互联网时代的彩民需求息息相关,数字化体育彩票将占据越来越重要的位置,全世界的体育博彩行业将有越来越多的各种类型赛事的初盘和即场投注,亚洲公司和欧洲公司的赔率市场意见将变得越来越统一,同时会出现越来越多的专业彩民和职业玩家,而且越来越多的国家将通过降低税收的优惠政策来吸引那些有经验的博彩公司做当地化公司运营。①

四、赛马博彩

赛马博彩又称"赌马",是指对跑马结果竞猜的一种特殊的博弈游戏。赛马的主要项目包括跳栏、马术表演等,最初纯粹是体育竞赛活动。一般认为,赛马博彩约在1870年由巴黎实业家奥莱所发明,后来成为全世界最为盛行的一种赛马赌博,多由赛马场组织主办。

法国在1891年成立全国赛马彩票机构,并在各地遍设分支机构,押注者可购买他喜欢的马的彩票,这被视为全世界最早的正式赛马博彩机构。根据规则,从每一场马赛中各项比赛的全部押注总额中扣除付给经营者手续费和税款,余额全部付给赢家。20世纪20年代,赛马彩票计算方法经过重大改革。现代赌金计算器通常都用电脑,它可计算赌注总额、每匹赛马的当场输赢,每隔一定时间用闪光显示数字,还可报告比赛结果、中彩金额、跑完全程所用时间及其他信息。

赛马成为一项有严格组织的公众活动后,观众在观看比赛的同时,往往会参与一些相关的博彩活动,以此增加观赛的趣味性及刺激性,赛马博彩便应运而生。到了18世纪末,投注赛马的马迷越来越多,专事赌马的庄家产生了。庄家根据马匹获胜概率估算出赔率,马迷则可根据自己对赛马的判断和庄家给出的赔率选择投注对象。庄家接收所有投注,并在赛后按赔率向获胜的投注者发放奖金。这种形式至今在英国、欧洲大陆和英联邦的一些国家依然存在。观众成为投注的主体之后,参赛者的奖金越来越丰厚,贵豪级名马价值千金,"雪茄""跃动"等一生的奖金收入近千万美元。

在世界范围内,占据赛马博彩主导地位的是19世纪法国人奥勒发明的名为"巴黎共利法"的博彩方式。在该博彩方式中,所有投注汇集到彩池,其中一小部分作为赛马运行成本、奖金及税收,剩下的大部分则作为彩金(赢得博彩的奖金)回馈马迷。在投注期间,主办方计算出每匹赛马的赔率,并公布给投注者。与以往同庄家博弈的形式不同,巴黎共利法中每个投注者

---

① 参见王雷:《浅谈英国博彩行业的发展》,来源:腾讯体育,2012年5月1日。

都是和所有其他投注者争夺赌金。该制度在1887年成为法国赛马的法定博彩方式,40年后在英国也成了赛马博彩的法定方式。

美国的赛马博彩在内战以后开始流行,到1890年共有314个赛马场,几乎遍及全美各州。由于20世纪初的反赌浪潮,到1908年美国只剩下25个赛场运营了。1911年,纽约赛马场最终关闭。由于经济形势以及社会主流思潮的转变,博彩赛马不久之后又在美国重新兴起。其他许多主要赛马国家赛马博彩也与美国一样,都曾经历过这一"开了又禁、禁了又开"的曲折过程。

英国议会最早将博彩赛马正式列为合法项目。之后,世界许多国家也都采纳了类似的法律解释。实践证明,只要法规得当、监管有力,就能有效防范博彩赛马的潜在危害,使之就业和税收以及社会事业方面做出很有益的贡献。在世界众多开展现代赛马的国家和地区,博彩赛马已成为一项健康的、集体育与商业于一身的、具有广泛社会意义的活动。[①]

早在1842年,中国香港就举行了首届赛马活动。1884年,香港赛马会成立,会员全部是洋人。到1890年,赛马活动已开始将娱乐与博彩融为一体。直到1927年,出现了另一个由华人组织的赛马会,香港马会才对华人开放,现已变成了以华人为主的组织,马会会员成为香港人身份和地位的一种象征。1931年,香港开始发行马票,赛马逐渐发展成为一种最流行的赌博形式。1960年,赛马活动得到英皇批准,从此以"英皇御准"的面貌出现。1976年,在香港沙田建成了规模庞大的沙田赛马场,可容纳观众3.5万人,赛马活动在政府的支持下一步步走向高潮。2008年奥运会,赛马在香港沙田赛马场进行,沙田赛马场由原来可容纳观众3.5万人扩建至可容纳观众8万人,大大满足了广大观众的需求。

五、其他博彩

斗牛博彩、斗鸡博彩、牌九博彩、扑克博彩、棋类博彩、麻将博彩和蟋蟀博彩等民间博弈娱乐活动,构成了体育博彩的多样化特质。这些博彩项目历史悠久,群众基础雄厚,民风、民俗穿插其中,地域特色显著,是世界各国传统文化的重要组成部分。这类其他博彩不会像体育彩票(包括足球彩票)

---

① 参见《在曲折中稳步前进,英国赛马奖金及博彩的健康发展》,来源:新浪体育,2015年11月19日。

和赛马博彩那样带来巨额直接收益,但是其深藏民间的影响深远,能够以小博大、积少成多,累加起来也是不可估量的博彩产业。而且,像斗牛博彩、蟋蟀博彩、牌九博彩、麻将博彩等还可以和当地民风、民俗及集市节庆紧密结合,拉动当地旅游市场。

斗牛是西班牙的国粹,随着1492年开始的对外扩张和对殖民地的统治逐渐传到拉丁美洲,至今仍在墨西哥等一些拉美国家盛行。现在,西班牙斗牛风靡全国,享誉世界,北非人有骑马斗牛的传统,中国江浙云贵川一带有着斗牛过节的传统习俗。

早在罗马人统治时期,伊比利亚半岛上已有斗牛的习俗,武士们用斧头或其他简陋武器将公牛杀死作为神的祭献。在18世纪战事不多的年代,贵族们只能用狩猎和斗牛这两种方式使用武器。在一段时间内,西班牙斗牛的主角是贵族,平民没有资格上场,只能在场外观看,直到教会下令禁止斗牛,贵族们才退出斗牛场,把位子让给平民。平民百姓成了斗牛场上的主角后,对斗牛规则做了一次又一次的变革。主斗牛士一手持剑,一手持披风的做法即始于18世纪。

斗牛季节是每年的3月至10月,斗牛季节里,每逢周四和周日各举行两场。如逢节日和国家庆典,则每天都可观赏。斗牛场面壮观,格斗惊心动魄,富有强烈的刺激性,千百年来,这种人牛之战吸引着世界各地的人们,更是现代西班牙旅游业的重要项目。西班牙全国共有400多个斗牛场,首都马德里的范塔士斗牛场最具规模,伊斯兰式的建筑壮观堂皇,可容纳三四万人。

观众对每场决战都很难预料其结果,这也为博彩增加更多未知性和偶然性。斗牛博彩取决于诸多因素,如斗牛士的胆略和技巧,但也取决于出场的公牛,一些由著名牧场培养的凶猛公牛直接威胁着斗牛士的胜利、甚至生命。[①]

蟋蟀又名蛐蛐,素有"昆虫相扑专家"之称。斗蟋蟀是一项古老的民间娱乐活动,在南宋古都浙江杭州,这一习俗在民间一直流传至今。现在,江浙沪一带斗蟋蟀风尚犹在,周边的安徽、山东也受到波及影响,斗蟋蟀遗风甚至延及到了河北、北京及东三省。自古以来,斗蟋蟀即有彩头,蟋蟀博彩成为老百姓怡情养性的一分子。蟋蟀本是风雅物,如今已成为返璞归真、回

---

① 参见朱凯主编:《西班牙—拉美文化概况》,北京大学出版社2010年版。

归自然的一种时尚,在我国各大城市中都有专门协会和鸣虫市场。在南京、上海、杭州等地,喜欢赏玩蟋蟀的市民着实不少,举办蟋蟀友谊争霸赛总能受到广泛欢迎。

  蟋蟀博彩有着丰富强劲的产业链,蟋蟀搏击场俨然像一个"昆虫角斗场"非常讲究,凡是要参加角斗的蟋蟀,都要放在这里"公养"一个星期。由于江浙沪一带的蟋蟀野性较差,许多人利用周末去山东购买。山东宁阳蟋蟀因其个大、性烈、强悍善斗、品种繁多著称,被誉为"天下斗蟋第一虫",历代被奉为皇宫贡品。最好的蟋蟀一只曾卖到一两万元,中档的一只也要六七百元。上海和南京年年都有人开着私家车去买虫,那场面火爆得很。山东宁阳村村镇镇都有蟋蟀市场,每一个都不比夫子庙小。每到八九月份,山东宁阳泗店人都不再下地或是上班,全家老小一起出动抓虫。很多人种地就是为了吸引蟋蟀,一旦发现哪块地上蟋蟀多,甚至会把地里的庄稼全部推掉捉虫。在泗店,几乎90%的农民从事抓虫的行当,一个多月的时间,一般家庭能收入1万元。同时,为蟋蟀称体重并在罐子上用粉笔标明编号和重量,需要专业人士。蟋蟀比赛需要专业裁判,将同等重量公蟋蟀被安排在一个级别"捉对厮杀"。按"行规",所有"参赛"蟋蟀赛前不准进食,由赌场统一喂食、统一上水,以防止"兴奋剂事件"发生。一场比赛可以斗20至30个回合。比赛时,"添子"会手持绒草、鼠须制成的工具,刺激雄蟋蟀的口须,挑逗并激怒蟋蟀开战,比赛以碰壁欲逃以及三次碰面不斗者为败。

  有些人认为斗蟋蟀是玩物丧志,但对于虫友们而言,斗蟋蟀完全是一种精神享受。它能培养我们的观察力、判断力和耐心,每年根据积分评出名次,只颁发奖状以示鼓励。当斗蟋蟀和赌博联系在一起,这一习俗便变了味道。近年来,在杭州、上海、济南、北京等地,以斗蟋蟀为名的聚众赌博案件屡有发生。其中南京破获的特大蟋蟀赌博案,一只蟋蟀曾赌赢50万元。

  挖掘中国传统体育博彩,因势利导,麻将博彩和蟋蟀博彩有望成为中国体育博彩的强力助推剂。麻将博彩号称中国国粹之一,有着数千年的历史,是我国民间百姓喜闻乐见的休闲娱乐方式,其与蟋蟀博彩兼有坐庄博弈、风险与利益并存的游戏规则,只要加以健康管理,就会绽放出别样的体育博彩奇葩。

  值得关注的是,广播电视传播、数字技术的发展和互联网时代的到来,给了体育博彩更为开阔的天地。手机博彩、网络博彩为体育博彩的全球一体化和即时联动创造了良好条件,极大地提高了体育博彩的运行效率,扩大了体育博彩的市场规模。体育博彩电视节目越来越丰富多彩,为广大彩民了解体育博彩提供了便利条件。体育博彩网站的发展,正在创造出另类的体育博彩财富。

从我国体育博彩长远发展来看,体育博彩行业需要建立一套合理的管理体制,实施统一监管,并不断提高行业人员的素质和专业化水平。同时,应合理利用现代技术,挖掘新的博彩产品,尝试销售渠道和便利性结合,拓宽体育博彩业的发展空间。

第三节 我国体育彩票的发展

我国在改革开放之后,开始认真研究国外发达的彩票产业,国家体委多次派人出国考察,吸取借鉴外国发行体育彩票的先进经验,尝试以体育彩票产业带动国家体育运动的长期蓬勃发展。

1984年,福建省率先发行了新中国合法的体育彩票,开拓了新中国体育彩票的先河。1985年,广东省为了筹办第6届全运会,也发行了体育彩票。其后,江苏、河北、天津、贵州、四川、浙江等省市也相继发行了地方性体育彩票,筹集资金兴建体育场馆或举办体育活动。经国务院批准,国家体委(现国家体育总局)先后发行了全运会、东亚运动会、农运会、城运会(现在的青运会)和亚运会等阶段性体育彩票,筹集了上述运动会的部分经费。

1994年,国家体委向国务院申请在全国范围内统一发行、统一印制、统一管理体育彩票。经财政部批准,1994—1995年度共发行10亿元体育彩票,筹集的3亿元资金主要用于补充第43届世乒赛等13项大型赛事的举办经费的不足,为体育事业的发展开辟了一条新路。1994年4月5日,原国家体委体育彩票管理中心正式成立,经中国人民银行批准,原国家体委主任伍绍祖于1994年7月签署了国家体委第20号令,并予以颁布实施。这标志着我国体育彩票事业开始进入法制化、规范化的管理轨道。

目前,传统型彩票全部采用电脑辅助销售,因为电脑彩票具有分散、安全、快捷、公平和避免浪费的特点。截至1999年底,全国开展电脑体育彩票的省市已达11个,2000年国家体育总局在北京等9个省市陆续开展电脑体育彩票的发行工作,加快了即开型体育彩票分散销售方式的研究,电脑体育彩票和即开型体育彩票分散销售将成为体育彩票的主要销售形式。

一、中国体育彩票

中国体育彩票是国务院批准在全国发行的合法彩票,募集资金主要用于发展体育事业和促进全民健身运动,是一项取之于民、用之于民的社会公益事业。中国体育彩票一直遵循公开、公正、公平的原则,自1994年至1999年底共销售体育彩票102亿元,筹集公益金30.6亿元,为我国体育事业的不断发展提供了资金的保证。

2009年,是中国体育彩票全国发行的第15个年头,中国体育彩票销量首破500亿元大关,全年销售569亿元,比2008年同期增长112亿元,筹集体彩公益金165亿元。2012年,中国体育彩票销售总额超过1000亿元。20年来,中国体育彩票累计销量超过8500亿元,为国家公益事业和体育事业做出了重要贡献(见表2.1)。

表2.1 中国体育彩票销售量统计表

年代	销售量(亿元)	年代	销售量(亿元)
1995	10	2005	302
1996	12	2006	323
1997	15	2007	385
1998	25	2008	457
1999	40	2009	569
2000	73	2010	694
2001	149	2011	937
2002	217	2012	1000
2003	201	2013	1282
2004	154	2014	1746

体育彩票的公益金用于落实全民健身计划和奥运争光计划以及体育场馆的维修、设备更新和体育扶贫工作,省、区、市体委分配的专项公益金用于落实奥运争光计划和全民健身计划,地、市县体委分配的公益金用于落实全

民健身计划。

1998年9月1日,国家体育总局、财政部、中国人民银行联合下发了《体育彩票公益金管理暂行办法》,规定体育彩票的公益金主要用于落实《全民健身计划纲要》和《奥运争光计划纲要》,其中包括奥运争光计划、全民健身计划、国家社会保障基金、城镇和农村医疗救助基金、青少年校外活动场所建设和维护、红十字人道主义救助事业和残疾人事业等7个方面。

根据财政部、中国人民银行和国家体育总局有关体育彩票公益金的管理办法,体育彩票公益金的使用由国家体育总局负责,收支两条线,实行专门账户统一管理,专项用于发展体育事业,对公益金的使用去向要及时报送报表说明,并定期向社会公布,接受公众监督。随着我国体育彩票事业的迅猛发展,国家也进一步加大了对彩票的管理力度,并着手彩票的立法工作。2000年3月1日,国家财政部为了规范彩票市场和保护广大彩民的利益,下发了《关于认真做好彩票发行和管理工作的通知》,进一步加强和规范彩票的发行及管理工作,自2000年4月1日起,彩票(包括即开型彩票和电脑型彩票)一律以人民币现金形式兑付奖金。这一规定,改变了过去一段时间体育彩票兑取奖品出现的系列问题与混乱局面。

作为改革开放的产物,中国体育彩票伴随着我国经济社会的不断发展而成长壮大。2006年8月,国家体育总局体彩中心(以下简称总局中心)领导班子针对体育彩票发展过程中所暴露出的问题,着眼全局,立足现实提出了体育彩票事业应对挑战、加快发展的战略思路,即以科学发展观为统领,以战略为先导,用改革创新来解决发展中的问题,在全国体彩队伍中牢固树立"全国一盘棋"思想,坚持"全国抱成团,创新求发展",共同开创体育彩票的新局面。值得一提的是,2009年5月份上市的新单场足球竞猜游戏和11月上市的新单场篮球竞猜游戏"竞彩",是依据体育彩票独有的体育竞猜型游戏资源而推出的战略产品,充分体现体彩特色,在创新运营机制,优化产品结构,满足市场需求,营销渠道品牌化等方面都发挥了重要作用,成为我国彩市一大亮点。

近年来,中国体育彩票管理体系不断完善。在"统一管理,分级负责"的管理体系下,各地体育局涌现出一大批懂彩票、抓彩票的"彩票局长",各级体彩中心大胆变革组织结构,进一步完善管理制度,同时"重心向下,服务彩民",强化基层管理机构,打造基层体彩队伍。2007年江苏省首创销售网点专管员制度,被全国广泛学习采用,到2009年全国基层专管员队伍已经发展到2239人。

自2007年"超级大乐透"推出后,在乐透型产品的市场培育和产品生命周期管理方面开展了大量工作,乐透型产品逐步成为体彩的主力产品。即开型玩法"顶呱刮"在2008年突破百亿元大关之后,2009年再次实现全年销量152亿元,继超级大乐透之后,成为体彩新的支柱游戏产品之一。

20多年来,作为国家公益彩票,中国体育彩票的品牌形象得到不断提升。自2008年7月1日至2009年6月,即开型体育彩票顶呱刮已经筹集公益金21.9亿元,全部用于汶川地震灾区的灾后重建工作。与此同时,中国体彩技术体系得到不断完善和优化,发行销售管理团队素质不断提高。全国体彩工作者牢固树立"为国家公益事业和体育事业奉献力量"的坚定信念,牢记"为全民健身和奥运争光服务,为和谐社会和民生发展奉献"的历史使命,坚持实事求是和全面协调可持续发展,勇于担当、敢于创新,奋发有为,扎实苦干,日益发展形成"坚定信念、牢记使命,科学发展、敢于创新,团结奋进、恪守诚信"的体彩精神,这是中国体育彩票不断发展的宝贵精神财富。

与其他国家相比,中国体育彩票市场规模还相当小,体育彩票的市场发展规模与全国债券、股票等市场规模相比,也差距甚远,而且除体育和社会福利以外,文化、教育、环保、社会劳动保障、助残等多项社会公益性事业发展经费缺口较大,也需要通过彩票这种集资方式向社会筹集资金。

二、亚运会彩票

1990年北京亚运会是中国第一次主办大规模的综合性体育赛事,又是申办北京奥运会的重点冲击年份。1989年的8月8日,第11届亚运会基金奖券在全国正式发行,首批发行的奖券全部为1元1张,彩票背面印有相关设奖信息。1990年5月22日,亚运会发行5元面值基金奖券,共发行1000万张,设10个特等奖(奖金5万元),20个一等奖(摩托车一辆),40个二等奖(彩色电视机一台)以及若干个三、四、五等奖。1990年北京亚运会基金奖券约销售4亿元,有力地支持了北京亚运会的举办。北京亚运会基金奖券是我国首次在全国范围内发行的奖券,北京亚运会基金奖券的成功发行,为后来国家体彩中心的成立和体育彩票在全国发行做好了准备。

2010年11月,第16届亚运会在中国广州举行,国家体彩中心针对本届盛会发行了"和谐亚洲""亚运情怀""新新亚运""写意岭南"等主题的即开型彩票。与16年前的北京亚运会相比,此次发行的即开型彩票从印刷、玩法,到设奖等方面均有大幅度的提高。

在广州亚运会期间,刚诞生的《中国体彩报》记者深入赛场、体彩投注站、志愿者服务区等地,在向运动员、观众、彩民免费赠送亚运主题即开型彩票的同时,宣传体彩公益金的用途,讲述体彩公益金为中国体育事业所做的贡献。广东体彩中心通过筹集体彩公益金资助亚运会,义卖顶呱刮亚运主题彩票资助亚运会青少年教育计划,发动全省8600多个网点助力宣传亚运会、传播亚运文化等方式,为广州亚运会的成功举办提供了强有力的支持。①

三、全运会彩票

1987年,第6届全运会在广州举行,国务院首次批准发行集资彩票。1985年2月,第6届全运会体育彩票第一期上市,宣告体育赛事集资型彩票(当时还称之为奖券)在我国初具雏形。那个时代2元钱的彩票相当于现在一百元的花销,着实算是一种奢侈品。在此之后的两年时间里,第6届全运会体育彩票陆续发行了21期,共募集资金3000万元。这种资金募集方式引得之后各届全运会纷纷效仿,形成中国特色的"全彩"产业。

为了迎接山东省第11届全运会的开幕,营造这一体育盛事的火热氛围,国家体育总局体育彩票管理中心特意推出"顶呱刮""第11届全运会"即开型彩票新票。这种即开型彩票面值3元,返奖率高达65%,最高奖金为3万元。"十一届全运会彩票"票面印制精美,色彩艳丽,全运会徽标"和谐中华,活力山东""和谐中国,全民全运"的主题口号以及吉祥物"泰山童子"均跃然于票面上。为更好地支持全运会,山东省还于2008年11月独家推出了我国第一款大型赛事专题电脑彩票——"十一运夺金",其得到返奖率由50%提高到59%的特殊加奖政策,给彩民支持参与全运会增添了一个更新、更有效的渠道,同时还有机会享受超额的中奖回报。②

2013年辽宁省第12届全运会的"全彩""11选5"依样火爆,发行两年多来得到了全省彩民及全国各地朋友的认可和喜爱,累计销量超过50亿元,筹集公益金超出14亿元,为全运会的筹备和主办做出了巨大贡献。

---

① 参见于彤:《且行且创新 中国体育彩票与亚运会的不解之缘》,来源:中国体彩报,2014年9月18日。

② 参见倪佳:《"全运彩票"让彩民情系全运,11届全运会藏市抢手》,来源:公益时报,2009年8月10日。

四、青运会彩票

四年一届的城运会是展现我国青年和城市体育实力的盛会,在体育彩票中,曾有三届城运会登上其间。1988年首届城运会在山东济南举行,当时为城运会和同期举行的山东省运会联合发行了"1988年全国城运会暨山东省第14届运动会赞助奖券"。彩票为传统型,一套两枚,无图案仅有文字,两枚格式相同,分别为红、黄两色。

1991年河北唐山第2届城运会是全国青运会与城运会合并后举办的第一次盛会,发行了"第二届全国城市运动会奖券"即开型揭开式彩票一套六枚,正面主图均为会徽,背面除首枚为吉祥物京东板栗外,另外5枚均为唐山建设新成就的摄影图。

第3届城运会于1995年在南京举行,前期发行了3套共26枚"全国第三届城市运动会体育彩票",分别展现了"江苏风光"(12枚)、"体育邮票"(12枚)和"会徽吉祥物"(2枚)。后期发行了9432001~005"'95城运"3套54枚即开型揭开式彩票,主图为会徽、主吉祥物梅花和16个单项吉祥物。

2014年11月22日,城运会已经改名为青运会,中国体育彩票顶呱刮即开型体育彩票"炫动青运"首发暨千万元大派送大型促销活动启动仪式在第1届全国青年运动会主办地福州市举行,在福建省泉州、厦门、漳州、三明、龙岩、南平、莆田、宁德等8个承办城市同时举办。"炫动青运"主题即开型体育彩票按单张10元面额进行设计,一套三张。为了回报社会和彩民,福建省体彩中心推出了"炫动青运,1000万元大派送"活动,受到广大彩民欢迎。

第四节　中国赛马博彩

赛马在我国有着悠久的历史,蕴造出灿烂多姿的文化。早在春秋战国时期,我国就有田忌和齐威王赛马的故事,透视着中华文明的点点滴滴,而香港赛马中西合璧,既与西方人尚力重勇、追求感官刺激的文化心理相沟通,又浸淫着中国大陆的传统文化,形成了别样的赛马博彩产业。

一、香港赛马博彩发展历史

长期以来,香港的赛马业发展兴旺,称著于世,香港体育的重要标志就是马术与赛马。2008年北京奥运会时,组委会充分考虑到开展了100多年赛马运动的香港,在硬件和软件方面都有着得天独厚的条件,将赛马项目安排在千里之外的香港举行,香港沙田马场成为北京奥运会马术比赛最重要的一块场地。将2008年北京奥运会马术项目的协办权交给香港,极大地推动了香港马术运动和赛马博彩业的发展。在同一奥运的天空下,香港与北京跨过地域距离的限制,心手相牵。

鸦片战争后,居港英人将赛马引入香港,1884年香港成立马会,1845年开始有赛马活动。1959年成立了香港赛马(慈善)有限公司,负责捐款分配。1995年9月,香港举行赛马会员特别大会议决,自1996年7月1日开始"英皇御准香港赛马会"改为"香港赛马会",成为与英国皇家赛马会、迪拜赛马会和澳门赛马会并驾齐驱的世界公认的四大赛马会。

香港赛马会(简称马会)是一家非牟利的俱乐部,负责提供赛马六合彩、活动、体育及博彩娱乐。马会由香港政府批准,专营香港的赛马、慈善机构,每年的慈善捐献仅少于东华三院和公益金。此外,马会亦为其二万名会员提供饮食、娱乐、社交等服务。2002年,在马会的鼓励下香港政府通过法例,禁止在香港接受跨境赌博。任何人在香港投注境外的赌博亦被列为刑事罪行。2003年起,马会获准接受海外足球赛事的投注,即足智彩。2005年与澳门赛马会签订协议,容许澳门赛马会在澳门接受香港赛马投注。马会经与特区政府商讨,把缴纳的博彩税改为以利得税形式计算。

香港赛马异常活跃,1992年,香港马会拥有马迷超过30万户,5个香港人当中就有一个马迷。在香港,每个赛马日大约有120万人观看下注。每年举行的国际赛马大赛,电视观众达到10亿人次。每年两场的国际一级赛马比赛,使香港成为除美国以外,唯一拥有两个国际一级赛马赛事的地区。香港热衷赛马运动,还喜欢现场博弈,围绕赛马的投注金额节节上升。据统计,1971—1972年度投注额是5.56亿港元,20年以后的1992年赛马年度,投注金额猛升至556.20亿港元,是原来的100倍。2014年香港赛马年度总投注额达1019亿港元,远超美国赌城拉斯维加斯所在的内华达州所有赌场的收入。①

随着赛马投注金额上升,香港政府的税金收入也迅猛增长。在1987年至1996年10年中,香港博彩税从26亿港元增至103.26亿港元,其中有几

---

① 参见《世界四大赛马会——元老、土豪与博彩的故事》,来源:新浪体育,2015年6月12日。

年是每年以10亿港元的速度递增。

香港马会的收入,一是作备用投资基金,起着稳定社会经济的作用,例如1987年香港股市大灾难,马会即动用3亿港元备用基金稳定了股市。二是造福社会。1991—1996年香港马会每年捐资均超过10亿港元,其中1991年、1992年超过11亿,1993年、1995年超过12亿,从1986年以来的10年间,香港马会捐助善款达93.67亿港元。1951年以来的几十年间,香港马会出资兴建海洋公园、维多利亚公园、九龙公园、香港科技大学、香港体育学院等公共福利设施。香港赛马会慈善信托基金的捐款,专门用于资助使香港市民受惠的计划。无论贫苦老幼或病弱伤残,都可获得信托基金的帮助。马会的捐助涉及教育、医疗、卫生、文化、艺术、体育、老人福利、残疾人事业、科学研究等各项社会服务。

赛马博彩收入是政府财政的重要组成部分,香港赛马会每年约为特区政府提供1/10的财政收入。香港之所以能长期实行低税制,与香港赛马会所缴纳的巨额税款有一定的关系。

作为世界最大的慈善机构之一,香港赛马会捐款已逾100亿港元,作为香港十大雇主之一,赛马会聘用的全职及兼职雇员人数超过2.4万人。汶川大地震后,香港马会随即向四川提供了20亿元援助,包括援建都江堰奥林匹克学校、援建医院等。

香港赛马超越了运动项目本身的意义,不仅成为市民的生活方式,更是香港社会文化重要的载体。香港赛马会主席陈祖泽面对记者表示:香港赛马会成立120多年来,回应市民需求,打击非法赌博,将市民博彩的金钱引入正途。马会在营运会所和规范化速度赛马业务外,也专营"六合彩"奖券和足彩业务,并同时协助香港特区政府,执行打击各种非法赌博的政策。目前,香港马会是香港特区单一纳税最多的机构,过去十年间,马会捐款已超逾100亿港元,使其成为全球最大的慈善捐款机构之一,也是继特区政府之后,香港最大的慈善公益资助机构。[①]

二、奥运会机缘

香港承办2008年北京奥运会马术比赛,极大提振了香港赛马博彩业。

---

① 参见陈江宏:《中国非法赌资每年挥霍万亿 专家吁开发合法博彩》,来源:公益时报,2009年12月15日。

在这伟大构想实现的背后,是国际奥委会、北京奥组委、香港奥委会、国际马术联合会以及英国奥委会等多方博弈的结果,国际奥委会委员霍震霆的个人智慧和魅力也发挥了重要作用。

最先提出反对香港协办北京奥运会马术赛事的是国际马术联合会,其坚决反对的原因,是害怕马术远离奥运会"赛事中心",导致像马球一样被剥离出奥运会。国际马术联合会希望北京奥组委按照1988年汉城奥运会那样,划出一块"无疫区"来解决马匹检疫的问题。国际马术联合会认为,香港8月的天气炎热潮湿,可能会给马匹带来严重危害,尤其对参加马术三日赛越野项目赛马来说,这种天气是致命的。

导致国际马联对香港态度有了很大改观的一个原因,是霍震霆当机立断的大手笔。2005年7月6日,中国香港国际奥委会委员霍震霆果断把选票投给现代马术的发源地——英国伦敦,伦敦申办2012年奥运会顺利成功。此前,在候选城市伦敦和巴黎间,国际马联一直倾向于前者。得知中国香港国际奥委会委员霍震霆把选票投给伦敦后,国际马联对香港协办北京奥运会马术赛事态度有了很大的改观。在2005年8月8日的新加坡国际奥委会全会上,国际奥委会、北京奥组委以及国际马联三方协商最后达成一致,将2008年北京奥运会和残奥会的马术比赛移师香港举行。

2008年北京奥运会和残奥会的马术比赛移师香港举行的消息公布后,引起了香港大众对马术的关注和兴趣,全港上下围绕奥运会马术竞赛的话题日益升温,申请入读香港赛马会屯门公众骑术学校等学校马术课程的人数急速飙升。

全港共有9所骑术学校,其中3所是香港赛马会设立的公众骑术学校,其余则以会员制运作。3所公众骑术学校分别位于薄扶林、鲤鱼门和屯门,它们在20世纪60年代末至90年代中相继成立。公众骑术学校的学费不算昂贵,以每周学习一至两次计算,成年人学费每小时300多港元,每月的花费大约为1000多港元,这对于很多市民来说都能负担得起。据了解学员由最基本的上马和下马学起,初学者最初由教练牵着马匹慢步走,上了几节课之后就可学习自己策骑。完成了一系列基本训练后,学员可以按照个人兴趣和能力选择更高级的课程,例如学习盛装舞步、跳栏等。

经过赛马会多年来的推广,加上2008年奥运会马术比赛的宣传活动进行得如火如荼,极大地促进了人们对赛马运动的兴趣。各机构在马术推广活动上的积极性,显示出由2008年奥运会马术比赛带动的这股马术旋风的强势。

2008年6月26日,香港赛马举行仪式,将位于沙田的北京奥运会马术比赛主赛场移交给比赛承办机构——第29届奥运会马术比赛(香港)有限公司(简称奥运马术公司),标志着奥运会马术赛场全部正式就绪。时任香港特区政府政务司司长唐英年在致辞时表示,奥运马术沙田场馆正式落成并移交,是香港筹备北京奥运会和残奥会马术比赛的一个重要里程碑。他说,马术比赛场馆经过精心设计,处处体现出"以马为本",在马房环境、马匹训练、马匹运输以及化验、废物循环再用、应付恶劣天气等方面都别出心裁,创下了多项世界纪录。整个场馆和相关设施得到了国际奥委会、国际马联、北京奥组委以及专家们的高度评价。

位于香港沙田的北京奥运会马术比赛主赛场可容纳1.8万名观众,赛场采用全天候沙面,排水量达每小时100毫米。赛场周围建有六星级空调奥运马房、马匹诊所以及13个练习场,其中包括世界首个空调室内马术练习场。比赛场地还设有4个马匹降温站,备有强力喷雾风扇和大量冰水,供马匹在训练和比赛后消暑降温。奥运马术公司在接收奥运马术场馆后,进行了场地美化和员工培训工作。北京奥运会马术比赛场馆建设工程自2006年11月启动以来,香港赛马会共投入12亿港元,为香港马术运动和赛马博彩的未来创造了优越的条件。

三、中国大陆赛马

我国大陆赛马博彩的发展一直畏葸不前,尽管武汉市、成都市、南京市和广州市等地蓄势待发,积极酝酿发展赛马博彩,但国家有关管理机构迟迟没有一个明确的回复,限制了其巨大的发展潜力。1992年,中共中央、国务院下发了《关于坚决制止赛马博彩等赌博性质活动的通知》,全国各地赛马场陷入沉寂。

广州赛马场最鼎盛时一共拥有1064匹马,每周跑3场,一个初赛日要出动一百多匹马,投注额最高可达1000万元,在全广东拥有103个投注点,赛马场的电脑售票系统由3000多台电脑售票终端组成,创下的最高观赛纪录是2万多人。每到赛马日,马场人山人海,通往马场的路不得不进行交通管制。因为赛事规则、博彩的玩法都与香港一致,还有许多香港人来深圳赛马,两地还举办过粤深对抗赛。

位于南京钟山风景区的江苏省南京赛马场于2005年十运会期间正式投

入使用,赛马场承担了十运会马术盛装舞步和速度赛马的比赛。这个号称投资8亿元、被称为亚洲第一的赛马场以其规模之大、设施之全受到参赛各队及国内外观众的赞誉。在修建之初,就考虑要将竞猜型赛马作为将来发展的方向。在北京顺义,通顺马场一年进口马匹1000匹,进行竞猜赛马还获得了地方税务局的口头同意。在成都、济南、昆明、沈阳等地相继修建的赛马场,都在等待一张马彩的入场券。

南京赛马场是目前国际上最先进的赛马场之一,是亚洲唯一集马术和速度赛马4个大项目于一体的赛马场。赛马场一期建设包括速度赛道、主看台、马厩区、越野障碍赛道、场地障碍和盛装舞步比赛区、运动员公寓区等6个部分,其中比赛跑道是目前国内最宽且排水系统最先进的跑道。赛马场共有4条赛道,其中速度赛道由草地赛道、沙地赛道和救护车道组成,施工要求比高速公路还高。赛道下面有土层、风化岩层和细碎不等的石子层,沙道最上层铺有细沙,草道最上层则培土种草,即使在大雨中也能照常比赛,完全符合奥运会马术比赛和速度赛马比赛的要求。越野障碍赛道位于南京白龙山腰,绵延六七千米,设置各种障碍30多处,为亚洲同类型赛道中最佳。

赛马场主建筑由3层高的环形亮马圈和6层有机玻璃外墙的看台组成,总建筑面积达5.4万平方米,能容纳两万多名观众,在看台的任何一点都能同时看到赛马场内的所有比赛。

南京市政府有意将赛马场打造为该市的名片,带动当地休闲产业和旅游业的发展,但如何使赛马场巨大的建设和维持费用不至于沦为"烧钱工程",这个话题一直备受关注。

十运会马术竞委会副主任、南京赛马置业有限公司总裁吴有红明确表示,发展马彩是维持赛马场经营的唯一有效方式,马彩不开禁,马场就永远不具备造血功能,中国马术运动的水平也难以真正得到提高。

2008年11月26日,全国速度赛马锦标赛在武汉打响。全国关注的焦点在于举行测试赛同时,组织者允许观众进行竞猜,观众凭借门票领取竞猜单,根据自己的了解选择马匹名次,猜中者会获得一定数额的奖金。这一举措,被业界视为中国大陆"通知"之后赛马博彩的"试水行动"。据在武汉成立的中国竞猜型赛马彩票课题组的研究成果显示,若是马彩在武汉放开,将带来1000亿元的销售收入、400亿元的税收以及300万个就业岗位。

21世纪以来,几乎每一年两会时都会有商业赛马或马彩的提案,一看是有关马彩的,就免不了请一些相关部委提出意见,国家体育总局也免不了首当其冲。从管理职能上，体育总局只能就体育性赛事提出意见，对于商业赛马或新的彩票品种，很难越俎代庖地拿出意见。

赛马产业涉及多个环节，在我国现行管理体制下，形成了多头分散管理的现状，农业部管马的繁育培育，体育总局管比赛训练，财政部管彩票的审核，公安部管特种行业（赛马算特种行业），国家质检总局负责马匹进出口检疫。各个部门条块分割，没有一个部门能够统筹协调管理，从顶层提出马彩产业发展设计规划，对商业性赛马提出意见也就变成了不现实的事情。①

第五节　东方赌城

澳门的博彩业历史文化渊源深厚，素来有"东方赌城"之称。早在150多年前，澳门就开始盛行番摊与牌九。澳门赛马博彩异常活跃，澳门赛马会与英国皇家赛马会、迪拜赛马会和香港赛马会并驾齐驱为世界公认的四大赛马会。香港和澳门的赛马与博彩业有着密不可分的关系，奖金几乎全部由博彩收入派发。香港和澳门的赛马运动兴起于19世纪，观看赛马和投注娱乐已成为一种文化方式深入人心。港澳马彩同其他体育彩票一样，早已融入普通民众的生活。由于投注成本不大，普通人都可以购买而受到广泛参与。马彩的发展，不仅带动了就业和当地经济的发展，也积极为社会做出贡献。香港和澳门的马彩，长期以来都是社会安定的因素之一。

到20世纪，西方博彩游戏传入澳门后，与本土的赌法融合便形成了一个多元的博彩架构，形成一个巨无霸新兴产业。据澳门特区政府统计暨普查局数字显示，2012年澳门博彩收入已是拉斯维加斯的7倍。前者为2953亿港元，后者为50亿美元（约合388亿港元），其中马彩占据了很大的比重。

澳门起初也是禁赌的，但后来澳葡当局为解贸易急剧衰落、收入拮据之窘，实行公开招商设赌，向赌场征收"赌饷"，以开赌抽饷来增加收入。19世纪60年代中期，澳葡当局主要靠着赌饷和鸦片烟税，而使得每年的财政收入增加到20多万元，并有约4万元的结余上交葡萄牙国库。1847年，澳门政府颁布法令，宣告赌博业合法化，揭开了赌业合法化的序幕，但当时并没有专营的赌场。20世纪30年代以后，澳门的博彩业改由政府与娱乐公司签订

---

① 参见张瑞、胡可艺、王欢：《马彩一梦三十年　赛马是赌博　旧案今难翻》，来源：南方周末，2014年10月30日。

合约,实行专利经营。经营者必须向政府缴纳博彩税,依约经营。由于澳门的赌博业给地方政府带来了巨额的收入,因此每年新春第一天,前澳门总督要亲临赌场,替博彩业开彩。

1999年澳门回归中央政府后,马照跑、股照抄、舞照跳。博彩旅游业被定为澳门的支柱产业,带动澳门整体经济发展。澳门特区政府在成立不久即决定开放"赌权",终结在澳门实行逾70年的博彩业独家专营制度。2000年7月,澳门特区政府成立博彩委员会,草拟了《拟定娱乐场幸运博彩经营法律制度》,俗称"博彩法",并于2001年8月获立法会通过,开放市场的法律框架终告确立。

新时期的澳门博彩,既讲求博彩内容的多元化、现代性,也十分注重博彩环境与氛围的健康性与舒适性。随着健康需求的上升,各赌场把健康性、舒适性引入经营管理中,环境健康、现代感强、舒适度佳、特色鲜明成为博彩企业在市场中取胜的关键。追求舒适与健康符合澳门博彩旅游业发展的需要。随着自由行推行,澳门的赌场成为旅游者重要的参观景点;与赌客不同,旅游者以体验博彩氛围、感受博彩文化为目的,所以对于赌场环境氛围的要求也就较高。

现在的澳门博彩,呈现出博彩项目多样化、博彩内容主题化、博彩服务人性化和博彩经营专业化等特征。

一、博彩项目的多样化

"新澳门,新博彩",新赌场在延续传统博彩项目的基础上进行创新,开发出满足不同层次、不同年龄、不同文化背景及不同兴趣爱好的赌客和游客需要的项目。如金沙娱乐场,既有传统的百家乐、二十一点、摇骰子、轮盘赌、番摊、鱼虾蟹、三公、幸运轮、大小点等品种,又有美式赌法,如加勒比海扑克等;既有较复杂、满足大赌客、高级别赌客需要的项目,也有适合普通大众娱乐的简单项目,如角子机等;既有每注在2万元以上的豪赌,也有每次0.20元的大众赌;既有现场赌,又有网络赌等品种。

二、博彩内容的主题化

博彩内容的主题化,可以使参与者在博彩同时了解到相关知识。如金沙娱乐场921台角子机被赋予了东方文化、神话传说、历史故事、日常生活等不同主题。其中,东方文化主题的内容分为传统文化主题如招财进宝、福寿禄、年年有余、财神到等,神话传说主题则有如猪八戒背新娘、西游记、五龙争霸等内容,而历史故事主题如武松打虎、寻兰觅宝等以及反映日常生活的鱼虾蟹和反映地方文化的现江快车、金沙风暴等。反映西方文化主题的博彩项目,历史故事主题则是埃及艳后、东方公主等,还有现代文化主题如彩色嘉年华、威尼斯之夜等。

三、博彩服务的人性化

服务是博彩的重要组成部分,由于博彩业竞争日趋激烈,博彩经营者更加注重改善服务,更趋于人性化,服务内容更细致、更丰富。在银河娱乐场的贵宾厅,设有专门的饮料服务柜台和兑换处,金沙娱乐场更注重礼仪与服务的细化和针对性,赌场提供解说服务、电子显示服务、走动式饮料配送服务等,角子机旁配有座椅,灯光设计独特,并提供购物、餐饮、娱乐表演等服务。服务方式也有所改进,如金沙娱乐场荷官发完牌会摊开双手,体现公正公开。在服务的通达性上,酒店与赌场连通,游客可以更方便地获取服务。另外,博彩服务融入更多的科技手段,借助硬体化设施设备及人性化服务将"顾客就是上帝"的服务理念演绎得淋漓尽致。

四、博彩经营的专业化

东南亚国家(如马来西亚、菲律宾、泰国、朝鲜、澳大利亚等)博彩业的合法化以及澳门赌权的有限开放,拉斯维加斯博彩经营方式、管理技术与理念的引进,使澳门的博彩经营呈现出专业化与国际化的趋势。在经营上,引入会员制、抽奖制、赌场与酒店联合、高佣金制、贵宾级客人的高奖励制(实行类似像民航积累里程的积分卡,会员赌客可以凭积分卡在赌场免费住宿、餐饮、乘车等)。开设24小时免费员工餐厅与洗衣服务,为员工购买医疗保险,在赌场为员工设立医疗服务室,设立员工免费停车场,为员工提供免费巴士上下班接送服务,建造了1000平方米的员工俱乐部等,开启了澳门博彩业经营先河,给澳门博彩业带来深刻的影响。

澳门博彩业兼有体育、文化、娱乐、主题景观和会展、休闲等功能,正向健康化、多元化发展,澳门正成为娱乐场、豪华酒店、戏院、表演厅、大型商场、疗养与会展的聚集地,为澳门成为"世界一流"的博彩之都奠定了基础。

第三章 体育制造

体育制造,是指围绕体育赛事、体育活动和体育媒介量身度造的场馆设施,运动服装、服饰,运动器械、器具,运动饮品和运动摄影、摄像器材以及各种辅助设施设备等,如各式各样的球类馆、体操馆、游泳馆、拳击馆,形态各异、遍布全球的滑雪场、滑冰场、网球场、足球场、田径场,五彩斑斓的球类服装、体操服装、登山服装、跳水服装、击剑服装、射击服装,都是伴随着世界体育运动的飞速发展而层出不穷的衍生物。近年来,高速摄影机、雷达鹰眼和飞猫等新型专业设备也成为体育制造的新宠。

长期以来,体育制造为欧美发达国家所垄断。阿迪达斯、耐克、锐步、彪马、茵宝、艾斯克斯、美津浓、尤尼克斯、斯比多等国际品牌占据着绝大多数市场份额。半个世纪以来,凭借丰富的劳动力资源、巨大的潜在市场和各项优惠政策,中国体育用品行业从小到大、从仿制到创新、从计划到市场、从封闭的自给自足走向国际市场,取得了令人瞩目的成绩,引起了境外业界人士的普遍关注。改革开放之后,中国体育制造急起直追,并保持着强劲的发展态势。中国体育制造从最早只有寥寥无几的"梅花""十佳"等运动品牌,发展到现在享誉世界的"李宁""红双喜""泰山""金陵""匹克""安踏"等众多中国品牌群雄并起的大好局势。基本上完成资本原始积累的诸多企业,开始走出仿造、单纯加工和盲目造势宣传的误区,向着科技开发、自主知识产权、规模扩张为主要目标的品牌战略大踏步地迈进。

根据《中国体育用品产业发展白皮书》的数据,2009年,中国体育用品制造市场规模首次突破1000亿元人民币,达到1110亿元。2013年,中国体育用品制造市场规模突破2000亿元人民币,一步步拉近了与世界体育制造大国的差距。2014年,中国体育用品行业包括运动服、运动鞋、运动器材及相关体育产业的制造和销售总额达到2418亿元,同比增长15.89%,在连续八年保持行业规模持续扩大的同时,自2011年后首次实现两位数增长。2014年,中国体育用品行业进出口总额达到200.85亿美元,实现贸易顺差178.59亿美元。

  中国体育用品行业的发展壮大,需要不断加大科技投入,调整产品结构,增强知识产权意识。中国目前的体育用品企业的产品结构不尽合理,有些企业习惯于拿来主义,重生产、轻研发的现象比较普遍,缺乏把传统产品不断升级换代的前瞻意识,创新意识、专利意识尤其薄弱。截至2015年4月16日,中国体育用品行业公开的专利共7074件,其中外观设计专利占比超过50%,而最能反映企业创新能力的发明专利占比仅为11.48%。目前,国内体育用品生产企业普遍存在科技创新研发能力不足、产品附加值较低的问题,在与国外知名品牌竞争时处于不利地位。随着国内制造业从简单粗放的低成本、低附加值模式向更高层次的设计研发价值模式升级,针对运动本源、以人为本的科技研发将会成为未来各方激烈争夺的先手优势。另外,针对中国体育用品企业规模小、管理分散、科技研发力量薄弱、国际市场营销渠道不畅通等不利条件,同类产品企业在条件成熟的情况下应当考虑进行资源重组或跨部门的联合,整合资源,打造联合舰队。

  进入新世纪,全球体育用品业的形势和格局发生了深刻的变化,各大品牌围绕科技创新、规模扩张、知识产权、贸易保护和品牌战略为核心的市场竞争日趋激烈。2006年8月,阿迪达斯以38亿美元的代价并购锐步,继而又斥资1.6亿美元与全球万人迷大卫·贝克汉姆签下终身代言大单。就在阿迪达斯不断壮大的同时,耐克达成了数项重大收购,包括抢购Hurley、匡威和Starter,估算总购价达4.5亿美元。阿迪达斯和耐克这一连串动作,结束了耐克、阿迪达斯、锐步多年三足鼎立的局面,进而形成了耐克、阿迪达斯两强对抗的全球体育市场新格局。

  面对已耕耘一线市场多年的全球巨无霸体育用品企业耐克和阿迪达斯,国内体育用品企业施展"农村包围城市"战略圈地二、三线市场,在确定战局后,开始蚕食上海、北京和广东等一线城市市场。

  2009年,国际金融危机对中国国内一线城市的体育产品销售冲击较大,跨国运动品牌在一线城市业绩受挫,为国内知名品牌如李宁、安踏、匹克等提供了机会。2009年12月16日,中国匹克第6000家门店开在了耐克上海门店的对面,毫不避讳与国际超级体育大鳄展开针锋相对的厮杀。"洋退国进"为国内运动品牌扩张提供了方便,广州、上海、北京等特大城市开始以开放姿态欢迎国内体育品牌进驻。由于耐克、阿迪达斯等一些国际品牌代理商业绩欠佳,加盟商转而成为匹克、李宁等国内体育品牌的代理商和加盟商。

国内运动品牌一直以二、三线城市作为主要市场,这些地区耐克、阿迪达斯开设的门店数量很少,为国内品牌提供了广阔的生存空间,李宁、安踏和匹克等近年来纷纷向上海、北京这样的一线城市渗透。截至2009年6月30日,安踏品牌已经在上海、北京开设了353家门店,李宁品牌全部6809家门店中,有20%分布在一线城市,匹克在上海已经开设了80家门店,加上北京、深圳,三地的门店总数达到200余家,这一数字还将继续扩大。

业界专家指出,李宁目前估计有20%的销售额来自一线市场,一线城市对李宁、安踏、匹克等国内体育品牌来说意义重大。与耐克相比,国内企业的产品质量并不差,但是价格只有耐克的一半,性价比很高,越来越多的消费者认可国内运动品牌,现在最急迫的是提升国内体育品牌的形象。提升品牌形象的办法之一是在上海、北京、广州、深圳等核心商务圈开设门店,效果立竿见影。匹克2009年9月刚刚在香港上市,手握17亿港元资金,有足够的资金实力支撑在一线城市大量开设门店。

匹克方面透露,目前在上海开设的门店中已经有一半盈利,主要集中在奉贤、浦东新区的非核心商务圈。此间评论指出,这样的策略比较稳重,一般来说都是核心城区的门店亏钱,郊区门店赚钱,在郊区站稳脚跟,积累足够经验后,在核心城区发力成功的概率要大很多。[①]

应该看到的是,中国体育产业增加值占GDP的比重不过0.5%,而美国这一比重高达2.4%。中国体育产业的主体是体育用品制造业,且绝大多数企业规模小,无品牌,在发达国家已成为产业主流的健身娱乐业,在中国的发展还在起步阶段。如何创立和维护我国自己的体育制造品牌,使自己立于不败之地,是未来体育用品行业乃至中国体育产业的重要命题。

值得高兴的是,2008年,中国体育制造在北京奥运会上大出风头,大批中国制造体育器材出现在各体育赛场。2008年北京奥运会,不仅是各国运动员奋力拼搏的舞台,也成了国际体育制造品牌的际会之处。纵观奥运会的历史,主办国的本土体育品牌往往会异军突起。如1964年第18届东京奥

[①] 参见胡军华:《国内体育品牌蚕食耐克阿迪一线市场份额》,来源:第一财经日报,2009年12月17日。

运会造就了日本的美津浓，1972年第20届慕尼黑奥运会上阿迪达斯创造辉煌，1984年第23届洛杉矶奥运会让耐克公司崭露头角。

2008年北京奥运会，中国名牌产品大放异彩。上海红双喜和广州双鱼体育用品集团有限公司独霸乒乓球赛场，将乒乓球、乒乓球球台、网架、围挡、裁判记分牌等全部揽入怀中。

山东泰山体育产业集团有限公司号称拿下了北京奥运会的另外一面金牌，"泰山"在体操（平衡木、吊环、单杠、双杠、高低杠、鞍马、助跳板、跳马、自由体操板等）、田径（接力棒、起跑器、铅球架、标枪支架、链球架、铁饼架、跨栏架板、跳高架等）、拳击（比赛拳台、比赛拳台盖单、拳击综合训练器等）、跆拳道（比赛台、比赛垫子、头盔、护甲、拳套等）、柔道（柔道垫、比赛台、锣、裁判椅等）和摔跤（比赛台、摔跤垫子及盖单等）等六个项目的场馆设施方面获得大面积丰收。

江苏省金陵体育器材有限公司除了在田径赛场与山东泰山平分秋色，制作了接力棒、起跑器、铅球架、标枪支架、链球架、铁饼架、跨栏架板、跳高架、发令枪子弹等产品外，还在游泳（游泳的仰泳转身标志杆、发令台、泳道线50米）、水球（水球门、水球标志线、缓冲气垫等）和曲棍球（球门、球门网、角旗、弧度仪等）等项目中亮出了中国品牌。

另外，还有江苏强槐体育用品有限公司提供的部分手球、排球、沙排、棒球器材，北方装备有限责任公司提供的射击飞碟碟靶，山东乐陵市友谊体育器材厂提供的射箭箭靶，北京艾奇达马术用品有限公司提供的马术用品，浙江幸运马服饰有限公司提供的马术用品等企业的产品和杭州飞鹰船艇有限公司提供赛会指定租赁的赛艇等进入了北京奥运会赛场。在2008年北京奥运会上，由中国企业制造、拥有自主品牌的体育运动器材为14个大项提供了装备，"中国制造"已经在奥运舞台上实现了一次大突破。国产名牌产品进入奥运赛场，既给国内体育用品企业带来了实际利益，也使国产优秀体育器材的国际知名度得到了提高，极大地振奋了中国体育制造的信心，为中国体育产业在"十三五"期间达到5万亿元的目标创造了先决条件。

第一节 体育制造业的归属与定义

体育产业是我国产业经济的重要组成部分，1985年国务院批准国家统计局《关于建立第三产业的统计报告》，将体育列入第三产业。虽然，体育产业的产业性质得到确定,但是多年来关于体育产业的国家统计始终是一个空白,在国家统计局每年提供的产业发展报告中没有体育产业的具体统计数据。究其原因,体育产业是一个第二、三产业兼容的混合性产业,既有第二产业的制造业、加工业,又有第三产业的综合服务业。因此,体育产业的统计问题很难形成系统、准确的源口。

作为第二产业的我国制造业近年来得到迅速提高,生产总值已经从世界第9位跃升至世界第3位。体育制造业被统计在了我国第二产业的制造业数据之中,作为体育产业的重要组成部分,体育制造业在我国体育产业中占有相当的份额和比重。

所谓的体育用品制造业是指利用体育自身功能及辐射作用创造价值的产业,是为社会提供体育用品的同一类经济活动的集合和经济部门的总和。我国体育行政部门从管理目标出发,将体育用品制造业分为五大类,具体为球类产品、体育器材、运动服装、体育场馆和其他体育用品。

笔者认为,在上述范畴和领域外,体育制造业还需要加上信息时代的体育媒介制造,如计算机设备、高速摄像设备、航空拍摄设备、性别检测设备、体质检测设备、兴奋剂检测设备和鹰眼系统等。

随着竞技体育和商业体育的日益融合,增强运动能力的体育功能类专业食品饮料公司悄然兴起,可能成为体育制造的又一亮点,成为体育产业的一支新军。

一、球类产品

球类产品泛指篮球、排球、足球、网球、高尔夫球、乒乓球、羽毛球、棒球、垒球、橄榄球、壁球、冰球、曲棍球、藤球、门球等比赛和训练所需的球具、球架、球网、球杆和球包等。在不同球类产品市场,各种品牌分别占据着重要的位置。阿迪达斯因为与国际足联的特定关系,尤其是凭借2006年世界杯的东道主优势,在足球比赛和训练用球、出场装备与训练比赛服装等占领比较大的市场份额。耐克则在篮球产品独领风骚,乔丹系列、詹姆斯系列、姚明系列影响着全球球迷。网球场上聚集了众多体育制造品牌,海德、邓禄普、威尔逊、王子、尤尼克斯和中国的李宁等都是网球选手的得分利器。尤尼克斯品牌很长时间一直是羽毛球赛场上的独门利器,只要是高水平赛场,随处可见"YY"的标识。近年来,中国羽毛球独步天下,中国制造的羽毛球品牌如李宁、凯胜、红双喜等异军突起,宣示着中国体育制造的实力。美津浓利用日本长期承办排球世界杯的良机,始终追求着排球产品的更多空间。中国的"红双喜"无愧国球品牌,当仁不让在乒乓球赛场上风光无限。

二、体育器材

体育器材指的是教练员、运动员、裁判员为了训练和比赛所需要的各种设备器具以及全民健身产品,包括健身器材(含跑步机、健身车、踏步机、按摩椅、划船器、椭圆机、综合训练器和肌肉训练器等)、体操器材(含跳箱、跳板、鞍马山羊、高低杠、双杠、单杠、舞蹈把杆、吊环、平衡木、体操垫和其他体操器材等)、田径器材(含裁判台、跨栏、跳高、起跑器、铅球、链球铁饼类、标枪、场地等器材)、武术拳击器材(含刀枪棍剑戟矛盾叉等兵器、散打护具、武术服装、沙包沙袋、拳击用具等)、体质检测身高体重监测仪(肺活量监测仪、握力测试仪、体前驱测试仪、仰卧起坐测试仪、台阶测试仪、跳远测试仪、反映时测试仪等)、举重器械(杠铃、哑铃、举重护具、举重台、镁粉盒、举重训练器、杠铃架和杠铃推车等)和休闲运动用具(游泳用品、户外旅游用品、棋牌类、潜水用品、攀岩用品、漂流用品、登山用品、滑雪滑草滑沙)等。

我国的体育器材制造业在全球有着很大的影响力,除了上述的上海红双喜、山东省泰山体育用品有限公司和江苏省金陵体育器材有限公司的体育产品名扬海内外,青岛英派斯健身器材、山西奥瑞特健身器材也在近年来声名鹊起。河北沧州集中了我国体育器材的多种门类,正在由小作坊向大品牌迈进。可以肯定的是,我国制造的体育器材国际化程度与竞争力正在逐年提高,出口份额呈不断扩大之势。

三、运动服装

运动服装指的是体育训练比赛用的衣服和鞋帽,其中服装指为满足体育训练和比赛而专门设计的出场服、训练服和比赛服,包括健身健美服、运动服、瑜伽服、啦啦队服、泳装和其他服饰等。其中,啦啦队服是新时期的一个热点和亮点。啦啦队服讲求性感奔放,亮丽闪烁,富有青春激情。

运动鞋帽对款型、面料与颜色都极为精细,融入了很多高科技含量。运动鞋帽是许多体育运动特别是体育比赛的锐利武器,每一个环节都是高科技的结晶,融汇了生理学、解剖学、运动生物力学等科学原理。世界高水平运动员的训练和比赛用鞋不仅量身度造,而且对不同时间、不同气候、不同国家和地区的运动场以及运动员自己的左右脚都会考虑得很周全。单以运动比赛用鞋为例,田径运动就有跑鞋、跳鞋、投掷鞋等,跑鞋又有短跑鞋、跨栏鞋、中长跑鞋、马拉松鞋等。

　　球类比赛鞋也是分工精细,单是乔丹飞人系列篮球鞋迄今就出了20多款。乔丹一代出现于1985年,1994年和2001年耐克公司先后两次生产了这款鞋。经典颜色为红黑搭配,此外则为蓝黑搭配。第一代乔丹鞋的鞋帮上有一个显眼的"插翅篮球"的标志,在采用飞人标志前,第一代和第二代乔丹鞋都是用插翅篮球作为标志的。

　　中外运动鞋帽品牌包括阿迪达斯、耐克、美津浓、彪马、背靠背和茵宝等国际品牌,国内体育服装品牌有金莱克、李宁、康威、匡威、安踏、特步、回力、喜得龙、沃特、德尔惠、匹克、361度、康踏等国内名牌。中国运动鞋帽的制造地点,主要集中在中国台湾地区和大陆的广东与福建。随着中国体育产业在国民经济中的地位不断上升,北京、上海、广州和有着传统制造优势的江浙地区近年来在体育服装制造方面也有不俗表现。

四、体育场馆

　　体育比赛与训练必不可少的场所,集中了体育制造的精髓,既有建筑大师的杰作,兼揉着运动项目的自身特色,还要考虑到国家地区的文化底蕴与民族传承,是高新科技与璀璨文化的交汇。因此,世界上很多体育场馆往往是建筑史上的丰碑,是一个国家、一个城市的标志性建筑。巴西里约热内卢马拉卡纳球场、香港体育馆"红馆"、悉尼奥林匹克体育场、上海八万人体育场、天津奥林匹克水上中心、北京鸟巢和水立方等,都是世界体育场馆建设的精品,蕴含着巨大的商业元素和商业机会,是闻名世界的文化、娱乐、体育和旅游中心。体育场馆建造本身就是财富的标志,不少还成了地标性建筑,是一个国家和地区的经济实力的显示,而体育场馆通过组织赛事和主办各种大型活动,广告位出售、门票销售都是源源不断的财富来源。

　　1948年8月2日动工修建的巴西里约热内卢马拉卡纳球场,能容纳20万人现场观战,是全球体育场馆"世界之最"的代名词。马拉卡纳球场超越了一般体育场馆建筑的简单范畴,20万人的球场狂欢将之升华到一个更高的境界。为迎接2014年世界杯及2016年夏季奥运会,马拉卡纳体育场于2010年3月开始进行重修工程,到8月全面关闭,在整座5层建筑物上加上顶盖,耗资高达1亿7500万英镑。

　　建造于1985年的中国香港体育馆红馆是一个综合性极强的多功能中

心,是香港主要的文化娱乐活动设施,以举行中文流行音乐会等娱乐节目驰名,使用率高达96.7%。香港红馆的收入来源除主要来自场地租金外,还包括广告位销售、文化娱乐体育用品售卖、食物及饮品的特许专营权等,是世界上使用率最高、效益最好的体育场馆。

工程投资12.9亿元的上海八万人体育场,是上海的标志性建筑之一。该体育场除了建立比较完备的体育设施,还设立了宾馆、娱乐场所、购物商场等其他功能场所。近年来,上海市又把体育场的地下部分开发成了上海的旅游集散中心,巧妙地利用了它的交通枢纽功能,成为当下国内体育场馆综合利用的成功范例之一。

2000年悉尼奥运会的主体育场——悉尼奥林匹克体育场是奥运会历史上最大的室外奥运场馆,可容纳11万名观众,体育场跨度足够四架波音747客机并排停放。该体育场位于悉尼市霍布什湾奥林匹克公园,距市区14公里,交通极为方便。

悉尼奥林匹克体育场的设计照顾到了澳大利亚独特的气候,增设了顶棚,保护了大多数观众不受日晒雨淋,同时也不是全封闭体育场,对草皮生长无害。另外,该体育场的顶棚采用的聚碳酸酯材料,使草坪上的太阳阴影降到最小,为体育比赛的电视转播创造了最佳条件,这一点是世界上体育场建设的一个技术突破。

悉尼奥运会场馆建设注重整体效果,不过分追求局部装修,大多数场馆设计非常简洁,尽量少用材料,而且设计非常灵活,以便改变其用途时容易拆卸而不造成浪费。内外墙面基本是混凝土素面,只在有装饰要求的地方使用涂料或清漆,地面以水泥地面为主,部分地面用水磨石、地毯或在地毯下采用废旧轮胎回收再生的塑料地毯作垫层加以装饰。

截至2013年12月31日,全国共有体育场地169.46万个,用地面积39.82亿平方米,建筑面积2.59亿平方米,场地面积19.92亿平方米。其中,室内体育场地16.91万个,场地面积0.62亿平方米,室外体育场地152.55万个,场地面积19.30亿平方米。以2013年末全国内地总人口13.61亿人计算,平均每万人拥有体育场地12.45个,人均体育场地面积1.46平方米。① 这一数据与美国人均场馆面积16平方米有着巨大差距,同

---

① 参见《全国体育场地普查数据公报 场地总数近170万》,来源:中国体育报,2014年12月26日。

时也反映出我国国内体育场馆仍有很大的发展空间。目前,我国体育场馆建设主要集中在北京、上海、广州等大城市和东南沿海一带,随着我国经济水平的提高,全运会轮回在各个省市举行,中国体育产业发展提升到了"十三五"发展纲要的重要环节,全国各地的体育场馆建设将达到一个新的高度。

从商业体育的角度考察,耗资巨大的体育场馆如何在承办重大赛事(特别是奥运会)之余发挥持续的、立体的商业功能,避免人去楼空、留下一座"奥运鬼城",是商业体育领域一个值得探索的课题。

第二节 我国体育制造业的发展历程

随着我国市场经济体制改革的继续深入,社会宏观经济环境不断改善,三次产业结构的优化升级,国民生活水平逐步提高,人们闲暇时间不断增多,体育人口规模进一步扩大,对体育用品的需求逐年增加,从而带动了我国体育用品制造业的快速发展。同时,我国竞技体育事业受世人瞩目,群众体育事业也蓬勃发展,作为第二产业的体育用品制造业已成为中国体育产业发展的重要组成部分,是新常态下国民经济的新兴增长点。

进入21世纪以来,凭借着中国首次主办奥运会的国际影响力,我国体育制造业大踏步跃进,李宁、安踏、匹克、泰山、金陵、红双喜等传统民族品牌,正以全新的姿态强势崛起,他们不仅在国内市场占据重要位置,国际化水平也在逐年提高,国际订单份额不断增大,品牌张力慢慢为世界各地体育工作者所接受,有信心有能力迎接全球体育品牌的挑战。中国体育制造经历了从无到有、从小到大和从大到强,现在逐步向自主创新和以品牌制胜阶段迈进。2014年,中国体育用品行业的制造和销售总额达到2418亿元,同比增长15.89%,出口总额达到189.72亿美元,总比增长8.29%。

中国不仅在体育服装、体器器材等制造方面逐渐与国际接轨,在体育场馆建设与商业开发领域也很有斩获。2008年北京奥运会期间,体育场馆建设以全球化视野进行设计和建造,为北京奥运会留下了大量宝贵遗产,而鸟巢和水立方则是其中最具特色也是耗资不菲、争议颇多的两个标志性建筑。

工程总造价22.67亿元的国家体育场(俗称"鸟巢")是2008年北京奥运会主体育场,由2001年普利茨克奖获得者赫尔佐格、德梅隆与中国建筑师李兴刚等合作完成的巨型体育场设计,形态如同孕育生命的"巢",像一个摇篮,寄托着人类对未来的希望。设计者们对这个国家体育场没有做任何多余的处理,只是坦率地把钢化结构暴露在外,因而自然形成了建筑的外观。2009年,鸟巢入选世界10年十大建筑。

一、计划单一的体育制造阶段

从新中国成立到改革开放之前的很长时间内,中国百姓一直在为温饱问题奋斗。能够穿上合体的运动服参加训练和比赛,就很满足了。

新中国成立后,中国体育行业产品开始起步,但早期发展十分缓慢。1962年底,国家级运动队和专业体育教师、学生所需的运动服装列入国家计划,自此运动体育服装才得到足够的重视。从早期纯粹为比赛而设计生产的运动服和运动鞋,到现在代表时尚和流行的绝对主力,体育服装的发展几乎就是中国体育产业发展的缩影。自1972年起,全国每年都召开一次体育器材计划会议,到1979年开始成为体育器材和运动服装计划会议。当时,全国的体育服装都在各地的纺织厂内生产。

新中国早期的体育制造业起步晚,家底薄,专业人才匮乏,加上受到当时计划经济的影响和控制,整个中国体育制造品种单一,规模弱小,而且发展缓慢。中国的体育用品市场上,零零星星散布着梅花、红双喜、回力(球鞋)和利生等有一定市场规模和影响力的体育制造企业,产品主要是运动服装、球鞋、篮球、排球、足球、哑铃、杠铃和其他简单的运动器材为主。

创始于20世纪60年代的天津纺织集团所属的"梅花"牌运动服装曾经是天津纺织工业的一面旗帜,产品多次获得国家及国际大奖。从品牌创立之初就成为中国国家运动队的指定服装,被誉为运动员的"国服"。从20世纪60年代到90年代初,"梅花"一直是占有市场份额最大的中国运动服装品牌,是中国第一个货真价实的知名体育服装品牌。20世纪60—80年代期间,梅花品牌已经深入人心,从国家队到各省市级运动队,很多运动队都以梅花运动服作为专业运动出场服装和比赛服装,体育爱好者用"永远的经典,不朽的品牌"来描述梅花牌的无穷魅力。在中国体育健儿走上世界体育竞技场的那一刻,中国天津的梅花品牌光彩熠熠,与上海红双喜、回力、天津利生等体育器材品牌一起托举着新中国早期体育制造的希望。在1984年洛杉矶奥运会上,中国代表团穿着正面印有大大的"中国"两字的梅花牌领奖服,一次次登上世界体育最高水平领奖台,让全世界看到了中国体育服装的创造力。

1984年洛杉矶奥运会后，梅花迎来企业创业史上最鼎盛的十年，公司职工达1500多人，年产值保持在一个亿左右，仅福利分房厂里就分了三次，全厂60%的工人都分到了房子。梅花公司的职工单元房位于天津市最繁华的地带，周围住的全是市里的大领导，居住在那儿很有自豪感。在那个激情澎湃的年月，梅花运动服不单是天津的梅花，更是全国人民的梅花，是中国体育制造的骄傲。1990年北京亚运会时，朝鲜代表队也以能够穿着中国的梅花运动服装参加比赛而自豪。

1987年的广州全运会，不能不说是梅花的重要里程碑。在那届全运会上，开始尝试商业化运作，体育赞助引入到一直为计划经济保护的全国综合性赛事，让中国体育制造产业第一次感受到浓浓的市场味以及山雨欲来风满楼的紧迫感。当时，组委会希望梅花拿出100多万元的服装，免费赞助全国所有运动队的参赛服。在当时如日中天的梅花看来，这是一笔赔本挣吆喝的买卖。梅花品牌由于缺少国际竞争意识，加上根本就没有此类的财务预算，失去了一次将中国体育制造品牌走向国际市场的良好机遇。此时，早已虎视眈眈觊觎中国体育制造市场的耐克公司乘虚而入，不仅免费提供训练服，还一掷千金赞助运动队的训练、生活费用。通过这种豪气的赞助手段，耐克在中国影响力扶摇直上，确定了中国体育用品市场的龙头地位，把中国的梅花、蓝天、三枪等国产品牌甩在身后。梅花不仅没有乘势跃进，并且遭此打击一蹶不振，逐渐跌入产业深渊。2000年以来，梅花公司再没有机会使用"梅花"商标，仅仅依靠给日本、意大利的服装公司做贴牌维持生存。2008年，二十年过去了的梅花公司销售收入仅为800万元，彻底没有了当年中国体育制造第一品牌的风姿。

二、中外体育品牌融合发展阶段

20世纪80年代开始，外国知名品牌陆续进入中国，美国耐克公司就在上海、天津建立了运动鞋厂。1981年，耐克和中国篮球国家队签订了广告协议，日本美津浓也与中国女排签订了合同，并提供赞助。这些早期进入中国的外国体育品牌，给中国体育服装产业带来了很大影响，一些老品牌开始复苏，如双星、回力和双钱等，新的品牌在广东、浙江等地出现，如康威、十佳、格威特、奇安特、英派斯等。这个时期国家从计划经济向市场经济过渡，从过去的先需求后供给的计划体制，逐步变成按照市场规律运作的市场经济。

1979—1992年期间，中国体育制造进入到探索阶段，一批老品牌如红双喜、梅花、蓝天、三枪、利生等借助改革春风,重新焕发青春,并带动一批新型品牌的涌现。1992—2001年,以李宁、康威、匹克等体育制造公司为代表的中国品牌进入真正的体育服装市场,并逐渐形成了独立的产业规模。2001年至今,在北京奥运会的申办和举办推动下,中国体育服装业进入高速发展期,以泰山、安踏、乔丹、金陵等企业的强势上升让中国体育服装业逐渐在世界上确立地位。

1990年北京亚运会成功举办,这是我国第一次举办综合性大型国际运动会,中国体育品牌纷纷在这次运动会上亮相。李宁公司在这时成立,并逐渐发展成为20世纪90年代中国最知名的国产体育品牌。李宁公司从一开始就定位中高端,多产品、多类别的发展方向,带动大批企业从过去的鞋类产品代加工转为体育服装行业。1990年,李宁公司从广东起步。借用奥运会体操冠军李宁的名气,李宁品牌很快发展成中国家喻户晓的品牌,逐渐成为中国体育用品行业的佼佼者。运动服和运动鞋被中国企业在实践中合并在一起,被业内统一看作体育服装用品,并逐渐成为带动中国体育产业发展的主流。

三、中国体育制造品牌大步走向世界阶段

北京申奥成功,成为中国体育产业发展的又一个助推器,中国体育用品企业的自主创新意识大大提升。正是通过这些艰难的自主创新,中国的体育制造开始逐渐走入世界赛场,其中的一部分产品已达到或接近国际先进水平。在2004年雅典奥运会赛场,来自浙江富阳的"无敌"牌赛艇凭借两毫米的技术优势,战胜了一家已经垄断奥运会赛艇供应权多年的德国企业,第一次跻身奥运器材提供商行列,成为继中国上海的红双喜之后第二家走入奥运会的中国企业。

在以1%秒为计时单位的赛艇比赛中,船艇技术的先进与否无疑将起到"扭转乾坤"的重要作用。由于我国的船艇制造业起步较晚,在2004年雅典奥运会前,欧美国家几乎垄断了奥运会赛艇比赛器材的供应权。

1985年,浙江飞鹰公司成立。创办伊始的飞鹰公司是一家仅有两个合伙人、8000元起步资金、租用乡村小礼堂当厂房的"三缺企业"(缺资金、缺技术、缺人才),只能依靠低成本、低价格为国外一流品牌贴牌。为打破欧美国家的技术壁垒,飞鹰不惜花重金聘请国际造艇大师克劳斯担任赛艇制造的技术总监,并成立了专家组,这一举措拉开了飞鹰从"中国制造"向"中国

创造"转型的序幕。2002年,飞鹰将已在航天飞机、第四代战机及第三代直升机等机体结构中大量应用的先进复合材料预浸料技术引入赛艇制造领域。2005年,飞鹰又投入上千万元用于核心技术的研发,在中外专家组的共同努力之下,"无敌"牌赛艇的速度比传统赛艇提高了3秒左右,且具备自动排水功能。

飞鹰执着不懈的努力,终于创造了民族品牌的奇迹。在2004年的雅典奥运会上,"无敌"牌赛艇一举"挫败"了德国、美国、意大利、瑞士等国的强劲对手,以性价比第一的优异成绩,成为雅典奥运会赛艇项目的唯一指定产品。"无敌"赛艇从最初被人投诉侵权的"灰姑娘",到雅典奥运会成为比赛用艇唯一中标的"无敌皇后",是技术创新成就了这个乡村企业的"凤凰涅槃",成为全球最大的赛艇制造基地。

顶级体育品牌诞生,必须借助顶级运动赛事。红双喜和飞鹰尝到了甜头,中国体育制造巨头都将2008年北京奥运会作为中国体育用品行业难得的发展机遇。北京奥运会推动了中国体育产业的整体提升,并向全世界展示了中国体育制造品牌产品。[①]

从模仿到贴牌加工再到自主创新,从立足国内到竞争国际舞台,经过多年摸爬滚打,一批有实力的国内体育用品制造企业已从产品经营转向品牌经营,企业也开始越来越注重产品的品牌打造和现代化管理。随着经营模式的转变和在产品研发、管理上的大胆创新,在短短的数年里,国内体育用品行业涌现出了李宁、安踏、康威、格威特、双星等一批知名体育用品企业和品牌。一些有眼光的国内体育用品制造企业已走出国门,开始分享国际体育市场这块大蛋糕。2003年,安踏设在新加坡的6个销售网点正式开业,标志着安踏海外品牌专卖店体系的正式启动。在海外战略的指引下,安踏在俄罗斯、罗马尼亚、乌克兰等国家的业务也相继展开。李宁公司从赞助法国体操队、捷克体操队起步,到后来赞助西班牙男、女篮球队,再到2006年初,正式宣布签约NBA骑士队后卫达蒙·琼斯,琼斯也因此成为第一个穿着中国体育品牌征战NBA赛场的现役球员。接着,李宁公司又一举拿下了篮球巨星"大鲨鱼"奥尼尔以及赞助2006世界男子篮球锦标赛,在国际篮球赛场大出风头。李宁公司以体育为载体,通过一系列体育赞助和深度合作,逐步向国际化道路迈进。随着我国本土企业在技术、管理上的日臻完善,越来越

---

① 参见孙弢:《中国体育品牌的自主创新之路》,来源:北京日报,2008年2月27日。

多的国内体育用品制造企业正走出国门,在全球范围内谋求体育制造市场份额。

从2001年至今,在广东、浙江、福建等地兴起了上万家体育制造企业。安踏、361°、特步、乔丹、德尔惠、红星尔克等企业产值年年快速增长,改变了李宁品牌独霸中国体育市场的局面。20世纪90年代以来,中国体育用品生产已形成了以京、津、沪、黑、粤、闽、浙为中心的生产布局,即以北京的田径器材、天津的体操器材、上海的球类器材、黑龙江的冰雪运动器材、广东的水上运动器材以及福建、浙江的运动鞋和服装的生产格局。

2010年,李宁公司的销售收入达到94.79亿元,距100亿仅一步之遥。2015年,另一中国体育制造品牌安踏实现了中国体育制造的梦想,公司销售业绩首次突破100亿元。野心勃勃的安踏还将收购几家体育品牌,实现品牌矩阵,在中国体育产业发展进程中扮演越来越重要的角色。

从红双喜的"一枝独秀",到飞鹰公司的"异军突起",再到泰山集团、金陵集团等的"攻城略地",李宁、安踏、匹克、361°、特步等的扩张图腾,当今中国体育制造品牌已经在科技含量和技术革新领域取得了飞跃性的突破。通过扬名奥运赛场,中国品牌产品的国际知名度得到了提高。中国民族体育品牌只有不断创新研发,才能从"贴牌加工"向"中国创造"转变,进而提高"中国制造"的核心竞争力,才有可能成为明天的国际大型企业或国际化品牌。[1]

第三节 国外知名体育制造企业

和平盛世,体育大热,一个个体育大牌活跃在世界各地,穿戴在男女老少身上。耐克、阿迪达斯、彪马、爱世克斯、新百伦和锐步等都是人们耳熟能详的体育品牌。在大多数人的心目中,国外的体育制造企业最著名的就是耐克和阿迪达斯两家公司。2015财年(2014年5月31日到2015年5月31日),耐克公司实现营收306亿美元,耐克品牌收入达到286亿美元。

除了这两家规模最大、品类最全、影响最广的体育制造巨头之外,世界上的很多国家都在全力开发属于自己国家的体育品牌,如日本的爱世克斯、

---

[1] 参见李颖:《体育器材:中国名牌闪亮奥运赛场》,来源:中国质量万里行,2008年第7期。

美津浓、优衣库,英国的茵宝,意大利的卡帕、斐乐、迪亚多纳及乐图(2008 年被中国李宁租借 20 年)和法国的高卢雄鸡等(见表 3.1)。

表 3.1 全球十大运动品牌排名(单位:亿美元)[①]

排名	公司(英)	公司(中)	成立年份	总部	销售额
1	Nike	耐克	1972	美国	270.4
2	Adidas	阿迪达斯	1949	德国	192.4
3	Puma	彪马	1948	德国	39
4	Asics	爱世克斯	1949	日本	31
5	New Balance	新百伦	1906	美国	23.9
6	Reebok	锐步	1895	美国	21
7	Converse	匡威	1908	美国	14.5
8	FILA	斐乐	1911	意大利	7
9	K-Swiss	盖世威	1966	美国	2.2
10	Umbro	茵宝	1924	英国	2

一、耐克

总部位于美国俄勒冈州 Beaverton 的耐克公司是全球著名的体育用品制造商。耐克公司用自身骄人的业绩印证着其创始人比尔·鲍尔曼曾说过的一句话:"只要你拥有身躯,你就是一名运动员。而只要世界上有运动员,耐克公司就会不断发展壮大。"

1972 年,耐克公司正式成立,其前身是由现任耐克总裁菲尔·耐特以及比尔·鲍尔曼教练投资的蓝带体育公司。1973 年,全美 2000 米到 10000 米跑纪录创造者佩里成为第一个穿耐克运动鞋的田径运动员。1978 年,耐克国际公司正式成立。耐克鞋开始进入加拿大、澳大利亚、欧洲和南美等海外

---

① 参见《2014 全球十大运动品牌排名:耐克第一》,来源:联商资讯,2015 年 2 月 12 日。

市场。1979年第一款运用耐克专利气垫技术的Thaiwind跑步鞋诞生。第一条耐克服装生产线开始上马。

（一）立足本土。耐克秉承"Local for Local"（立足本土，服务本土）的观念，体现在其紧抓美国本土市场及至北美市场，看紧耐克最擅长的属地（如篮球、田径等），给竞争对手设置一个个高高的门槛。品牌官方发布的财报显示，耐克2014到2015财年的营业额达306亿美元，比上一年度增加10%。其中，耐克总部所在地北美的营业额增长14%，西欧的营业额增长17%。在美国本土这个占全球运动服装销售总额40%的地方，耐克占据了庞大的不可逾越的市场份额，耐克拥有跑步装备大约60%的市场份额，必备的篮球鞋市场份额高达90%，高性能的滑板鞋约占20%。

1980年，耐克进入中国，在北京设立了第一个耐克生产联络代表处。为了抓住中国这一成长性最大的体育市场，耐克不仅将先进技术引入中国，而且全心致力于本地人才、生产技术、销售观念的培养，取之本地、用之本地，在中国的市场营销取得了飞速进展。为了配合日益增长的消费者需求，耐克在中国大陆新增了许多销售门店，在中国共有7500家销售其产品的店面（包括专卖店）。2014年，耐克运动服装在中国大陆营业收入总额达到26亿美元，远远高于第二名阿迪达斯的17亿美元的销售额。

2011年8月，耐克在上海启动了在中国的首个极限运动商店，销售滑板和滑雪板产品。2011年9月，耐克发布了一套以田径明星刘翔为灵感的跑步系列产品，希望消费者能在刘翔的感召下，购买LunarGlide、Nike Storm Fly跑步夹克等商品。

为培养消费者对滑雪板装备的需求，耐克计划2012年在北京郊外的滑雪场举办一场滑雪板比赛，并将修建自己的场地。耐克打算利用滑雪板产品使中国消费者对这项新兴运动感到兴奋。未来几年里，耐克打算增强与中国政府的伙伴关系，开发学校运动项目，在大学扩展跑步俱乐部等。2009年，耐克在中国六个城市的11所大学里成立了多个跑步俱乐部。为吸引女性消费者，耐克2011年8月在南京、成都等中国七个城市的体育馆里举办了面向女性消费者的特殊训练课程。①

（二）统一标准。作为一家全球性公司，耐克追求供应链上每一环节的同一性，以保持全球市场产品质量的整齐划一，为此，耐克在1991年颁布了

---

① 参见《中国运动文化阻碍耐克在华发展宏图》，来源：淘鞋网，2011年10月14日。

耐克合作伙伴的《行为准则》，详细列出了对世界各地合作工厂的期望和要求。耐克方面认为，其最大的责任就是为行业内工作在耐克供应链上的员工带来一个积极的系统性的改变。就耐克在世界上的总体影响力而言，工作在耐克合作供应链上近100万员工的需求盖过其他任何组织，联合制造生产的大小和规模具有相当大的环境影响力。自1991年被采用以来，《准则》已经发展为能为耐克公司、为本行业提供一致性、清晰性和校准的规范，是一个用于指导工厂决策的关于价值、意图和期望的明确声明。耐克还要求所有与耐克合作的工厂都要发布准则，并且向公众公开这份《准则》以及其附加标准，以此来要求耐克向着我们的高预期努力，同时也让其他人了解我们是如何运作的，以及他们能在我们的经验基础上做何采纳、完善或另作创新。

2005年，耐克首次向全球披露了生产耐克产品公司的名字及地址，开创了本行业无遮掩生产的先例。通过公开分布于世界各地的耐克产品生产有限公司（含耐克品牌、匡威、赫尔利、乔丹品牌和耐克高尔夫），耐克进一步实现了对提高产品透明度的承诺，增强了耐克品牌的黏合度和忠诚度。耐克将继续致力于实现供应链透明化，及时更新合作供应商名单以促进协作。经过筛选的核准登记的供应商名单，都可以在耐克的交互式的全球制造商地图中列出。

（三）收购制胜。进入新世纪以来，耐克强势出击，达成了数项重大收购，先后抢购了Hurley、匡威、Starter和茵宝，收获不小。2003年耐克决定以3.05亿美元的价格收购匡威时，多数人并不看好匡威被收购后的前景。但谁都清楚，耐克之所以会收购匡威，看重的是篮球领域的球员资源与渠道。在1980年以前，因篮球运动市场缺少竞争，匡威曾一度是美国NBA的霸主，赛场上的匡威篮球鞋随处可见。不久之后，耐克、阿迪达斯和锐步等品牌纷纷崛起，后知后觉的老牌匡威还来不及反应，便在产品技术和设计上被远远抛后，篮球产品的衰落使得匡威一蹶不振。

收购当年，匡威的年销售额仅有2.05亿美元。耐克收购之后，先把匡威篮球系列的剩余资源与其合并，然后把技术含量较低、价格相对廉价的匡威篮球鞋作为耐克的低端产品，以吸引年轻消费者。在球员代言方面，耐克让匡威签下一些有实力的年轻球员，待这些球员的商业价值有所提升，再被耐克挖到原有品牌的名下。耐克依靠匡威的资源以及品牌原有的技术实力，使其很快在NBA站稳脚跟。

匡威被削弱了篮球优势和运动属性之后,耐克将其转型为休闲时尚品牌。依靠着超过百年历史的品牌优势以及不可超越的经典帆布鞋设计,匡威很快就在年轻人之中再掀起热潮,而情怀至上的营销手段和文艺气息成功俘获了北美、日韩和中国的少女心。随着定位和策略的日渐清晰,匡威近几年的增长势头很强势,2014 年营业收入攀升至 16.84 亿美元,同比大增 16.22%。现在看来,耐克完成了一笔成功的投资。该品牌一年为耐克创造的营收,已经在收购价的基础上几乎翻了 6 倍。可以预见,在未来较长的一段时间里,赚了钱的耐克可能会把更多的资源投入匡威。①

2008 年耐克收购茵宝时,交易价格高达 5.65 亿美元,2012 年以 2.25 亿美元转手给了美国品牌管理公司 Iconix Brand Group Inc,看起来是一笔赔本买卖。业界认为,"对于耐克而言,不能简单以交易价格来判断这笔生意的成败。"作为全球最大的两大运动品牌,耐克在篮球市场绝对垄断,而阿迪达斯则在足球领域长期拥有强势资源。茵宝原为英国老牌足球用品制造商,1924 年由英国 Hum phrey 兄弟创立。在其成长历程中,曾伴随多支绿茵豪强夺得世界杯殊荣,同时因其长期赞助英格兰国家队及众多一线足球明星,在全世界拥有大量拥趸。耐克当初收购茵宝,旨在补足在足球领域与阿迪达斯的差距。

在 2008—2012 年的 4 年里,耐克将自己的赞助和推广渗透到了足球领域;同时,借助茵宝搭桥逐步夺取阿迪达斯足球资源。据悉,茵宝与英格兰队的赞助合同本来是要到 2018 年结束,但英足总在 2012 年 8 月宣布与茵宝终止合作,取而代之的正是耐克。此外,耐克还从茵宝手中获得了如曼城等重量级足球队的球衣赞助合同。②

二、阿迪达斯

全球著名运动品牌阿迪达斯(Adidas)是德国人阿道夫·阿迪·达斯勒(Adolf Adi Dassler)以自己的名字命名创建,1920 年在接近纽伦堡的黑措根

---

① 参见罗盈盈:《虽然一度被边缘化,但现在的匡威已经成为耐克的"秘密武器"——从衰落的百年老牌到持续增收的强劲势力,匡威已成了耐克潜在的增长因素,这背后发生了什么?》,来源:界面网,2015 年 4 月 10 日。

② 参见田爱丽:《耐克 2.25 亿美元贱卖茵宝 当初收购为弥补和阿迪差距》,来源:南方都市报,2012 年 11 月 6 日。

奥拉赫开始生产鞋类产品。1949 年 8 月 18 日,阿迪达斯以 Adidas AG 名字登记。阿迪达斯原本由两兄弟共同开设,在分道扬镳后,阿道夫的哥哥鲁道夫·达斯勒(Rudolf Dassler)另起炉灶,创设了又一运动品牌 Puma。阿迪达斯是当今世界著名的体育品牌之一,与耐克、锐步等品牌占据了全球体育用品消费的主要市场份额。2014 年,阿迪达斯的全球销售业绩为 192.4 亿美元。

阿迪达斯从 1920 年创立以来,始终以领跑者的姿态驰骋全球体育用品市场。世界上第一双冰鞋、第一双多钉扣鞋、第一双胶铸足球钉鞋均诞生于阿迪达斯。达斯勒家族于 1926 年开设制造专用轻质跑鞋和足球鞋的工厂。1972 年,阿迪达斯首次启用"三叶草"商标。"三叶草"代表着更高、更快、更强的奥运精神,也代表世界地图,寓意将三个大陆板块联结在一起。"三叶草"只出现在阿迪达斯的经典系列产品上,其他产品全部使用"三道杠"商标,这一商标被称为"胜利的三条线"。2005 年,阿迪达斯以 31 亿欧元的价格,收购运动品牌 Reebok(锐步)公司,并获得旗下 Rockport 品牌。随后,以阿迪达斯为班底成立了阿迪达斯集团,旗下拥有阿迪达斯、泰勒梅(TaylorMade,高尔夫专业装备)和锐步等子品牌。审视阿迪达斯的发展历史和品牌经营过程中的得与失,对于我国方兴未艾的体育制造产业的发展,无疑具有重要的借鉴价值。

阿迪达斯追求卓越,有着德国人固有的百折不挠的进取精神,其经典广告语"没有不可能"(Impossible is nothing)就是最好的企业精神诠释。2011 年 3 月,阿迪达斯斥资 1.6 亿欧元启用全新口号——Adidas is all in(全倾全力),标示着全力以赴与对手竞争的勇气和决心。

(一)奥运情怀。从 1928 年创始人阿迪·达斯勒为奥运选手制作第一双钉鞋开始,阿迪达斯就始终不遗余力地支持奥运,以不断创新的产品帮助运动员创造佳绩,并于 1936 年德国柏林举行的奥运会上一举成名。此届奥运会前夕,阿迪达斯找到极为希望夺冠的美国短跑运动员杰西·欧文斯,并向他保证钉鞋对其比赛成绩大有帮助。几经周折使用了阿迪达斯钉鞋的欧文斯大放异彩,连夺四枚金牌震惊了世界。虽然欧文斯本身的实力是毋庸置疑的,但他毕竟在众多跑鞋中选择了阿迪达斯跑鞋参赛。在确立世界知名体育用品品牌之后,阿迪达斯的品牌发展继续与奥运会保持着紧密的联系。1956 年墨尔本奥运会上,阿迪达斯推出了一个附属品牌———"墨尔本",这个品牌用来命名阿迪达斯新研制的改进型多钉扣型运动鞋。在那届奥运会上,穿阿迪达斯运动鞋的选手共获得 72 枚金牌,从而使阿迪达斯品牌知名度得到了更大的提高。

2004年,阿迪达斯与雅典奥组委签约,成为2004年雅典奥运会官方供应商。根据协议,阿迪达斯为包括奥运会志愿者在内的所有雅典奥运会工作组人员提供了约140万件装备,阿迪达斯还为21个国家和地区的奥委会提供了运动装备。

2005年1月,阿迪达斯成为北京2008年奥运会合作伙伴。阿迪达斯为北京2008年奥运会、北京2008年残疾人奥运会的所有工作人员和技术官员提供运动装备。阿迪达斯同时成为中国奥委会体育服装合作伙伴,参加都灵2006年冬奥会和北京2008年奥运会的中国体育代表团都将身着阿迪达斯体育服装。

为了北京奥运营销,阿迪达斯包下了北京三里屯街上的一座四层独立小楼。2008年7月5日,这个被阿迪达斯称为全球首家品牌中心的店正式营业,阿迪达斯及旗下的三叶草和Y-3等品牌的新品全部拥进这个3300平方米的空间。为北京奥运会设计的运动鞋,被陈列在一层十分显眼的"Made for Beijing"空间内,为北京奥运会28个大项设计了43种不同的运动鞋。2008年,Adidas Custom-Made for Beijing专为北京打造,帮助运动员实现不可能。北京奥运会期间,全世界有超过3000名运动员穿着阿迪达斯专业运动装备亮相北京赛场。经典而永恒的设计理念帮助选手更好地集中精力于其竞技表现之上,整个运动装备品牌继承阿迪达斯之衣钵,帮助各项目各级别的各国运动员进一步表现出色并发挥自信。

2012年,阿迪达斯为英国奥林匹克协会(BOA)和英国残奥委会(BPA)提供全套运动装备,并为奥运会官员、伦敦方面工作人员和志愿者提供服装,有权在伦敦奥运会比赛场馆和运动商店出售带品牌或无品牌的运动装备。在过去12个月里,阿迪达斯股价上涨了18%。为了保护赞助商的利益,伦敦奥组委向伦敦街头派出了约250名身着制服的"品牌警察",以确保伦敦商户不"盗用"奥运标识。伦敦奥组委还规定,在伦敦奥运会开幕式上出现的小学生仪仗队,只能穿阿迪达斯品牌或不标明品牌的运动鞋。[①]

奥运会在人们心中地位崇高,不仅为最优秀运动员提供大舞台,也为各种项目所使用的运动装备展现不同功能和风采创造了最好机会。阿迪达斯

---

① 参见《阿迪达斯抢占奥运商机,独家经营惹非议》,来源:中国证券报,2012年07月31日。

将奥运会确定为最理想的赞助对象,各种各样的阿迪达斯运动装备能实质性地融入比赛。通过赞助奥运会,有助于根植奥运基因,培育更多国家和地区的运动员、教练员、裁判员对阿迪达斯品牌的忠诚度,引导更多的潜在消费者钟情于阿迪达斯品牌。

(二)足球王国。阿迪达斯将世界杯足球赛场视为自家领属地,自1970年以来,阿迪达斯就一直是国际足协的赞助商,并且牢牢控制着比赛用球的研制。2013年,阿迪达斯与国际足联的双方合作协议延长到2030年。尽管阿迪达斯为这项赞助每四年需支付约7000万美元,但圈内人士都可以看出这是一本万利的垄断经营韬略。阿迪达斯通过赞助国际足球赛事,承揽世界杯比赛足球研制开发,在全球获利匪浅。阿迪达斯为了继续保持2007—2014年国际足联官方用球唯一制造商的身份,付给国际足联3亿美元,也就一点不奇怪了。2010年,阿迪达斯全球年收入大约是128亿美元,其中15亿来自售卖足球及相关足球产品。2006年德国世界杯,阿迪达斯"团队之星"每个售价12～150美元,总共卖了1500万个。2010年南非世界杯期间,阿迪达斯的世界杯足球改名"普天同庆",创下了将近1亿美元的收益。

1970年,泰事达(Telstar)成为世界杯足球赛首次指定用球。这是一颗通信卫星的名字,它的表面由32块手缝的嵌面组成,其中有12块黑色五边形和20块白色的六边形,这种全新的构造配合均衡的缝制使足球拥有更圆、更完美的外形,也奠定了足球的经典外观。1978年和1982年世界杯分别在阿根廷和西班牙举办,南美洲除了巴西之外对足球最为狂热的阿根廷和职业足球活跃的西班牙,都对探戈舞蹈情有独钟,因此这两届的世界杯用球都用了探戈(Tango)为名。这款足球经典作品,20片六边形的球皮上纹有类三角形的圆弧图案,这些图案又组成了12个圆形。西班牙探戈在真皮制作的基础上,增添了球的防水效果和密封性,大大减弱了球的吸水性,最大程度控制了球重的额外增加。1986年墨西哥世界杯赛,阿兹特克(Azteca)采用了墨西哥阿兹特克原住民建筑风格和壁画为形状装饰,并且有史以来使用第一粒合成皮制造的世界杯比赛用球,宣告世界杯足球真皮时代的结束。1998年的法国世界杯用球首次有了蓝、白、红的彩色元素,图案是高卢雄鸡。三色旗(Tricolore)采用了新型复合泡沫材料,赋予球更好的能量回复性能,使球飞行更稳、方向更准。

随着世界杯足球赛的商业价值得到更为广泛开发,国际足联希望比赛更有悬念,开发研制魔幻般的比赛用球,摆上了议事日程。2002年的韩日世界杯飞火流星(Fevernova),是阿迪达斯自推出1978年阿根廷世界杯指定比赛用球Tango后第一次采用突破常规的设计。飞火流星有着良好的三维运动特性,确保了足球在每次行进中均能拥有一条更为精准且更易预测飞行轨迹,受到无数拥趸的喜爱,世界各地大街小巷到处都是这个炫酷颜色的足球。

2010年,为了研制南非世界杯比赛用球普天同庆(Jabulani),阿迪达斯在英国排名第12的哈夫堡大学风洞实验室进行了数百小时的精密测试。这个用来测试航天器、F1赛车空气动力性状的高科技设备"风洞实验室",使用费极其昂贵。

阿迪达斯在足球领地的另一主打产品是足球鞋,独领风骚数十年。1979年,全球最畅销的足球鞋Copa Mundial上市。这款流行了30多年的足球专业比赛用鞋有一种经典的美感,低调而又美丽,号称"人草合一的神器"。专业人士认为,每个足球运动员都应该拥有一双这样的球鞋,带来的是一种最纯粹的足球感觉。没有任何多余的奢华,不需要高端的技术支持,那种袋鼠皮鞋最单纯、最直接的触感是任何高技术鞋面所无法比拟的。

1994年,阿迪达斯推出革命性的新产品猎鹰(Predator)足球鞋。自从1994年诞生以来,猎鹰系列足球鞋就受到了很多球员和球迷的青睐,一代球鞋传奇就此开始,其革命性的橡胶摩擦块让猎鹰系列成为足球场上力量、旋转、控制的象征,而其红、黑、白的配色设计也一直延续了下来。阿迪达斯标志性的三道杠伴随着或狂喜或黯然的画面留在了无数球迷的记忆中,齐达内1998年捧起大力神杯、贝克汉姆每个圆月弯刀、杰拉德在安菲尔德的告别,都有猎鹰球鞋的陪伴。

美国消费者的超强购买力,让美国出人意料地成为阿迪达斯最大的足球产品单一市场,占公司全球足球业务收入的15%。当耐克公司赞助美国国家队队服时,阿迪达斯成了美国职业足球大联盟比赛服的独家赞助商。2005年,阿迪达斯还接手了耐克在美国的青少年训练营,并将之重新命名为"Adidas Generation(阿迪达斯一代)"。[①]

(三)收购并购。作为全球最早发迹的老牌体育用品制造企业,阿迪达斯时刻感受到耐克公司的市场紧逼,以田径运动跑鞋发家、在足球市场大行其道已经满足不了企业发展需求,扩宽产品品类、丰富产品类型提上议事日

---

① 参见布兰登·格雷:《世界杯服装博弈:阿迪达斯和耐克的"终极对决"》,来源:彭博商业周刊,2014年6月21日。

程,而收购并购体育制造公司就是最为直接的选择。

1997年,阿迪达斯以13亿美元的高价收购了以销售滑雪等冬季体育用品品牌而闻名于世的赛拉蒙公司。阿迪达斯成功收购之后,赛拉蒙品牌经过多年苦心经营,也未能成为公司的利润驱动器,出售赛拉蒙使阿迪达斯拥有更多的资金用于其他并购,成为唯一选择。2005年5月,阿迪达斯将业绩不尽如人意的赛拉蒙以4.85亿欧元(约合5.9亿美元)的价格出售给了芬兰的艾默体育用品公司。

为了在美国篮球和橄榄球领域对抗耐克,2005年8月3日,阿迪达斯宣布斥资31亿欧元收购美国锐步公司,旨在进一步挑战世界运动品制造业霸主美国耐克公司。锐步是仅次于耐克的美国第二大运动品制造商,全球排名第三,在美国本土乃至全球范围内都有极大影响力。阿迪达斯成功收购锐步,势必会增强自己同耐克争夺至关重要的美国市场的实力。阿迪达斯方面说,这个决定对我们公司来说是一个具有战略意义的里程碑事件。在世界运动商品业的历史上,让两家最具有代表性和知名度的巨头联合起来的事情一辈子只会出现一次。按照协议,锐步将继续保留自己的品牌,总部仍在美国马萨诸塞州的坎顿。阿迪达斯还表示,两家公司合并后不会出现大幅裁员,这一交易在2006年上半年之前全部完成。

权威人士指出,通过收购锐步,阿迪达斯在和零售商谈判时将具有更大的说服力,能够争取到更多更好的货架位置,在美国运动鞋市场的份额将成倍增加到20%。毫无疑问,阿迪达斯的强势收购,可以率先在美国篮球和橄榄球等产品上夺取锐步的资源,锐步在NBA赛场的一系列代言也被阿迪达斯所取代,以此削弱耐克在美国体育用品市场的份额。但是,由于阿迪达斯随后在自己的子品牌锐步品牌塑造上,缺少必要的应对措施和手段,锐步品牌渐渐丢失了既有特性,经营业绩每况愈下,并在2010年失去了美国职业橄榄球联盟NFL的赞助合同。为了挽回颓势,阿迪达斯近年来将锐步转型为健身品牌,以帮助公司吸引女性消费者,但事与愿违。2014年年底,曾有消息称阿迪达斯将会出售Rockport甚至锐步品牌。2015年1月,这一传闻得到证实。1月23日,阿迪达斯宣布,私募股权公司Berkshire Partners LLC与其竞争对手New Balance Athletic Shoe Inc.组成的合资公司,同意以2.8亿美元收购美国鞋履品牌Rockport。

(四)功能第一。阿迪达斯公司初创时,就将产品技术创新作为开拓市场、提高品牌知名度的动力,"功能第一,给运动员最好的"是阿迪达斯的品牌发展原则。阿迪达斯的创始人阿迪·达斯勒不但是位田径运动员和体育爱好者，也是位推崇工艺、品质和热衷于创新的企业家和发明家，阿迪达斯运动鞋制作工艺中的许多技术突破都是由他实现的，他先后共获得700项专利。同时，阿迪·达斯勒也是世界运动鞋制作领域的开先河者。1920年，阿迪就发明了世界上第一双训练用运动鞋，在他领导下的阿迪达斯诞生了世界上第一双冰鞋和胶铸足球钉鞋。阿迪达斯研制的旋入型钉鞋是个非常革命性的创新，人们甚至认为它为德国足球队1954年获得世界杯立下了汗马功劳。

2009年，阿迪达斯又一新品牌SLVR，带给世界"简洁的完美"这一崭新的品牌形象。整个产品系列充分体现出它与阿迪达斯的血脉关系，展现给人们的是一致性、当代性、包容性、忠诚性和力争去超越与发现独特的工艺方法。阿迪达斯SLVR于2009年2月在全球正式推出，服饰以基本色调的黑白色为主色调，栗色、橘黄和蓝色为辅，作为SLVR代表色的金属灰被巧妙运用在几款主要的款式中。

当然，阿迪达斯的营销策略也是国际一流。阿迪·达斯勒的长子霍斯特·达斯勒具有营销的禀赋，他率先将品牌在视觉上与运动员、运动队、大型比赛以及相关体育活动联系起来。在他的倡导下，阿迪达斯成为第一个向优秀运动员免费赠送运动鞋的公司，第一家与运动队签订长期提供球鞋、球袜合同的公司，使人们在许多世界级的比赛中看到优秀运动员们脚上穿着阿迪达斯的产品。

在公司发展的过程中，阿迪达斯采取的是金字塔型的品牌推广模式，在三个层次产生影响。首先，该品牌吸引了许多想出成绩的运动员，这不仅是出于他们对高性能运动装备的需要，更在于阿迪达斯的不断革新，为选手们发挥高水平给予了技术上实质的支持。其次，阿迪达斯品牌在那些登上重大比赛领奖台的运动员身上频频出现，激发了更多潜在消费者——周末探险者和业余运动员的需要。在这个层次上，真正能满足需求的产品和口碑传播起了关键作用。第三，上述运动员的品牌偏好逐渐渗透到一般普通健身者群中，而这却是一个最大的消费群体。通过这种品牌推广方式，加之阿迪达斯已具有的强大市场基础，其品牌的影响力迅速延伸至与体育运动相关的各个层面。

阿迪达斯在大中华区2015年收入为20亿欧元，这一数字与2010财年相比，刚好增长一倍。阿迪达斯与耐克在全球多个市场竞争激烈，在美国、西欧等具有战略价值的市场,阿迪达斯表现平平,份额、增速落后于耐克,大中华区的高速增长成为其亮点之一。

目前,阿迪达斯在中国一线及新兴城市拥有超过 8500 家门店。同时,该公司还推出了新的细分化零售店铺,比如女子专门店、Sportswear Collective 品牌综合体验店和篮球专门店等。阿迪达斯方面称,其已成为国内女子运动第一品牌,而运动经典系列和 NEO 子品牌也已分别成为中国第一运动时尚品牌和第一运动休闲品牌。

在"通往 2015 之路"即将完成前,阿迪达斯制定了主题为"立新"的全新战略计划,力图成为 2020 年大中华区"最佳运动品牌",从而使阿迪达斯更上一层楼。阿迪达斯新的五年战略计划旨在抓住更多的发展机遇。阿迪达斯将在新计划框架和品牌战略指导下继续关注五大驱动领域,即足球、跑步、女子、儿童及运动经典系列,以强化关键品类并塑造品牌影响力。①

三、其他品牌

曾几何时,世界体育用品市场上除了耐克和阿迪达斯两强争霸,还有锐步、彪马、爱世克斯、新百伦、斐乐、美津浓等百舸争流。2015 年伊始,UA 突然从各个角度冲进体育制造市场,美国第一运动橄榄球赛场早已是 UA 的领地,ATP 世界第二穆雷穿着 UA 标识球衣,不断向全球体育迷传递着"高端运动装"信息。

Under Armour(简称 UA,中文名字安德玛)是美国知名的高端功能性运动品牌,秉承着"让运动者更强"的品牌使命,安德玛用激情、设计和不断创新,为运动者们提供包括服装、鞋子和配件的全套运动装备,是运动者们渴望超越自我的高端专业运动品牌。安德玛总部位于美国巴尔的摩,创办于 1996 年,近 20 年来 UA 业绩迅猛增长。公司 1996 年初创的时候,销售额仅为 17000 美元。到了 2014 年,UA 销售额相比前一年增长了 32%,达到 30.8 亿美元,公司市场价值达到了 150 亿美元。2015 年,UA 预计销售额为 37.6 亿美元,悄然成了运动装备制造巨头耐克和阿迪达斯越来越可怕的对手。

公司创始人凯文·普朗克(Kevin Plank)最早看好以吸汗涤纶纱线为材料的体育装备的潮流,通过突破性的科技,名人代言和巧妙的植入营销,一

---

① 参见《收入五年翻倍,阿迪达斯在华增速领先耐克》,来源:一财网,2016 年 1 月 5 日。

步步打造起了 UA 的运动装备帝国。普朗克是前马里兰足球明星,由于厌倦了那种运动完身上棉制 T 恤被汗水浸湿的痛苦感觉,发明研制了一种能让运动员在剧烈运动中保持身体清爽和轻盈的材料原形,说服了佐治亚理工和亚利桑那州大两支在炎热气候城市的大学足球队购买他的装备。随后,全美橄榄球球队亚特兰大猎鹰也穿上了这个牌子的装备。此后,选择 UA 装备的球队数量不断增加。

在美国,提到 Under Armour,必然会想起高端和专业的运动装备,Under Armour 逐渐成为"专业"的代名词。除了最近 2014/2015 赛季 NBA 全明星球员库里和刚刚签下的阿里,UA 前一阵还签约了超模吉赛尔·邦辰和芭蕾舞蹈家米斯特·柯普兰成为公司全球女性代言团队的一部分。2015 年早些时候,UA 还签下了赞助大学运动装备的大合同。2014 年,UA 超越阿迪达斯成为全美仅次于耐克的第二大运动装备品牌。①

美津浓为中国百姓所认知,缘于其与中国女排的内在联系。美津浓排球服装,曾经很长时间是国际顶级品牌的标志。中国女排 1981 年首次夺得世界冠军时,很多球队都是身穿日本制造的美津浓品牌。通过电视转播男女排球赛事,全世界开始关注到这一在 20 世纪无以匹敌的排球第一装备品牌。

1906 年美津浓(MIZUNO)品牌创立,经过近一个世纪的发展,已经成为世界最著名的运动品牌之一,成为世界领先的运动器具、服装和鞋类的生产厂商。美津浓产品种类齐全,几乎涵盖全部运动项目,运动产品达到 30 多万个品类。无论是在产品的技术开发还是品牌销售服务方面,美津浓都具有十分雄厚的实力。美津浓公司着眼于长期发展,坚持以品质取胜,力求在设计和功能上求新求异,市场份额逐年扩大,知名度渗透中国,已经在国内确立了世界著名专业运动品牌的地位。美津浓(中国)体育用品有限公司作为美津浓亚洲的主要生产基地之一,下属有成衣、泳装、棒球、棒球手套及高尔夫球杆五家工厂和负责中国市场的经营及销售业务的内销部。

目前,美津浓已在中国 100 多个城市开设了近 1000 家专柜,销售的产品包括运动休闲系列、高尔夫系列装备、棒垒球系列装备和运动附件等。随着物质条件的不断改善和人们对精神生活的更高层次的追求,品牌影响力逐

---

① 参见《Under Armour 是如何逆袭成功让耐克与阿迪害怕的?》,来源:懒熊体育,2015 年 2 月 28 日。

步渗透到每一个人的生活中。健康与运动成为人们日常生活的两大主题,越来越多的人开始关注个体健康,不断地通过各种运动来保证强健的体魄,越来越多的体育运动在物质生活相当丰富的时代蓬勃开展。这也是体育运动在物质生活越来越丰富的时代受到越来越多的追捧的原因所在。

美津浓,这个具有一百多年历史的国际品牌,已经成为广大消费者喜爱和追逐的时尚专业运动品牌。美津浓始终积极支持中国的体育事业,始终坚持与时俱进,走与中国体育事业共同发展的道路。美津浓恪守独特的企业文化和经营理念,坚持发挥优良的团队精神,锐意进取,不断创新,成为广大消费者喜爱和追逐的时尚运动品牌。

第四节　国内知名体育制造企业

我国国内体育制造业的大力发展,源于我国体育事业的强劲势头,源于我国国民经济的快速发展和人民生活水平的极大提高。当然,我国每年举办的体育博览会也为我国体育制造业扩大国际知名度、制造设计接轨国际一流起到助推作用。

当红双喜、李宁强势崛起于世界体育制造之巅,当泰山、金陵、安踏、匹克、澳瑞特、康威、李小双和星牌等中国体育制造品牌不断涌现,活跃于世界上各大竞技赛场,中国体育制造正以前所未有的发展速度追赶着世界潮流。

2015年,中国国内体育运动制造市场开始逐步复苏,安踏、李宁、匹克、361°等全线飘红。安踏集团不仅成为中国第一个百亿体育制造公司,年销售总额和净利润增长率都在20%以上。2015年,李宁集团一举走出2012年巨亏近20亿元并持续3年亏损的泥潭,全财年实现了盈利向好。

一、李宁

1990年,李宁有限公司在广东三水起步。创立之初,李宁即与中国奥委会携手合作,通过壮大体育用品事业推动中国体育发展,并不遗余力赞助各种赛事。1995年,李宁公司开始成为中国体育用品行业的领跑者。2010年,李宁公司继续保持行业领先地位,销售额创下历史新高,达到94.79亿元,距100亿仅一步之遥,铆足全力向着国际一流品牌的目标冲刺。

经过20多年的探索,李宁产品已由单一的运动服装,发展至运动服装、运动鞋、运动配件和各种体育器材等多系列并驾齐驱。现在,李宁已经跻身世界一流品牌，为全世界的运动员和体育爱好者提供专业的体育产品。李宁公司的国际网络在不断拓展，目前已进入30多个国家和地区。

李宁公司的成长过程，见证了中国体育制造的发展轨迹，是中国体育制造向体育创造的强力推进，是中国体育产业领域品牌先导、科技创新、外引内联、科学管理和立体发展的杰出典范。

（一）品牌先导。李宁公司的品牌成长历程，伴随着中国体育的不断强盛。1990年，借助北京亚运会圣火传递，李宁有效将自己的世界级运动员品牌，悄然过渡为中国体育制造品牌，李宁的国际品牌形象得以初现。1992年，李宁公司为中国奥运代表团提供领奖装备，成为第一个赞助奥运会的中国体育用品企业。通过赞助中国奥运代表团的领奖装备，进一步扩大了李宁作为中国体育制造品牌的独有地位。在2000年悉尼奥运会上，以中国龙图案为主题的李宁领奖服和源于自然灵感的蝴蝶鞋更是大放异彩，被参与奥运报道的各国记者票选为"最佳领奖装备"。

在北京奥运会体育装备品牌大战中，李宁被阿迪达斯击败时另辟蹊径，李宁宣布与中央电视台体育频道签订协议，自2007到2008年播出的栏目及赛事节目的主持人和记者出镜时均须身着李宁牌服饰。这意味着在北京奥运前期和赛事期间，只要打开央视体育频道，李宁的Logo就会映入观众眼帘，其Logo在赛场出现的频率可能不亚于重金投入的阿迪达斯。这一不同寻常的品牌营销举措，引起了全世界的广泛关注，极大地提升了李宁的国际体育品牌地位。

2008年6月4日，李宁公司发布了4支中国金牌"梦之队"即中国乒乓球队、中国体操队、中国跳水队和中国射击队的正式装备。这次设计独具匠心地融合了"未来概念"和"中国元素"，以传统的中国红为主色，辅助金色、鹦鹉蓝等颜色，在印花工艺上，运用颜色光学原理，达到色彩渐变、金属质感等未来感极强的视觉效果。

为了打开国际市场，树立起真正意义的国际体育品牌，李宁先后与阿根廷、瑞典、西班牙、苏丹等国家的国际奥委会合作，签订了全面或部分运动队合作协议。在北京奥运赛场上，瑞典奥运代表团、阿根廷篮球队、西班牙奥运代表团、苏丹田径队等，都身着李宁提供的服装精彩亮相。当西班牙男篮和美国男篮在北京五棵松体育馆争夺最后冠军时，李宁的品牌光芒照耀了全世界。

（二）科技创新。体育产品的专业化属性，决定了科学技术在体育用品制造业竞争中的基础地位。李宁公司始终秉持科技至上原则,把每一件产品研发,看作一项科技创新,当成一个不断创造纪录、刷新纪录的赛程。1998年,李宁公司在广东佛山建立了本土公司第一家服装与鞋的产品设计开发中心,率先成为自主开发的中国体育用品公司。

2007年11月李宁公司获得红双喜公司57.5%的股权之后,将产业发展重心放在技术融入,让老品牌推陈出新、焕发新姿。近年来,红双喜潜心为特殊的顾客研发高科技含量的球拍,不仅帮助中国球员在赛场上创造奇迹,让这一国产球拍在国家队的使用率从1998年的不足5%跃升至现在的70%。

在世界顶级赛事中,红双喜乒乓球的应用比例高达80%以上,是少有的成功打开国际市场的中国本土体育用品品牌的先驱。有了高精技术保驾护航,红双喜品牌的价格一路高涨。1998年,红双喜球拍的价格是国外品牌的1/20,只能在地摊上卖。到了2008年,红双喜球拍的价格已经和国外顶级品牌一样了,但国外顾客还是愿意买。在全球大众乒乓球市场,红双喜的份额高达58%,海外市场占其总销售额比例近25%。

2008年北京奥运会上,红双喜在举重器材竞标时,以高精尖科技含量从包括瑞典、日本等在内的多个国际知名企业中脱颖而出,结束了日本企业此前垄断奥运会举重器材长达6届的历史。

红双喜科研工作者为了占领这一体育制造高地,从举重器材的杠铃片弹性适中度、小铃片的易安装、卡箍锁紧装置的安全度和易装度等方面进行了创新。为了使举重器材更为人性化,红双喜多次征求各个国家举重队队员的意见,按照不同国家和地区运动员的手形设计,既要保证有足够的手感,又要保护运动员的手掌不被摩擦所伤。为了安全起见,红双喜的每根抓杠都经过严格的"探伤"检测,而且有身份证编号。

(三)内引外联。当李宁公司发展到一定规模,并购国内企业成为扩张全国市场、丰富产品类型的不二法则,而收购国际知名体育制造公司,则是李宁走向世界征战全球市场的必由之路。

2007年11月15日,李宁收购著名乒乓球品牌红双喜57.5%股权。红双喜是中国老牌体育制造企业,这家诞生于1959年的上海体育器材制造公司,由当时的国家总理周恩来亲自命名。在20世纪90年代中期,这家上海老牌国企陷入经营困境。1995年,上海乒乓球厂、上海球拍厂、上海体育器材一厂和器材三厂等合并为上海红双喜体育用品总厂。2007年11月,李宁公司抓住机遇,以 3.05 亿元(净资产 3 倍溢价)获得红双喜公司 57.5% 的股权,丰富了旗下的产品类型。

李宁公司注重红双喜在并购后能够更多发挥与李宁的整合效应,在李宁全国近 7000 家门店摆上红双喜的体育器材。此外,红双喜已在其他体育用品领域进行多元化尝试。目前,其已经确立的产品系列包括乒乓球、举重、网球、极限运动、游艇、击剑、体质测试仪等多个门类。

2009 年 7 月 6 日,凯胜品牌正式并入中国第一体育品牌李宁集团旗下。这家原本位于福建石狮的凯胜体育用品有限公司(KASON)创立于 1991 年,品牌名称源自于为夺取锦标、奋勇拼搏的运动精神,寓意着中国羽毛球健儿凯歌高奏,战无不胜。凯胜品牌正式并入李宁旗下后,其国际领先的专业化生产技术成为李宁在世界羽毛球器材竞争制胜的主要武器,与李宁麾下的李宁牌羽毛球器材相互映衬共同发展进步。

2008 年 7 月 31 日,李宁公司与意大利运动品牌 Lotto Sport(乐途体育)签署协议,以不低于 10 亿港元的价格,获得该品牌在中国为期 20 年的独家特许权。根据特许协议,同意授予李宁在中国进行特许产品的开发、制造、营销、宣传、推广、分销及销售,使用 Lotto 商标为期 20 年的独家特许权。

(四)科学管理。李宁公司重视科学管理,向管理要市场,向管理要效益。在实践与探索中,李宁公司形成了一套适合自身的战略规划模式和管理体系,使公司组织运作顺畅无阻,战略执行果断快速。

1999 年,李宁公司选择与全球领先的且覆盖全球 11 500 家企业的企业管理软件解决方案提供商德国 SAP(System Applications and Products)公司合作,引进 AFS 国际流行的服装与鞋业解决方案,成为中国第一家实施 ERP(Enterprise-wide Resource Planning)的体育用品企业。目前,李宁公司正在全国范围内建立以 ERP 为起点的信息系统,全面整合产品设计、供应链、渠道、零售等资源,发展电子商务,进一步提高运作效率和品牌形象。

2004 年,李宁公司与香港中文大学人体运动科学系合作,对李宁公司生产的运动鞋的力学特性进行运动生物力学测试,建立专业运动员的脚型数据库,对专业运动特征进行数据搜集和分析,从而进一步提高产品的专业性和舒适度。

(五)立体发展。经过 20 多年的上下求索,李宁公司已逐步成为代表中国的、国际领先的运动品牌公司。李宁公司采取多品牌、全业务发展策略,除自有核心李宁品牌(LI-NING),还拥有乐途品牌(LOTTO)、艾高品牌

(AIGLE)、心动品牌(Z-DO)。此外,李宁公司控股上海红双喜、全资收购凯胜体育。现在的李宁品牌麾下,产品覆盖了田径、体操、举重、篮球、网球、羽毛球、乒乓球等各种体育制造业务,形成了全系列产品在全球立体发展的李宁体育制造王国。

2005年,李宁公司成为NBA官方合作伙伴,李宁篮球装备瞄向了国际市场。2012年6月,李宁公司与中国男子职业篮球联赛(CBA)签订装备赞助商的合作备忘录,并称协议覆盖2012/2013年至2016/2017年五个赛季,市场传闻这份五年合同的赞助金额达到创纪录的20亿元。李宁公司大手笔豪掷20亿元赞助CBA,显然是寄希望于这个吸引了越来越多篮球明星的赛事能成为李宁品牌重新崛起的最佳平台。尽管此后发生种种不愉快事宜,但李宁在篮球运动装备方面迈出了坚实一步。自2013—2014赛季起,李宁(中国)体育用品有限公司成为中国大学生篮球联赛CUBA和中国大学生篮球超级联赛CUBS的赞助合作伙伴,意味着"李宁校园篮球时代"的来临,实现了中国职业篮球赛事和大学篮球赛场全覆盖。

为了开拓网球制造产业市场,2006年,李宁公司成为ATP中国官方市场合作伙伴。2007年9月24日,李宁公司携手柳比西奇、彭帅等名将驰骋国际网坛,为进军国际网球市场迈出了重要一步。2014年9月10日,西里奇破天荒意外勇夺美网冠军,为李宁的网球制造全球市场推展铺开了一条坚实的国际化道路。然而,这时候的李宁公司不会营销,浪费了这一千载难逢的机遇。笔者当天在新浪微博写道,"西里奇和彭帅是李宁麾下的签约者,西里奇勇夺美网桂冠,彭帅打入女单四强,不仅没见到李宁公司有任何动静,连其官网也没有专门报道。2006年刘翔破世界纪录,耐克星夜赶制新版广告,新浪、上海外滩、报纸头版及CCTV5等都开始投放新版耐克广告。刘翔跨栏剪影T恤一抢而空,李宁公司为什么没有抓住良机,做好相关的品牌营销呢?"

2009年,李宁正式获得中国国家羽毛球队赞助权,压倒了日本尤尼克斯统治世界羽坛的历史。2013年3月起,李宁品牌正式成为2013年至2016年世界羽联重大赛事的器材赞助商,将不断致力于为赛事和运动员提供专业器材和装备,为各国羽毛球爱好者提供来自中国的顶级专业羽毛球装备和李宁羽毛球文化的体验。苏迪曼杯羽毛球混合团体赛实际上是世界羽毛球混合团体锦标赛,与汤姆斯杯赛(世界男子羽毛球团体锦标赛)和尤伯杯赛(世界女子羽毛球团体锦标赛)同为国际羽联主办的三大羽毛球团体赛事。

今日的李宁公司,不仅是一家体育用品的创造企业,更是一种健康生活方式的传播者、推动者。李宁正以累积而来的自信,把握历史赋予的机遇,迎接全球市场的挑战,实践自己的使命——以体育激发人们突破的渴望和力量。

李宁公司2015年上半年实现营收36.41亿元,同比增加16%,同时净利润亏损约2940万元,与2014年年中同期5.8亿元的巨额亏损相比,亏损额大幅下降94.98%。从财报数据来看,亏损收窄是曾经国产运动品牌老大李宁在业绩上的最新变化。在经历连续三年巨亏之后(2012年巨亏近20亿元,上市8年首次亏损),战略调整以及高层换血等一系列动作,李宁公司迎来了阶段性的利好。[①]

二、泰山

山东省泰山体育产业集团是唯一经国家工商总局核准注册的大型国家级体育产业集团,1978年成立于山东省西北部乐陵县。经过30多年的发展,山东省泰山体育产业集团现已成为集研发、生产、销售、服务为一体的世界上最大的综合性体育器材基地之一和亚洲最大的人造草坪基地,下属泰山人造草坪产业有限公司、泰山球业有限公司、泰山制衣鞋业有限公司、泰山生化工程有限公司、泰山体育场地设施工程有限公司等五个子公司和北京泰山体育发展有限公司、山东浩天投资有限公司、山东泰山重竞技体育用品有限公司、山东泰山文化体育有限公司等四个分公司,是国际知名、中国体育产业的第一品牌。现有泰山器材、泰山草坪、泰山在线、泰山工程、泰山海通、泰山瑞豹、泰山金润、飞乐克斯、飞鹿等十几个子公司,同时在北京、济南、深圳设有分公司,在美国设立了北美研发中心和分公司。泰山体育品牌价值达133亿元。

2008年北京奥运会,在泰山体育器材上产生的金牌数占全部金牌数的40%以上,成为迄今为止奥运史上最大的器材供应商,被社会各界称为"民族品牌,国人骄傲"。自北京奥运会以来,泰山体育成功服务了第11届和12届全运会、广州亚运会、深圳大运会、第7届全国城运会、天津东亚运动会等

---

① 参见刘溪若:《十大运动品牌2015年中报亮点分析,集体回暖》,来源:懒熊体育,2015年8月24日。

大型体育赛事。2014年,泰山体育成为在北京举办的国际田径挑战赛、南京青奥会、俄罗斯车里雅宾斯克世界柔道锦标赛、韩国仁川亚运会、广西南宁世界体操锦标赛的独家器材供应商。一年内泰山体育能成为五次国际大赛的独家器材供应商,这在世界体育发展史上是绝无仅有的。

本着"携手合作,互利共赢"的原则,山东省泰山体育集团与萨马兰奇体育发展基金会、中华全国体育基金会、国际柔联、国际田联、国际足联及其他国际体育和商会组织友好合作,利用全球资源,将民族品牌推向世界舞台,全面走向国际化。

2015年9月,泰山体育产业集团收到2016里约奥组委独家供应商确认函,这也意味着继雅典、北京、伦敦后,泰山体育再次成为奥运会独家器材供应商,代表着中国国产体育器材品牌又一次得到奥运会与世界体育界的认可。2016巴西里约奥运会期间,山东泰山体育产业集团将为柔道、摔跤、跆拳道三个项目全面提供运动垫供应以及完善的保障团队支持。届时,泰山体育将与来自世界各国的柔道、摔跤、跆拳道运动员,共同见证夺金时刻。

山东省泰山体育产业集团先后通过了ISO9001国际质量体系认证和ISO14001国际环境管理体系认证,是同时荣获中国驰名商标、中国名牌产品、国家免检产品的"三冠王"企业。

作为全国标准化技术委员会唯一的民营企业副秘书长单位,泰山集团主持参与制定了人造草坪、体操、柔道、武术场地等多项产品的国家标准和行业标准,拥有多项国家专利,50多项产品通过了国际各单项协会的最高专业认证。

泰山集团作为高端体育器材生产商,同时也是中国唯一通过国际足联认证的企业,常年为全国20多个省、自治区、直辖市的专业运动队和大中专院校提供优质产品及完善的售后服务,并出口至美国、欧盟、俄罗斯、东南亚、非洲等国家和地区。

1983年,泰山体育产业公司创始人卞志良因偶然的机会得到了济南一所警察学校体育用垫的生意,从此他放弃服装和食品调料经营,创立了乐陵县泰山体育器材厂。当时,中国体育器材并无统一的生产标准,高端体育器材的核心技术又被西方发达国家垄断,卞志良只好参照国际标准从头开始一步步摸索、自主研发。他免费向运动员和教练提供器材,长时间陪同训练,不断了解产品的性能并调整产品缺陷。从此,山东泰山体育名头渐响。

2004年,泰山集团与荷兰JF公司合资建厂,双方在中国共同生产体育器材。2006年8月,国内田径器材领域的著名企业北京飞鹿体育用品厂因经营不善而被泰山集团并购,使泰山在规模、技术、产品创新方面都得到了前所未有的提升。

泰山体育产业集团为了取得奥运会产品准入资格,专门在华东理工大学和山东大学设立了实验研发基地,聘请国内外的科技专家进行技术攻关。此外,他们还将科研人员派往一线与教练员及运动员进行沟通,以获取数据进行下一步的改造和研发。

2007年5月16日,泰山集团正式成为2008年北京奥运会体操、柔道、跆拳道、摔跤、拳击和田径器材供应商和散打、武术器材供货商,产品一次性进入了奥运会,打破了发达国家垄断奥运器材供应100多年的历史,成为奥运史上最大的器材供应商。凭借一流的产品、一流的技术、一流的服务,零误差、零失误、零投诉,泰山集团圆满保障了北京奥运会的成功举办。

山东省泰山体育产业集团曾连续为五届全运会、六届城运会和多届田径世锦赛提供比赛器材。2008年北京奥运会,泰山集团又以雄厚的实力,拿下了田径、体操、柔道、跆拳道、摔跤和拳击6个标准体育项目和散打、武术两个非正式比赛项目的器材供应权,为奥运会提供200多种运动器材,成为奥运史上最大的器材供应商。泰山集团作为一家民营企业,能在激烈的竞争中实现突破,不能不说是一次积累与机遇的完美结合。

目前,泰山集团的技术研发人员已占到企业总人数的10%,每年投入的研发经费高达销售总额的7%至10%。为了赢得2008年北京奥运会器材供应商的资格,泰山集团力邀各国体育器材制造领域的专家做足预案。国际大赛上的"千锤百炼"和对卓越品质的不懈追求便是泰山集团最终"克敌制胜"的关键所在。

在泰山集团提供的所有器材中,最贵的要属体操赛场上的自由体操板。一块自由体操板的价格约为40万元,它不仅要求质地软,还要有韧劲儿,运动员才能做出腾空动作。为了达到效果,体操板下面还有柔性层、弹性块等装备。体操作为奥运会比赛中的一个高危项目,对于比赛器械的要求更是格外严格。

2006年7月,北京奥运体育器材招标会在北京举行。意大利蒙多、德国阿迪达斯、美国耐克、日本美津浓和国内红双喜、江苏金陵等众多国内外知名品牌纷纷前来竞标,场面十分激烈。泰山集团针对对手的优势逐一分析,产品陈述时着重突出企业多年国际大赛的服务经验和国际认证体系。泰山集团凭借多年的国际大赛服务经验和多项产品国际标准认证,成了奥运史上最大的器材供应商。在"好运北京"2007国际体操邀请赛现场,崭新的鞍马、平衡木、双杠、高低杠等体操器材上清楚地标示着"泰山体育产业集团有限公司"。

为了保障2008年北京奥运会顺利进行,泰山集团还在朝阳区东五环附近设立了一个应急基地。万一器材出现问题,应急基地将可以迅速反应,确保比赛顺利进行。在不堵车的情况下,30分钟内便能从基地到达器材所处的奥运场馆。另外,每个场馆,泰山还将派出专业技术人员负责器材的安装和维护,仅鸟巢内就有15名工作人员进驻。

泰山集团以科技创新来引领企业发展,先后建立了两个国家级研发中心,技术研发人员有180人,占企业总人数的近10%,每年投入的研发费用占销售收入的7%~10%。目前,泰山牌体育器材已出口美国、欧盟、俄罗斯、日本、东南亚、中东、非洲等160多个国家和地区。泰山体育是多个国内第一的创造者,实现了由中国制造到中国创造历史性的跨越。

山东省泰山体育产业集团创造了多个中国体育制造的第一:第一块摔跤垫、第一块柔道垫、第一块新型武术场地、第一块纳米人造草坪、第一块XPE多功能运动垫、第一辆碳纤维运动自行车、第一支碳纤维标枪、全球第一个高科技在线运动平台——爱动,都出自泰山体育产业集团。

泰山体育是多项国内体育用品标准的制定者,实现了由品牌创建到标准制定的质的飞跃。泰山体育主持、参与制定的国家标准30余项,发明专利85项,实用新型专利167项,申报国外专利20多项授权5项,通过科技鉴定成果10余项(其中国际领先4项)。同时,有90多项产品分别通过了国际体联、柔联、跆联、摔联、田联、拳联等各专项协会的认证,100多项产品通过了国体认证,知识产权受到100多个国家的保护。

泰山体育实验室通过了国家认可委员会的合格认定。作为国内首家通过国际足联和国际曲联双认证的泰山人造草坪,被列入国家火炬计划项目,泰山机场草坪还通过了美国联邦航空管理局(FAA)实验检测。泰山瑞豹自行车被评为国际领先,列入国家火炬计划项目。泰山草坪公司、泰山在线公司、泰山金润公司、泰山瑞豹公司,被评为山东省的高新技术企业。

近年来,泰山体育每年用于研发创新的资金超亿元。先后与国内名牌大学及科研院所建立了山大泰山体育研发中心、华理泰山体育新材料研发中心,中科泰山联合研发中心。现有近千名研发技术人员,其中在集团研发中心长期从事研究工作的院士2名、泰山学者1名、博士和博士后几十名。

为实现大的战略转型,山东省泰山体育产业集团以高科技驱动创新发展,正由竞技优势向科技全民健身领域全面拓展,实施二次创业,投巨资兴建了泰山高科技体育产业园。该产业园是乐陵国家体育产业基地的核心组成部分,是国内首屈一指的、专业化的、以"体育"为主题的产业园区。产业园总投资50亿元,总占地面积1平方公里,可容纳1万人就业,建成集研发、生产、培训、物流、实验检测、运动体验于一体的全国最具优势的体育产业"产学研"示范基地和全国最大的高科技体育产业园,形成新的产业集群。

三、安踏

安踏的横空出世,是在李宁开始影响世界之时。世界冠军孔令辉的"我选择,我喜欢"电视广告,瞬间让中国体育爱好者接受了这个体育新鲜品牌。安踏体育用品有限公司董事局主席兼CEO丁世忠坚信,安踏能开启体育用品行业的"黄金新十年"。在其看来,安踏的发展历程可用三个十年来划分。第一个十年,做运动鞋OEM生产,做到10亿元的规模;第二个十年,做品牌批发,安踏实现近100亿的规模。第三个十年则是黄金新十年。现在看来,安踏的目标已经提前实现。

1991年,安踏(福建)鞋业有限公司在福建省晋江市成立,安踏品牌应运而生。经过20多年的发展,安踏已经成为国内最大的综合体育用品品牌公司,市场网点覆盖全国。2015年,安踏逆势上扬,零售转型大获成功,全年营收超过100亿元。安踏已经成功从"劳动密集型"企业转型为"技术密集型"企业,为"中国制造"升级到"中国创造"探索出一条具备自身特色的道路。

安踏企业领导人丁世忠因为其对于中国体育的特殊贡献,被评为第17届"中国十大杰出青年"。安踏体育用品有限公司集"中国驰名商标""中国名牌产品""中国质量免检产品"等荣誉于一身,其销售业绩居于全国前列,运动鞋市场综合占有率更是连续多年在全国同类产品中荣列第一。安踏是中国运动科学开拓者。2005年,安踏率先在国内成立了体育用品行业的第一家运动科学实验室,致力于运动力学的研究,旨在提高中国运动员的表现,推动中国体育事业的发展。

几年前,安踏还是耐克、阿迪达斯、李宁的追随者。安踏掌门人丁世忠将安踏的品牌清晰地定位为"不做中国的耐克,要做世界的安踏。"在运营模式上,安踏的做法也颇为与众不同。耐克、李宁等均采用轻资产运营模式,将产品制造和零售分销业务外包,自身专注设计研发和市场推广。安踏则采取的是垂直整合业务模式,设计、开发、部分制造及营销都由自身完成。

安踏坚持"实用至上",在过去几年,安踏由此跻身为备受瞩目的行业领袖。安踏方面认为,简单复制国际品牌的模式,不可能成功,必须找到属于自己的模式,商业模式的创新才是最大的差异化竞争。

(一)高科技破局。掌握行业最先进的技术,制造出高科技的产品,是安踏差异化破局的关键。安踏非常注重在研发方面的投入,研发设计费用从1991年的200万,到现在每年不低于年收入5%的4个亿,增长了近200倍。2005年,安踏斥资3000多万元,率先在国内成立了第一间运动科学实验室,依据运动员的身体数据进行运动科技和功能设计的开发。2009年12月,安踏运动科学实验室被国家发展和改革委员会认定为"国家级企业技术中心",这是中国体育用品行业第一家也是至今为止唯一一家获得国家认定的国家级企业技术中心。时至今日,实验室贡献了超过60项国家级专利技术,这大大推动了中国体育用品行业的发展和进步。

走进安踏运动科学实验室,映入眼帘的便是摆放整齐的鞋模、鞋楦以及各种精密设备,比如脚型扫描仪、耐折试验机、鞋底花纹摩擦测试机等。安踏将其研究分为基础研究和专业领域研究两类。基础研究包括相关的标准、产品舒适性等;专业领域研究包括新材料、新科技的研发,主要集中在跑步、篮球、网球、户外的鞋和服装的研究上。

通过招兵买马和加大投入,安踏的研发团队日趋完善,在运动生物力学、人体力学、运动学、生理学、材料学等科研领域均有深入布局,每个领域的研发主管均有超过十年的从业经历。

成立十年来,科学实验室成绩斐然。目前,中国运动科学用品配件标准三分之一出自于此。时至今日,该实验室拥有60多项国家专利技术,在此期间,诞生的磁芯减震技术篮球鞋、弹力胶篮球鞋和跑鞋、柔软柱跑鞋、水泥杀手超耐磨篮球鞋等多款产品畅销不衰。

上述明星产品诞生的基石乃是扎实的基础数据。在实验室内,鞋模均由技术人员利用脚型扫描仪分析计算而成,通过对足部进行三维扫描,再利用分析软件分析脚型,安踏最终开发出新楦型。安踏借此建立起自身完善的数据资料库,其中包括一些专业运动员的脚型数据资料。

这些貌不惊人的数据曾开国内风气之先。在此之前,国内所采用的鞋楦、鞋号标准均由欧美引进,但其数据并不符合中国人脚型特点。为此,安踏的技术团队曾在全国20多个城市做过两万人脚型测量调研工作,以此推动鞋楦新标准的制定。

丰富的资源投入和人才储备为安踏注入了活力。弹力胶、柔软柱、能量环、呼吸网等科技产品已经成为安踏重要的利润来源。与此同时,高技术含量的创新产品也令其品牌美誉度大增。

安踏希望加大科技筹码,以运动科学实验室为依托,除了自身研发外,他还与亨斯曼、杜邦、3M等核心供应商展开合作,整合全球资源打造安踏的利基市场。

(二)大赛事领航。在大型顶级赛事上,安踏的产品开始登堂入室。以索契冬奥会短道速滑比赛服为例,安踏采用特制面料,令运动员穿着舒适,有效降低风阻,并加强了包裹性和安全保护功能。针对短道速滑运动员容易摔倒的特点,安踏在比赛服的手腕、脚踝、膝盖后面血管及肌肉交错的关节部位使用了防弹材料合成纤维,从而保证运动员即使摔倒,也不会被冰刀划伤。

为了深耕中国体育制造市场,安踏长期支持中国体育事业。1998年,安踏首创了安踏极限运动精英赛。2004年,安踏斥巨资连续赞助中国篮球职业联赛,成为CBA职业联赛运动装备唯一指定合作伙伴。2005年2月,安踏与中国乒乓球协会正式签约,独家赞助中国乒乓球俱乐部超级联赛2005—2008年连续四个赛季的唯一指定运动装备。安踏常年赞助中国男子篮球职业联赛(CBA)、全国排球联赛、中国大学生篮球联赛(CUBA)等,被誉为"中国职业联赛发动机"。2009年和2013年,安踏连续两次成为中国奥委会合作伙伴,助力中国体育事业不断发展。为了传播奥林匹克精神在国内深入人心,安踏每年还会在全国各大城市举行声势浩大的"奥跑日"。同时,安踏签约冬季运动管理中心、国家水上中心、国家跆拳中心、体操运动中心、举摔柔运动中心等五大中心共24支国家队,积极支持中国体育项目发展。2014年10月,安踏签约NBA,成为NBA中国市场合作伙伴。2014年10月,安踏携手广州恒大足球,全面推动中国青少年足球运动健康发展。

体育明星是体育营销的标志性人物。1999年,安踏重金邀请中国乒乓球运动员孔令辉做品牌形象代言人,"我选择,我喜欢"口号响彻大江南北,让安踏的品牌知名度迅速提升,销售额急剧增长。此后,安踏先后与王皓、刘诗雯、张继科、邹市明、陈盆滨、郑智等多位知名运动员签约,大大提升安踏在国内的品牌知名度和美誉度。安踏为了不断提升品牌在国际市场的影响力,积极与 NBA 合作,签约斯科拉、加内特、隆多、帕森斯、汤普森等 NBA 巨星,在逐步拓展海外市场的同时,也把 NBA 资源引入国内市场,进一步夯实安踏品牌的美誉度。

安踏在经营品牌的同时,不遗余力地关注和践行社会公益事业的发展,希望让每个中国人都能买得起运动鞋,能够穿着安踏的运动鞋奔驰在篮球场和水泥地。多年来,安踏通过"安踏星 100 公益计划"等活动致力于公益事业。在 2008 年汶川大地震和 2013 年的雅安地震两次事件中,安踏捐款、捐物均超过 1000 万元。截至目前,安踏向社会捐赠总额超过 3 亿元,安踏被中国民政部授予了"中华慈善奖"的至高荣誉。2013 年,安踏携手中国奥委会、冠军基金、萨马兰奇体育发展基金会联合发起的"奥林匹克公益合作联盟"正式启动,联盟将进一步推广奥林匹克精神,推动全民健身运动的开展。

(三)平民化引擎。2013 年,安踏推出"实力无价"篮球战略,并与 NBA 球星凯文·加内特联合推出明星球鞋,其 399 元的超高性价比打破行业惯例,与以往国际品牌的 NBA 代言款球鞋多在千元之上形成鲜明对比,在大众运动市场最终脱颖而出。这一策略颇为有效,安踏加内特 KG4、隆多 RR1 两款明星球鞋,上市后两个季度的出货量便达到过去三年安踏 NBA 球星专属篮球鞋的出货量总和,2014 年出货量接近 100 万双。安踏对此类平民化的高科技产品青睐有加,希望将平民化高科技产品打造成安踏的利润引擎。

安踏倾力打造的另一款明星产品则是名为呼吸网 2.0 技术制成的新款运动鞋。这款一体成型针织技术制成的运动鞋,一经亮相便备受青睐。它是基于针织技术的全新应用,最大特点是一体成型,轻便、透气、贴脚,同时兼顾时尚、美观的特点。在夏秋季节,运动者能非常直观地感受到这款鞋的舒适性及透气性。基于性价比和功能,这款鞋从上市到现在销售情况非常好,每个月售罄率非常理想。

呼吸网 2.0 不同于衣服对编织误差的"宽容",制鞋哪怕一毫米的误差就会造成残次品。安踏技术团队与供应商一起研发设备,尝试各种织法,最终以合理成本实现最佳工艺。呼吸网 2.0 的另一个亮点是采用了安踏最新研发的能量环科技鞋底。它根据汽车双层底盘结构设计,圆形大底可以起到缓震和反弹的作用。双层结构确保外圈圆形受压时,中间实心部分依然有良好的支撑作用,以兼顾胖瘦等不同体型的消费者。由于采用了特殊材质,整个能量环大底能够变得很轻。如此配合呼吸网 2.0 科技,整个跑鞋不仅缓震和反弹效果明显,还能透气。①

安踏是体育用品销售专卖体系实践者。2001年,安踏由生产单一运动鞋过渡到生产多类体育用品,同时打造终端新模式——体育用品专卖店,安踏发展进入一个新阶段。从2001年在北京开设的第一家安踏专卖店,到2014年全国近8000家专卖店,安踏的零售终端覆盖了全国31个省、市、自治区,安踏运动鞋市场综合占有率已连续14年在全国同类产品中位列第一,先后获得"中国驰名商标""中国名牌产品""中国品质免检产品"等荣誉称号,成为中国体育用品行业的真正领导者。在海外市场的开拓上,安踏稳扎稳打,步步为营,逐步进入东南亚、美洲、非洲等市场,产品销往全球200多个国家和地区。2009年,安踏成功收购国际服装品牌Fila,迈出了国际化进程的重要一步。

四、匹克

匹克集团是一家以"创国际品牌"为企业宗旨,以"打造百年卓越企业"为目标的企业,公司创立于1989年,主要从事设计、开发、制造、分销以及推广"PEAK匹克"品牌的运动产品,包括运动鞋类、服装及配饰,至今有20多年的历史。匹克2015年上半年公司实现营收13.8亿元,同比上涨6.9%,净利润为1.76亿元,同比大幅增长45.5%。在匹克集团订货会上,订单业绩连续7个季度保持双位数增长。匹克公司的海外市场销售一直保持着中国体育制造行业领先的地位。2015年上半年,匹克来自海外的营收额达到2.6亿元,继续位居中国运动品牌海外销售额的第一位。

匹克,由英文"PEAK"(巅峰)音译而来,寓意不断攀越高峰的自我挑战精神。匹克将企业发展归结为展翅、翱翔和腾飞三个阶段,确定了新的10年规划即"三百目标"。匹克的展翅阶段,主要是高度集中于篮球产品的制作与市场开发。从建厂伊始,匹克就立志打造"中国篮球装备第一品牌"。1989年,第一双匹克牌运动鞋上市。1991年,匹克赞助"八一"男篮,1998年,匹克开始冠名赞助全国男篮甲B联赛。2002年,"战神"刘玉栋加盟匹克,出任匹克品牌形象代言人。2003年,匹克成为CBA战略合作伙伴。2004年,匹克成为乌兹别克斯坦、希腊等国家篮球队运动专用装备。这一系列举措,都是匹克醉心于篮球运动装备的写照。2000年,匹克运功系列服装

---

① 参见张鑫:《安踏的平民战法》,来源:环球企业家,2014年6月16日。

问世,希望成为综合性体育用品品牌,但更多的还是"篮球烙印"。在翱翔和腾飞阶段的匹克集团,篮球装备依然是拳头产品,全球化战略基本上也是围绕"篮球制造"展开。

(一)品牌国际化。2005年,匹克全面加速品牌国际化战略,先后通过赞助欧洲篮球全明星赛、斯坦科维奇杯洲际篮球赛等国际一流赛事,携手休斯敦火箭队、迈阿密热火队、圣安东尼奥马刺队等顶级NBA球队,结盟FIBA、NBA、WTA等顶级国际赛事组织,签约巴蒂尔、帕克等20多位NBA顶级球星以及格沃特索娃等21位网球明星,支持伊拉克、新西兰等10多个国家队和国家奥委会,一举成为中国体育品牌中,国际资源最丰富的国际化运动品牌。

2005—2008年,匹克连续4年成为欧洲篮球顶级联赛(全明星赛)装备赞助商,连续4年成为斯坦科维奇洲际篮球冠军杯战略合作伙伴。2005年9月,福建匹克集团有限公司成为"中国航天事业合作伙伴",亦为中国航天唯一选用运动装备。

2005年12月,匹克赞助休斯敦火箭队主场,成为第一个进入NBA赛场的中国运动品牌。2006年9月,澳大利亚女篮身披匹克紧身连体篮球服以骄人战绩登顶世锦赛冠军,美国国家"梦七队"主力球员、NBA火箭队球星肖恩·巴蒂尔激情加盟匹克,成为匹克全球形象代言人。同年12月,由匹克自主研发、拥有匹克三级减震技术的"巴蒂尔I代战靴"伴随巴蒂尔征战NBA赛场。第二年,巴蒂尔受邀来到中国,"匹克球星巴蒂尔07年中国行"获得圆满成功。

(二)未来三百化。如今,匹克已确定了新的10年规划——"三百目标",即匹克商标在100个国家注册、匹克产品进入100个国家和地区、匹克产品海外销售收入达到100亿元人民币。

为了实现"三百目标",匹克早已未雨绸缪,从北京奥运会期间就开始谋划产品的综合开发与国际市场的全面推进。2008年8月,匹克赞助伊拉克、塞浦路斯和黎巴嫩三个国家奥运代表团征战2008年北京奥运会,开始了真正意义的综合体育装备制造之旅。

2010年9月,匹克与国际网球组织WTA以及WTA球星奥尔加·格沃特索娃签约,瞄准网球运动在中国孕育生机良机,发力网球制造领域,力图再创核心业务。2012年4月,匹克网球明星阵营扩容——哈萨克斯坦头号球员加林娜·沃斯科波耶娃与波兰双打好手汉斯正式加入匹克WTA网球计划。9月,匹克又新签约了六名网球明星,截至目前,匹克集团共有九名国际一线网球队员加盟,充当网球系列产品代言人。2015年9月,匹克与中国最高级别的网球赛武网和中网结成战略伙伴关系,共同开发中国网球市场。

2012年5月,匹克一举签下新西兰、斯洛文尼亚、阿尔及利亚、黎巴嫩、伊拉克、约旦以及塞浦路斯七支奥运代表团,为他们提供伦敦奥运会领奖服、比赛外套等运动装备,签约的奥运代表团数量仅次于国际品牌耐克和阿迪达斯,位列国内运动品牌之首。

为了开辟户外运动装备市场,匹克连续10年携手环青海湖国际自行车赛。作为赛会唯一指定的装备赞助商,匹克向携手环青海湖国际自行车赛赛事组委会提供运动员、裁判员、媒体记者、工作人员的服饰等装备。

2014年2月,由匹克赞助的新西兰和斯洛文尼亚代表团身着匹克最新研制的冬季装备亮相2014索契冬奥会开幕式,匹克的冰雪运动装备制造由此登上了国际舞台。

2014年5月,中国体育博览会在武汉举行,作为第6届中国体育模特锦标赛的服装鞋帽合作伙伴,匹克与来自全国各地的近60位专家体育模特一起,向全球参会者展示了中国体育服装流行风向标。

在未来发展大计中,匹克将继续以篮球为核心,拓展跑步、网球、足球、运动时尚、冰雪运动和户外等体育制造市场,不断加强人才、研发、产品、市场的国际化建设,努力建成一家专业的、可持续发展的国际化体育用品公司,为精彩的未来再创无限可能。

截至2014年底,匹克在中国的零售网点达6004家,建立起成熟的产销结合的品牌运营体系,出口业务遍及欧、美、亚、非、澳五大洲,销售网点达到200多个。此外,匹克还在北京、广州、泉州和美国洛杉矶成立了4家国际设计研发中心。匹克美国子公司的正式成立和2家旗舰店的开业,更为匹克体育制造市场国际化迈出了标志性一步。

近距离认识匹克,是在2007年笔者前往福建帮助中央电视台天气预报景观广告招商。当时,在厦门结识了匹克公司的总经理许景南和他的儿子许志华,应邀参观了福建匹克公司集团总部。再一次见到许景南和他的儿子则是匹克在北京亮马饭店与伊拉克签署奥运会服装赞助的签字仪式上。当越来越多的国际明星身着匹克服装映入眼帘时,笔者感受到了中国体育制造的强大扩张力。

2015年8月,笔者撰写中国第一套商业体育系列丛书过程中,向匹克体育当家人许景南发了一条微信,言明这是 2015 年中国体育产业重大重要命题,其中将匹克体育作为重要内容,请安排合适人选与之对接,提供第一手资料。马上,许总电话跟过来,详尽了解相关事宜。许景南董事长的这种高效率让人肃然起敬,匹克体育魅力尽显无遗。百亿级公司董事长,还记得几年前的相聚,使用着年轻人的时尚联系工具,即使第二天就要参加非洲(灰州)篮球赛,还日理万机亲自躬讯。因此,笔者在 8 月 26 日微信朋友圈写下"匹克的魅力"一文,向许景南先生致敬,期待"灰州"回来相聚。

第五节 体育制造的特点

自从现代奥林匹克运动诞生以来,体育运动的每一次发展和变迁,总是伴随着体育设备、设施、服装、鞋帽等装备的改进,使"更快、更高、更强"成为可能和现实,运动装备逐步挖掘高科技生产力,追求各类体育产品的精细化、精确化。

随着时间的推移和社会进步,体育制造的时尚化、娱乐化倾向开始显现。游泳服装的面料变化、结构变化,直到索普以玄幻鲨鱼皮泳装统治了泳池打破多项世界纪录。运动泳装一步步从蔽体之物衍变为性感时尚,蜕变成符合最佳流体力学原理的水中驱动器,显示着体育制造的科技含量逐次升级换代。世界杯足球赛比赛用球的设计制造,经历了材料由真皮到复合材料的升级换代,经历了从探戈到飞火流星几个不同时期、不同地域的文化元素摄入和精确运行轨迹的集融。

一、科学技术引领化

当今世界的体育竞争实质上是科学技术的竞争,而先进的材料则是提高体育科学技术水平的重要条件之一。为了能够在接近极限的区域里再有新突破,创造更好的成绩,世界各国尤其是发达国家都在不遗余力地将各种高技术、新材料应用到运动训练和体育器材上,以提高运动成绩。从手动计时器到精确到 1/1000 秒的电子计时,从单一裁判吹判到电子鹰眼系统的登场亮相大行其道,从气垫运动鞋设计获得更高弹跳到标枪枪体再造避免飞出田径场造成意外伤害事故,从撑竿跳高的木竿、竹竿发展到现在的新型碳纤维材质,无不显示着科学技术对全球体育制造的引领作用。

撑竿跳高在刚进入田径项目时,使用的是普通木竿。20 世纪初,运动员使用既韧且轻又有弹性的竹竿替代木竿运用到了正式比赛中,大大提高了运动成绩,从 2 米多提高到 4.30 米。材料科学发达的美国,在充分研究撑竿跳高的技术特点后,研究出了轻质合金撑竿,创造了新的世界纪录,成为人造材料战胜天然材料的典范。20 世纪 50 年代末期,玻璃纤维复合竿成为撑竿跳高运动员得心应手屡创佳绩的武器,掌握最新材料技术的美国人垄断了 60 年代到 70 年代 20 年撑竿跳高项目的最好成绩。1985 年,苏联选手布勃卡用新型碳纤维撑竿首破 6 米大关。

二、体育服装时尚化

体育竞技赛场展示的不仅是运动员们矫健的身姿,运动着装更是一道亮丽的风景线。从古代奥运会赤身的健美到第一届奥运会上样式单调保守的运动装,再到如今在时装影响下变得多姿多彩的运动潮服,健将们从单纯的力与美的较量,发展成为个性风格的展示和比拼,无一不是体育制造在运动服装服饰方面的极大进步。每当世界大赛全面展开,运动与时尚看似完全不搭界的两种元素,神奇地合二为一,成为年度运动时装风向标。

1900 年,第 2 届奥运会在法国巴黎举行,取消了古代奥运会和现代第 1 届奥运会不许女子参加的禁令。女子第一次跨越性别的局限,与男子比肩奥运赛场,令人兴奋的同时却带着明显的局促。长期被传统思想压抑和禁锢的女性并未因运动而解放身体,依然以刻板的制服装扮参加比赛。现在的奥运赛场,田径运动员的着装呈现出男性的刚毅与健硕,原本只能在游泳馆或娱乐场能够见到的三点式比基尼,成了时下女子运动员争创优异成绩的贴身亮点。

最初的女子网球比赛,便是在衬衫与束腰长裙的束缚下展开。如今,女子网球赛场上已然成为激情与性感的竞技场,紧身背心、迷你网球裙,让选手毫无束缚的奋力奔跑拼杀,将最真实的激情释放出来,鲜艳的对比色彩的大胆运用,为运动活力锦上添花。运动带来的力量与美感碰撞爆发出难以抵挡的魅力,绝对是赏心悦目而又激情澎湃的体验。

花样滑冰比赛场,当下完全是俊男靓女的时尚性感比拼。参赛选手的着装极尽性感,俨然风情万种的斗艳香场,精美的花样滑冰礼服给观众和评委留下难忘的印象。精彩的女子礼服不仅图案精美,缀上施华洛世奇水晶和飘逸蕾丝,让人陶醉和赞叹。

沙滩排球赛事的商业推广更受推崇,不仅仅是赛事本身的激情与魅力,古铜色的皮肤与多姿多彩的泳装浑然一体,美人、美景、美装争妍斗艳,水天一色相映成趣,更能激发商业动能。为了提升商业价值,室内排球曾考虑推广女式连体式比基尼着装,遭到包括中国女排在内的一些观念相对保守球队的抵制,试验不了了之。乒乓球、羽毛球等的女子运动裙装,受到了越来越多赞助商、电视转播商的认同,现场观众和电视观众大呼刺激过瘾。

三、制造企业集群化

体育制造企业的集群化,表现在体育制造公司集群于一个国家和地区的经济环境及体育产业环境,集群于一个地区的体育制造整体水平。世界第一经济强国和体育强国美国拥有第一体育制造品牌耐克和第三体育产业品牌锐步,现在的 UA 疾步奋进已经在美国市场超越了任何本土以外的对手。长时间占据世界第二经济体的日本,一样拥有肥沃的体育产业土壤,百年老牌美津浓、爱世克斯和欣欣向荣的尤尼克斯、优衣库等体育制造品牌风靡全球。老牌帝国英国培育了茵宝这一国际品牌,以足球产业为标志。体育产业超级发达的意大利,国际一线品牌有卡帕、斐乐、迪爱多纳和乐图等为广大体育消费者所熟悉。

当中国经济登上全球第二的高峰,当中国体育逐渐走向世界强国,中国的体育制造企业也呈现出共同发展共同繁荣的美好盛景,李宁、安踏、匹克、361°、特步、鸿星尔克等品牌正在取代老牌国际一线品牌的位置。中国体育制造业的发展,还酿就了福建晋江这一体育服装鞋帽制造业等最为集中繁华的中国体育制造基地。体育制造企业的集群化,在中国福建晋江,随处可以找到注脚。

晋江是我国著名的体育用品生产"大都市",拥有近百个体育制造国字号品牌,安踏、特步、361°、亚礼得、浩沙、德尔惠、金莱克、乔丹、美克、露友、舒华等国内优秀体育制造企业,都在这里安营扎寨,是中国最大的运动鞋生产基地和世界运动鞋重要生产基地。全市现有各类鞋业企业 2652 家,从业人数约 40 万人,2014 年实现产值 1045 亿元,拥有 4 家上市公司和 22 家上市后备企业。

为了保障体育制造企业的集群效应,晋江市政府组织了各种高端赛事,为企业和高水平运动队牵线搭桥,给晋江企业提供了更多展示自身品牌形象的舞台。2003 年,中国羽毛球队训练基地落户晋江,安踏、特步、361°、露友、美克、名乐和爱乐等晋江企业,分别相继赞助了 CBA、WCBA、全国男排联赛、女排联赛、乒乓球超级联赛、极限运动精英赛和蹦床冠军赛等国家级体育赛事,与国家羽毛球队、体操队、举重队和男、女子排球队,女子曲棍球队等开展富有成效的合作。

同时,晋江体育制造企业重视媒体关系,占据着中央电视台体育频道的主要广告时段,在中国第一纸媒《体坛周报》上,也有安踏等晋江企业大量的公关传播和广告投放。在新媒体时代,晋江体育制造企业也是时刻紧追媒介传播潮头。2006年,361°与腾讯网合作对网络互动传播进行了尝试:利用腾讯丰富的媒体资源,从体育频道冠名到客户端和QQ.COM的广告投放,再到游戏平台的互动并结合线下精彩的赛事——娱乐篮球,吸引了无数年轻人对361°品牌的关注,全方位地提升了361°品牌在目标客户群中的曝光率。这次的成功合作,使361°的同行们认识到新媒体尤其是网络媒体已然成为具有独特先进性和创新力的营销方式。2007年,安踏围绕奥运这个题材在新媒体上做足了功夫。

当下,高度集群的晋江运动制造品牌正呈现出个性化和差异化特征,在保持横向联系和合作的同时,注重企业的市场细分发展,精挑细选某一项目精进突围。这种品牌传播的个性化和差异化,使得晋江体育制造企业的产品区隔更为鲜明,晋江的体育用品产业结构越来越朝合理科学的方向优化发展,并且向着科技开发、自主知识产权、规模扩张为主要目标的品牌战略大踏步迈进。

第四章　体育传播

体育传播无疑是商业体育活动的一分子,有着其他体育活动无法取代的价值。体育报纸、体育杂志、体育广播等传统大众媒介都曾经或现在依然是体育组织和体育赛事的重要合作伙伴,对竞技体育赛事、群众体育活动和其他体育活动做出了巨大贡献,更是商业体育价值提升的内生动力。他们报道赛事赛况,宣传明星球员与明星教练,挖掘深度背景与内部新闻,丰富和活跃了人们休闲娱乐生活,拉近了体育工作者与球迷的距离。世界体育的职业化、商业化、产业化进程,某种程度上说,就是大众传播的参与不断深入、不断扩张的过程。大众传媒的介入,特别是电视媒介对体育赛事和活动的转播和报道,激发了商业体育的活力,促进了体育产业的繁荣发展。

体育网络的兴起以及手机媒体、车载媒体和星空媒体等移动新媒体对体育报道的重视,给了体育媒介活动更大的社会影响力和市场张力。社交媒体和现代体育的有机融入,为体育传播活动增添了新的腾飞翅膀。

体育与媒介的关系,最早可以追溯到 1744 年 6 月 11 日,一张在伦敦出版发行的报纸登载了当时板球比赛的新闻。从那时候开始到 19 世纪上半叶,英国有许多报纸发布过板球、足球、拳击等的消息。美国在 1773 年 5 月 5 日的《波士顿公报》(Boston Gazette)上首次刊登了体育消息,之后于 1885 年在报纸上定期增设了体育专栏。但是,这一时期的报道,并不涉及附着在体育新闻之上的商业信息和广告。

报纸媒体对奥运会的报道最早始于 1896 年的第 1 届奥运会,当时在赛前和赛后共有 12 家报刊对此进行了宣传和报道。有些运动员就是由此得知奥运会的消息,从而设法参加比赛。

广播媒介首次用于奥运会传播是在 1927 年 1 月 22 日对英格兰联赛中

的一场足球赛——阿森纳对谢菲尔德联队。到1936年德国柏林奥运会,共用28种语言进行了2500小时的广播报道,开创了广播媒介首次使用长时间进行奥运报道的先河。

正是在这一年的柏林奥运会上,第一次运用闭路电视转播奥运赛事。由于条件的限制,当时的转播只在柏林和几个主要城市的大礼堂设置了电视终端机,转播的项目也只局限于田径和游泳两个项目。然而,这一举措却吸引了大约1612万人观看。

冬季奥运会的电视转播晚了整整20年,直到1956年冬季奥运会才首次实现了电视实况转播。1960年美国加州举行的冬奥会电视转播权第一次被用于商业销售,美国哥伦比亚广播公司用5万美元购得了转播权。同年的罗马奥运会首次跨国转播了赛事,欧洲人可以通过通信卫星观看到比赛。1964年东京奥运会,通过人造卫星把在亚洲举行的体育赛事向其他各大洲进行了转播,成为名副其实的世界性赛事。1984年,尤伯罗斯借助商业化运作,使第23届洛杉矶奥运会大获成功,最终盈利2.15亿美元。尤伯罗斯借助商业运作中一个重要手段是大幅提高电视转播费,电视转播费成为筹集奥运会经费的主要收入,同样也使国际奥委会的活动经费得到了保障。1988年汉城奥运会,开始全面铺设光缆、微波、卫星等通信线路。传播技术的高速发展使体育与媒体的结合进入了互动时期。

Facebook(脸书)和Twitter(推特)的出现,以社交媒体的形式丰富了体育媒介的内涵,实现了体育传播与新生代体育受众的无缝对接。

脸书是世界排名领先的照片分享站点,拥有6.5亿体育迷,是全球最大的"云体育场"。截至2015年9月,Facebook日均活跃用户数达到了10.1亿人,无数体育迷都在其中参与讨论他们喜爱的体育赛事和体育明星。2016年1月,脸书发布了一个名为Facebook Sports Stadium的实时体育平台,为用户提供实时的体育赛事播报、比分更新、粉丝热帖追踪以及专家点评等内容。

推特是一家美国社交网络及微博服务的网站,是全球互联网上访问量最大的十个网站之一。推特最大的优势就是深入到实况体育赛事的核心,推特的及时性使得它成为实况体育很自然的补充。关于2015年9月和10月的橄榄球世界杯赛事,推特上有68亿条相关影像,这是最近最新的例证,而且周期性的内容更新让球迷更愿意参与其中。

业界专家认为,电视的高清画质和观看效果在现阶段体育媒介市场中有着不可替代的优势,而新媒体的蓬勃发展能够更好地丰富体育电视市场,无论是对体育赛事的推广还是对体育媒体的发展都有着积极的作用。在电视媒体与新媒体竞争与合作的大媒体环境下,只有用全新的媒体考核机制评价体育传播平台才是最客观的。

第一节 电视传播

在所有的体育媒介活动中,电视媒介声画一体,形象逼真,具有真切的现场感,冲击力最强,感染力最大。当下,不少体育赛事在举办之前,首先考虑电视转播问题。一些赛事赞助商在商务谈判时的首要条件,就是要求电视转播,有些更是明确要求现场直播,以保证各方面商业价值的实现。抑或是为了让当地政府领导或公司总裁"风光",抑或是为了使赞助单位"露脸",要不就是为了包装明星和传递现场广告牌的价值。

为了达到这一目标,赛事举办方总是优先考虑电视转播的因素,有时候"屈尊"将比赛放在很少有现场观众的早上或中午进行。国际奥委会2006年10月26日宣布,为了适应美国全国广播公司NBC的需求,2008年北京奥运会游泳决赛和大部分体操比赛安排在北京时间上午进行。国际奥委会之所以重视转播商的要求,既有奥运会赞助商的幕后操作,又和国际奥委会自身的转播收入分成有着直接关系。

要现场观众的上座率,还是要电视收视率?成为当下赛事或活动举办方经常碰到的现实问题。在决策关头,一切体育赛事往往都是以电视为中心。无论是赛事规则的调整、场地变化,还是赛事时间的调整等,都是为了吸引更多的电视受众,满足电视转播的需要。

2005年中超元年,自恃由甲级联赛改朝换代为超级联赛会引名商巨贾齐折腰的中国足协,哄抬电视转播费,招致中央电视台退出转播的尴尬境地,引发了赞助商的连锁反应,成为中国职业联赛"裸奔"第一年。对中国足球超级联赛开局元年商业价值缺少真正了解的上海文广集团"吃螃蟹"拿下独家电视转播权,没想到赔得血本无归。10年之后,随着国家高层对足球运动的关注,2016—2020年五个赛季的中超联赛电视公共信号制作及版权卖出了80亿元人民币的天价。

2008年,中国体育电视人在2004年雅典奥运会上给国际奥委会提供羽毛球、乒乓球、现代五项等三个项目全球公用信号的基础上,为北京奥运会提供足球、篮球、排球、网球和特设项目武术等共八个项目的全球公用信号。投入的人员之众、承担项目之多、信号质量之高都是史无前例的,为后奥运时代的体育电视信号制作在"硬件"和"软件"方面打下了坚实的基础。中国体育电视开始全面与国际接轨,并逐渐跃上世界体育电视的高峰。

马国力认为,中国体育媒体格局的变化,是我国的体育市场发展最为重要的条件。他预计,在2020年左右,中国会出现几个全国范围的体育赛事电视媒体平台。

一、版权之争

"得赛事者得天下,得优质赛事者赢天下",是当下体育电视市场竞争取胜的不二法门。1964年,NBC以150万美元购得日本东京夏季奥运会电视转播权,并在2000年以来总耗资近60亿美元取得了悉尼奥运会到伦敦奥运会等的全部冬奥会和夏奥会电视转播权。瑞士ISL公司长期操控世界杯赛事转播权,ESPN、Foxsports和BBC等不惜一切代价争取世界杯赛事电视转播权,反映出赛事资源版权的稀缺性。国际传媒巨头默多克在20多年前就冒着破产的危险高价买断英超的版权,正是由于英超在各个俱乐部社区中的巨大影响以及英超在体育电视转播中不可或缺的特殊地位。

中国从第8届全运会开始电视版权售卖,中国足球、中国篮球、中国排球和乒乓球羽毛球等职业联赛也和赛事的电视转播建立了密切联系。随着中国足球超级联赛和中国篮球职业联赛的市场火爆,电视转播权之争进入到财力与实力的比拼。2015年9月,体奥动力(北京)体育传播有限公司80亿元拿下中超联赛5年媒体版权,引发中国体育对赛事版权的全面思考。

全球互联网寡头一直热衷于体育赛事版权,他们凭借资本优势垄断大部分核心赛事版权资源,腾讯、新浪、乐视和PPTV等将NBA、英超、欧冠、西甲、德甲等——集纳到新媒体传播平台上(见表4.1)。

表4.1 中国新媒体主要体育赛事版权图

名称	资金支持方	主要赛事版权资源
腾讯	腾讯	NBA、欧冠、德甲、中超、NFL、CBA
新浪	新浪、阿里巴巴	英超、欧冠、德甲、中超、NFL、中网、UFC

续表

名称	资金支持方	主要赛事版权资源
乐视	万达、云峰基金	英超、欧冠、德甲、中超、日本J联赛、韩国K联赛、高尔夫、网球、赛车等200个版权
PPTV	苏宁、阿里巴巴	西甲、德甲、中超、荷甲、葡超
新英	IDG资本	英超独家版权分销

马国力一直关注中国的媒体(主要是电视媒体)在体育产业中的位置和作用,特别看重电视转播权收益在一个国家体育产业中的重要作用。他指出,在国外体育发达国家的职业联赛,电视转播权收入一般占所有收入的一半以上,是一个国家体育产业的龙头。在我国,这部分收入超不过5%,这是因为中央电视台一家独大没有第二个买家没有竞争所造成的负面影响。其根本原因则是中国国情的"赛事转播权限制",依据是2000年1月24日国家广播电影电视总局《关于加强体育比赛电视报道和转播管理工作的通知》。

这个通知中规定,重大的国际体育比赛,包括奥运会、亚运会和世界杯足球赛(包括预选赛),在我国境内的电视转播权统一由中央电视台负责谈判与购买,其他各电视台(包括有线广播电视台)不得直接购买,中央电视台兵不血刃获取了奥运会和世界杯足球赛等最优质的顶级赛事资源。通知同时规定,国内重大体育比赛包括全国运动会、城市运动会和少数民族运动会的电视转播,由中央电视台负责谈判和购买电视转播权,其他各电视台不得直接购买,实际上彻底掐断了中国各级地方电视转播机构的国际国内重大赛事的转播权来源。

在国家广播电影电视总局的政策影响下,中央电视台在中国体育赛事版权方面的谈判如入无人之境,基本上囊括了最佳资源,以不到20%的播出份额豪取70%的收视份额。当然,中央电视台在赛事版权方面的强势,也造成了一些负面影响,2015/16赛季的中国排球联赛就因为中央电视台体育频道麾下的中视体育娱乐有限公司打包营销受挫,出现了赛事冠名权"裸奔"、电视转播场数远远不够的"乱局"。

在中央电视台的强势打压下,省市级体育电视往往处于被动状态。赛事资源受到控制,涉及全国性的活动也是惟央视"马首是瞻",就连一些冠有"中国"字头的栏目如中国体育报道、中国足球报道等,也在有关方面的干预下被迫改头换面。

为了争夺体育赛事版权资源,打破中央电视台体育电视的垄断地位,以江苏体育频道、山东体育频道、辽宁体育频道、湖北体育频道、新疆体育频道、江西体育频道和内蒙古体育频道七省体育频道联盟——CSPN横空出世,并于2007年10月1日正式联网播出。这是中国首家以制作精品体育电视节目,提供国内外体坛最新动态资讯,拥有世界众多顶级体育赛事独家报道权,并联合全国众多省级体育频道实现同步播出的跨区域体育专业合作平台。

CSPN通过卫星及广电网络主备双路传输节目信号,各省级体育频道同步接收。目前,CSPN提供包括每天《体育早报》《体育午报》《体育时报》《体育晚报》四档体育新闻直播节目,以及《巅峰赛事》《精品赛场》等全球顶级体育赛事的转播。CSPN联播网络伸向全国,覆盖5亿收视人口。

CSPN在中国电视界率先实现"中央厨房"制作理念,实行统一采购、统一制作、统一播出的最新模式。CSPN除自制节目外,目前已经拥有了中超、CBA等国内顶级赛事,并且强力引进了NBA、西甲、欧冠、欧锦、足总杯、世界杯外围赛等重大国际赛事,以及英超等转播赛事。CSPN以2008年在瑞士、奥地利联合举办的欧锦赛和2008年中国北京奥运会为契机,以全方位的角度和国际化的视野,打造中国一流的矩阵式体育电视平台,以提升中国体育电视传媒的全新境界,开创中国体育电视传媒的崭新局面。

这种以江苏、山东、辽宁、湖北、新疆、江西和内蒙古等七省体育频道加盟的CSPN和以京、沪、粤为代表的体育发达省市级体育频道,在一些国际职业赛事领域频频发出自己的声音,在某些地方正在对中央电视台体育频道构成挑战。这种挑战对体育电视的发展是有益的,因为只有勇敢地应对竞争,才能提升体育电视传播水平,从而惠及广大的电视观众。

1987年,NBA以"赠送"的方式进入中国体育电视市场。20年后,NBA转播费年年看涨,而且版权纷争更为激烈。2008年,我国转播NBA系列赛的电视频道达到最高峰值24个。2015/16赛季,NBA赛事不仅继续占据着中央电视台和北京、上海、广东等最主要的体育频道,腾讯体育也加入到NBA视频直播中来。现在的NBA电视转播,不仅在中国大陆众多电视频道分级售卖,而且还得搭上其"捎带"的电视广告。

当下,意甲、法甲、西甲、德甲和英超等欧洲五大联赛先后登陆我国电视荧屏,占据着很多体育频道的重要位置。其中,英超是全球竞技水平最高的足球联赛,而球迷最多、营销最成功的非英格兰超级联赛莫属,在全球拥有近15亿球迷,是世界上电视收视率最高、也是电视转播版权最昂贵的足球联赛。2006年2月,天盛传媒以5000万美元的高价,一举击败包括中央电视台体育频道在内的中国大陆众多传统广播电视媒体,获得了从2006年夏季开始未来三个赛季的英超中国内地独家转播权。这意味着英超电视转播的传统格局被打破,体育新媒体时代和付费时代就此到来。十年过去,英超电视转播版权费用继续火爆势头,2016—2019三个赛季的全球电视转播权超过80亿英镑(约合770亿元人民币),足以让足球联赛劲敌西甲联赛相形见绌,后者未来三年的转播费为26.5亿欧元(约合195亿元人民币)。如此算来,就算是意甲、法甲、德甲和西甲四大联赛电视转播费用加在一起,也远远达不到英超一家的版权费用。

毋庸讳言,我国体育电视缺少赛事资源,更多依靠从欧美国家进口。据统计,我国体育电视的赛事转播70%以上来自购买国外的各种赛事。除了四年一度的奥运会、亚运会、足球世界杯和各种项目锦标赛杯赛外,NBA、欧洲足球五大联赛、网球四大满贯和超九赛事、世界排球联赛和女排大奖赛、高尔夫球系列赛大奖赛、F1赛车和汽车拉力赛、环法自行车赛等一个个贴着"洋标签"的体育赛事纷至沓来,挤进中国电视荧屏,蚕食中国体育电视市场。就连国内观众不见经传的美国橄榄球、美洲杯帆船赛等项目,也在寻找各种机会,陆续进入到中国电视节目市场。可以预知,中国体育电视的版权纷争将会愈演愈烈。

二、渠道之争

从1958年中国电视诞生之日起,体育节目就是电视节目的重要内容之一。1995年1月1日,中央电视台体育频道正式开播,标志着中国电视历史上第一个真正意义上的体育频道的诞生。在经过近一年的调试之后,1995年11月1日,中央电视台体育频道正式上线,向全国各省市转播体育节目,成为覆盖全国的唯一体育专业频道。

随着中国体育水平的提高,全民健身热潮的高涨,北京、上海、天津、山东、广东、广西等省级电视台和省会城市电视台先后开播了体育频道或体育休闲频道,就连很多地市级电视台也赶时髦开辟体育频道。在最鼎盛时期,我国各种体育频道或体育保健康复休闲等名号的频道超过了100家,比较稳定成规模的共有42家。

众所周知,体育媒介(包括体育电视)赖以生存和发展的核心资源是各种体育赛事。在没有足够赛事资源的支持下,我国不少体育频道处于苦苦支撑状态,有些体育频道干脆以播放电视剧作为"主旋律"。几经沉浮后,大部分体育频道难以为继,陆续停播或转轨。截至2008年年底,全国及省市级开路体育(或体育休闲)频道已减少到17个。

2013年8月18日,中央电视台体育赛事频道(CCTV5)正式开播,是现有CCTV高清综合频道置换而成的崭新体育赛事传播平台。体育赛事频道以直播和录播国际顶级赛事为主,包括风行欧美的职业冰球、职业橄榄球联赛等原来中央电视台体育频道很少播出的赛事,同时播出一些例如围棋赛、象棋赛、龙舟赛等具有中国特色的体育赛事。

近年来,我国数字电视快速发展,足球、网球、高尔夫球、围棋、乒乓球、羽毛球、冰雪运动等为内容的10个付费体育频道应运而生。付费体育在中国的发展遇到一定的困难,最主要的是盈利模式难以得到观众的认同。首先,在开路体育资源较为充裕的情况下,观众无须付钱看电视。其次,体育电视在中国毕竟起步较晚,体育观众的培育期尚未完成,很难想象一个刚刚解决温饱的基层观众愿意付费看电视,广东欧洲足球频道收费用户的低迷就较好地解释了这一现象,而广东高尔夫球频道能够做到收支大致平衡,则说明付费电视的受众应该是收入较高且参与此项运动的高端人群。第三,以新浪、搜狐、网易和腾讯等商业门户网站为代表的新媒体平台和爱奇艺、乐视等互联网体育专业频道等正在加紧进军体育媒介市场,在一定程度上对开路体育频道形成竞争态势,更对付费体育频道的生存空间形成挤压之势。

尽管数字体育频道陆续粉墨登场,互联网体育日渐兴盛,但我国的体育电视依然是中央电视台一家独大。中央电视台体育频道是国内唯一的国家级体育电视媒介,拥有奥运会、世界杯、亚运会、全运会、青运会、农运会和各个项目的世界杯、世界锦标赛等顶级赛事资源,占全国70%以上的体育电视收视份额,"统治"着权威信息发布、体育评选、体育晚会等几乎全部的体育活动,是全世界最具权威性和垄断性的体育频道,也是体育赛事与体育活动资源最为丰富的体育频道。

2008年北京奥运会的电视转播报道,是中国体育电视发展壮大的机遇。

中央电视台作为中国大陆地区唯一持权转播机构,充分利用东道主优势和奥运品牌资源,利用7个完整频道,投入3000余人,形成3个报道中心,全方位、多渠道地报道北京奥运会,以实现传播效益最大化。为突出奥运形象,加大对北京奥运会的报道力度,中央电视台体育频道从2008年1月1日至9月30日更名为奥运频道。地方电视台体育频道也都在利用奥运品牌制作相关的电视节目,争夺观众眼球。"奥运"成为所有体育频道不得不利用和放大的资源。

三、项目之争

中国体育电视有着大年和小年的区分,每到重大赛事(如夏季奥运会和世界杯足球赛)集中的年份(称之为体育大年),体育节目播出量的大幅增加,体育媒介收视市场水涨船高,收视比重保持着超过3.2%。中国体育电视市场在2008年的北京奥运会中收获颇丰,收视比重接近3.7%。我国体育媒体对各项目的市场化竞争加剧,足球、篮球、田径等广受关注的项目,成为多家新兴媒体布局的首选,赛事资源稀缺造成版权昂贵,进而导致体育媒体形成寡头垄断格局。[①]

在各类运动项目中,传统项目的发展很大程度上受到人们参与程度和国家队成绩的影响,新兴项目则更多受到了明星们的带动。中国篮球是民众参与程度相对较高的体育项目,加之近年来国内职业联赛发展势头迅猛,受欢迎程度持续保持高位,在体育赛事的电视市场中也获得了最高的收视比重,2012年数据显示篮球类赛事对整体体育赛事收视市场的贡献超过1/5,观众每收看100分钟体育赛事便有20.7分钟收看了篮球比赛,54.3%的电视观众最喜爱篮球赛事。足球是世界第一运动,更是中国第一媒介活动。尽管中国国家足球队成绩低迷,仍是在电视播出市场占比较大的体育项目,53.1%的电视观众将足球视为最喜爱的体育电视赛事节目。中国传统优势项目羽毛球、乒乓球是多个城市民众参与程度最高的运动项目,在电视市场虽然播出较少,却是资源利用率最高的体育赛事之一,以51%超过半数的高比例位列中国观众最爱收看的体育赛事第3位(见图4.1)。

---

① 参见《2015年中游体育媒体传播市场前景发展分析》,来源:中国产业信息网,2015年10月21日。

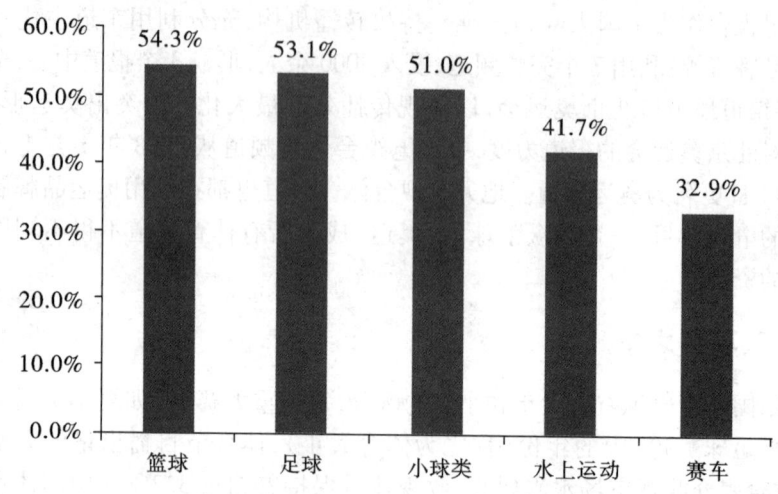

图 4.1 中国观众最爱收看的体育赛事

在刘翔效应拉动下,在李金哲、张培萌、苏炳添等国际级新星的感召下,田径赛场成为中国体育电视的收视亮点。2010年钻石联赛全球14站比赛,上海站电视转播收视人数达762万,占全部14站总收视人数的39.05%;2011年上海站赛事收视为2010年的3倍,占总收视人数的66.28%。2012年全球有403家电视台转播上海站赛事,远超前一年的161家,赛事收视覆盖率同比上升171.9%。2015年,世界田径锦标赛在中国北京举行,田径赛事的电视收视率出人意料远远超过了大众热门项目世界女排世界杯赛事。

2015年8月,日本东京女排世界杯与北京田径世锦赛同期举行。出人意料的是,无论在女排世界杯的主办国日本还是在田径世锦赛的主办国中国,从两个大赛直接对抗的收视率比拼中,田径世锦赛均取得完胜。四年前的女排世界杯,在日本创造了收视率神话,平均收视率超过15%,中日大战的瞬间收视率曾一度达到25%。四年后的女排世界杯收视率最高的是日本五局大战多米尼加,收视率达13.2%,几乎只是2015年的一半。

反观同期举行的田径世锦赛,TBS直播的田径世锦赛百米飞人大战收视率超过20%,平均收视率达到18.5%。TBS最高收视率来自男子200米半决赛。16岁的日本和加纳混血少年,被称"日本博尔特"的萨尼·布朗与加特林同组,比赛的收视率瞬间达到最高值25.5%。

中国中央电视台女排世界杯同样敌不过田径世锦赛。北京时间8月22

日周六下午开打的首场中国对阵塞尔维亚的比赛收视率16城市收视率只有0.34%,而当晚直播的田径世锦赛男子万米决赛16城市收视率达到0.92%。中央电视台的田径世锦赛收视率开始在1%~1.2%之间,最高达到2.6%,收视率非常好。①

受到明星效应的作用,新兴体育项目如斯诺克、网球和高尔夫球等在中国市场得到了广泛认可。丁俊晖的"丁氏神童效应",拉动了中国观众对斯诺克电视转播的关注,台球转播(包括直播)占到一定的电视转播额度,反映出中国体育电视市场对斯诺克赛事的偏爱。台球项目不仅近年来在收视市场上呈线性增长,更是成为多个城市受众参与体育的主要途径。李娜连夺大满贯凤冠,掀起中国体育"娜旋风",中国体育电视对网球赛事转播热度不断上升,不仅四大满贯受到追捧,ATP和WTA的1000分赛也是当下体育电视的转播热点。

四、产业之争

中国体育电视的市场化运作正在起步。中视体育娱乐推广有限公司(中视体育)作为中央电视台体育频道市场运营的平台,承担着整合体育赛事资源和进行赛事资源市场开发的重任。2005年改制后,中视体育面向体育市场不断加大改革的步伐,加快公司市场化进程,加强对频道主办赛事和自制节目的商业开发和市场推广。三年多来,中视体育充分利用CCTV-5的播出平台,将赛事资源、媒体资源、赞助商资源和社会其他资源进行全方位的整合,创建出一整套符合央视播出特点、符合中国体育产业发展方向的标准化赛事运营管理模式,通过借鉴国际重大赛事的运营推广经验和国内外体育营销方面的先进模式,成功运营推广了安踏全国排球联赛、恒源祥冰雪酷奥运系列赛事、361°国际跳水冠军巡回赛、"安踏CCTV体坛风云人物"评选、体育电视国际论坛、篮球公园、蒙牛城市之间等颇具影响力的体育赛事、体育节目和体育活动。同时,公司不断拓展赛事种类,通过运作推广全国马术绕桶冠军赛、世界摩托艇锦标赛、华彬高尔夫公开赛等项目来满足不同受众的赛事收视需求,探求新的赛事营销模式。

体育电视为我国体育赛事的市场培育和中国体育职业联赛的推广,注入了新的内容与活力。从1994年开始,中央电视台体育频道和全国各家电

---

① 参见吕敏:《日本收视率比拼田径完胜女排》,来源:新浪体育,2015年9月1日。

视台体育频道对全国足球甲 A 联赛的培育,为现在足球超级联赛奠定了基础,排球联赛、CBA 和 CUBA、乒乓球超级联赛和 U-17 比赛等,都是因为体育频道的大力推介才得以生存和发展。

国际体育赛事在中国的推广,首先考虑的是电视媒介的参与。F1 赛车锦标赛、斯诺克公开赛和高尔夫世界杯(中国站)等都是在各级体育频道的大力培育下赢得了观众、赢得了市场。

尤为值得关注的是,在很多场合甚至是一些高端学术论坛上,经常有人将"体育电视"与"电视体育"混为一谈。实际上,这是两个截然不同的概念。体育电视所关注的是以体育赛事、体育人物、体育活动等为内容的、形式多样的电视节目、电视栏目以及由此构组而成的体育频道,它的主体是电视媒介活动,与新闻、娱乐、电视剧、经济、法制和教育等一样,是电视媒介内容的重要组成部分。我们通常所说的体育节目、体育新闻、体育报道、体育频道等皆源于此。电视体育则是指以电视媒介宣传报道之类的体育活动,诸如肩扛摄像机的体育锻炼效果,记者采访体育赛事的能量消耗,篮球记者与排球记者、网球记者、高尔夫记者等在身体素质等方面的要求。

十年来,体育媒介市场见证了体育平面媒体的走低、广播的回暖、电视的稳定繁盛以及网络的飞速发展。新媒体为体育转播提供了多样化的平台和终端。报告显示,电视仍然是绝大多数人接收体育信息的途径(98.1%),但是单一使用电视媒体观赛的受访者已经出现明显下降。超过四成的体育受众会在电视观赛的同时使用其他平台作为补充。

第二节 网络传播

从 1994 年开始,互联网开始了"全球行动",世界各国的互联网逐渐开通,开启了互联网世界新纪元,世界各国的政治、经济、文化、生活和体育等各方面都发生了深刻的变化。2008 年 2 月底,中国网络用户总人数达 2.285 亿人,一举超越美国的 2.171 亿人,雄居世界第一。截至 2015 年 12 月,我国网民人数已经达到了 6.88 亿,互联网普及率达到 50.3%。

全球互联网的高速发展以及我国信息化程度的飞跃,为体育网络的生存与发展打下了良好基础。在绝大多数的商业门户网站中,都开设了体育频道,各种赛事网站(足球赛事网络如意甲、英超和中超等,篮球赛事网络如 NBA、CBA 等,网球赛事网络如中国网球公开赛和四大满贯等,高尔夫赛事网络以及赛车赛事网络)、体育组织网络(包括国际官方组织如国际奥委会,国际行业组织如国际足联、国际篮联,国家政府组织如国家体育总局、各省市体育局,国家行业组织如中国足协、中国排协及其他体育组织)、体育媒体网站(包括体育电视网站、体育广播网站和体育报纸网站等)以及其他各种类型的网站相继建立起来,丰富了网络媒体的内容,更为体育事业和体育产业的健康有序发展提供了新的阵地。

2008年,奥运史上首开新媒体传播,中央电视台央视国际网络有限公司成为国际奥委会首个商业合作伙伴,购买了互联网、手机、车载移动电视等奥运会的各种新媒体转播版权,央视网成为全球唯一对所有赛事提供全程直播、点播和轮播的新媒体,开创了奥运会传播新纪录。

2008年8月8日—8月24日,央视网充分利用所取得的奥运会新媒体转播权,联合新浪、搜狐、网易、腾讯、酷6、PPS、悠视网、PPLive等9家网站进行奥运会联合转播,并与合作伙伴人民网、新华网等174家网站进行公益性联合推广。这是奥运史上首次大规模的新媒体转播活动,央视网成为此次活动的组织者和协调者。

2004年2月,扎克伯格创办的Facebook(脸书)上线,成为美国的一个社交网络服务网站,是全球最早的体育社交网络平台。2006年,博客技术先驱创始人埃文·威廉姆斯创建的新兴公司Obvious推出了Twitter(推特)服务。由此,体育社交网络平台开始占据着体育网络的新兴传播市场。

随着体育互联网的发展成熟,越来越多的体育赛事转播由传统电视转入到互联网平台(包括各种移动互联网终端)。从世界杯赛事转播可以看出,选择通过互联网获取信息的比例逐渐提升,由2006年德国世界杯的9%跃升到南非世界杯的31%。到巴西世界杯时,足球球迷已经大部分选择互联网作为观战首选,巴西世界杯信息获取比率达到57%(见图4.2)。

中国互联网数据中心的数据报告表明,2008年8月8日奥运会开幕式当天,以央视网为首的9家奥运转播网站成为当日中国互联网流量激增的领跑者,9家网站当日不重复独立用户数达1.61亿人,占中国网民总数的63.63%,央视网页面访问量创造了5.06亿的历史新高,访问流量增长幅度居9家奥运网站首位。8月8日—8月24日,9家奥运转播网站日均页面浏览量为63.58亿页次,央视网日均页面访问量达3.01亿,是开赛前一周日均访问量的3.34倍。

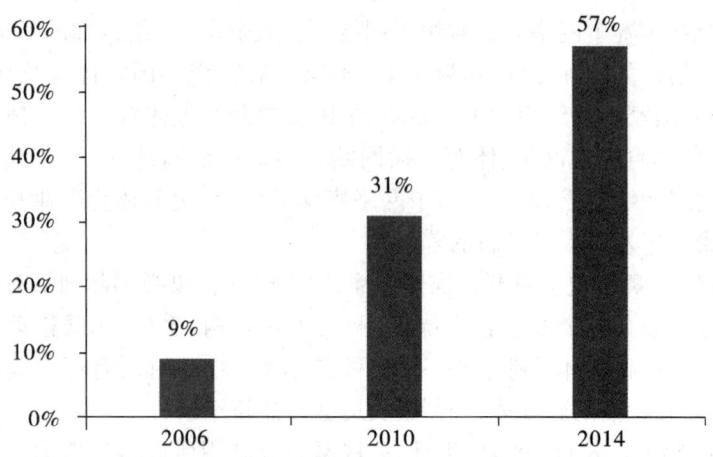

图 4.2　世界杯互联网获取信息比例

8月8日—8月24日,央视网全程转播奥运会所有赛事3800小时,其中包括网络转播 CCTV-1、CCTV-2、CCTV 奥运、CCTV-7 等电视频道赛事2300小时,自主直播(BOB清流信号+网络解说)赛事918场,1500小时。

为了更加方便用户网上看奥运,根据家庭带宽不同,央视网提供两种码流的视频服务:小于1 M的提供375 K码流的视频节目,大于1 M的提供500 K的高码流视频节目,可以体验网络高清效果。另外,考虑到一部分网友无法下载 P2P 插件观看赛事直播,央视网同时提供 CDN 播放模式,无须下载安装插件,就可轻松看奥运。

为方便网友最快时间进行点播回看,央视网推出"最新赛事视频滚动播报",借助先进的制作系统以实时方式提供最新赛事视频片段。按照项目和赛事日程等,将丰富的赛事内容进行整合分类,并精心策划了中国夺金、巅峰决战、破纪录镜头、赛事集锦、奥运英雄榜、冠军访谈、奥运影像馆等主题点播频道。央视网还开通28个24小时播出的轮播频道,按最新赛事、最热赛事、热门项目、开闭幕式等进行分类,奥运期间播出总量达10752小时。据统计,8月6日至24日,视频直播累计观看人次达到1.53亿次,视频点播累计观看人次达到2.37亿次。

基于 FLV 等先进互联网技术,为网友提供包括60个直播和轮播频道的3D频道墙,以及即时赛事信息和边看边聊功能,吸引了大量网友参与。据统计,开幕式当天,网络电视奥运台流量达到1.5亿,边看边聊在线人数最高达

第四章 体育传播

到69 869人。8月8日—8月24日,网络电视奥运台日均访问量达4545万,边看边聊日均在线人数保持在45 000人左右。网友评价说:"网络电视台的开播是一种收看方式的创新,它的出现扩大了电视的传播路径,丰富了传播手段,使奥运会时时刻刻陪伴在我们身边"。

2008年北京奥运会期间,CCTV手机电视奥运台推出20路直播频道,以及奥运会开幕式精彩瞬间、奥运会赛事大盘点等各分类点播专题,通过收看提醒、专题推送、视频搜索等全新技术手段,向手机电视用户提供收视服务。8月8日—8月24日,CCTV手机电视日均访问量(PV)达2153万,是7月份日均访问量的21倍,收视份额占手机电视全网业务的79.4%,以绝对优势领先整个手机流媒体行业。此外,CCTV手机电视业务与中国移动联合推出"奥运手机报",利用双方优势资源互补,实现双赢。目前奥运手机报订购用户数已逾1200万。

北京奥运会期间,CCTV移动传媒在全国30个城市近5万辆公交车上播放,成为央视网奥运新媒体传播的一大亮点。每天分早、晚两次更新提供赛事预告、奖牌快报、精彩集锦等奥运信息。截至8月24日,共制作播出1800余分钟奥运节目,覆盖受众每日达5000万人次。

国际奥委会在赛事售让版权方面与时俱进,不仅限于以往的电视传播领域,在互联网、手机等新媒体领域进行了进一步的开发。

2004年,国际奥委会曾通过网络向少数几个国家和地区播放了雅典奥运会的内容,2006年通过网络向23个国家和地区提供了都灵冬奥会的内容。2008年,国际奥委会和Google旗下的视频共享网站YouTube合作,建立IOC自己的视频频道,以提供各种比赛的视频片段和其他奥运会内容。该频道从8月6日起向没有购买北京奥运会独家播放权或网络版权的合计77个国家和地区提供服务。国际奥委会表示,这项服务采用了"地理位置封锁"技术,只有获得授权地区的网络观众在访问YouTube时能享受到此服务。此举的部分目的是尽可能减少赛事的非法转播,以及让部分没有赛事直播地区的体育迷们看到更多的内容。

凭借奥运赛事转播权的全球垄断,NBC的体育网络媒体发展日益走上正轨。现在,NBCSports的网络点击率不断上升,形成了电视、广播、影像、网络和手机等大媒体一体化联动。NBCSports用户还可以通过Twitter,得到最鲜活的体育资讯和评论,或者加入Facebook的体育话题讨论,深究电视屏幕背景后面的另类风情。由于NBCSports这一大媒体平台的巨大张力,美国最受欢迎的体育赛事机构如 NBA、NFL、NHL、Baseball、College Football 和 USOpen 纷纷找上门来,要求合作进行赛事门票和相关体育产品的网络销售,业绩异常良好,而且还吸引和拉动了音乐会和影剧院等门票的火爆旺销。

ESPN 充分利用品牌扩张,顺应网络潮流开展在线业务,其旗下有 ESPN 全球网、中文网、台湾网及香港网,稳定接触上百万用户,提供实时新闻及竞赛结果。

体坛传媒集团是中国大陆一家以《体坛周报》纸质媒体发家、并逐步运用其专业媒体影响力融入杂志、电视、网络和移动互联网等各个媒体领域、总资产近 5 亿元的中国体育大媒体产业旗舰。2008 年底,体坛网(www.titan24.com)正式上线,几年间已成为中国最大的体育垂直门户网站。体坛传媒精心打造全球体育数据库项目,为我国体育机构及体育迷提供最权威的数据库资料,填补了世界体育历史资料方面的一大空白。体坛网服务于体育彩票的购买者,并努力获准体育彩票的网上销售资质。体坛传媒与中国移动阅读基地合作的体坛手机报,是中国境外发行的四份手机报之一。目前,体坛传媒正在全力向新媒体转型,正在全力打造"数字体坛"平台,开拓挖掘符合体坛特色的新媒体发展模式。①

近年来,以脸谱和推特为代表的体育社交媒体日益兴盛,正成为世界体育产业的兵家必争之地。体育社交媒体作为一种强有力的传播工具,成千上万的人都利用网络来共享他们喜欢的体育话题。

自脸书推出以来,体育社交媒体的影响就像滚雪球一般不断壮大。脸书创始人马克·扎克伯格抓住现实世界的动态,成功激励了大众改变了他们的体育思维方式和产业发展模式。

创建于 2006 年的推特,活跃用户从 2010 年的 3000 万增长到现如今的 3.16 亿。推特围绕着重大赛事建立了正式合作伙伴关系,超级碗、欧冠等都是它的合作伙伴。在推特的整个生态系统中,包括各种联赛、球队、球员、版权方以及媒体,都可以通过合作关系,刺激大众围绕着主要赛事创造大量话题和机会。例如,在美国推特平台,有 6500 万人在讨论超级碗,互动量达到 3.5 亿。

脸书也对美国第一赛事超级碗极为重视,曾与美国国家橄榄球联盟

---

① 参见赖名芳:《奥运版权含金量越来越高:售让电视转播权令国际奥委会财源滚滚》,来源:中国新闻出版报,2008 年 8 月 13 日。

(NFL)以及广播公司 NBC 合作,以确保脸书完全融入该赛事中。这些合作关系,都是脸书所创造和分享的一种便于球队传递给其球迷的营销宣传品,或者是一种便于交流和维护公共关系的有利渠道,这也是大多数社交媒体策略的根基。

NBA 冠军金州勇士依托于脸书有机的互动模式和市场营销工具,获得了 89% 的投资回报率。其中,脸书是金州勇士队门票销售的头号付费营销渠道,是球队用来和粉丝互动的首要渠道。①

第三节 其他传播

体育电视传播和互联网等新媒体无疑是当下风头正劲的主要传播渠道,传统电视的大屏幕、大场景将体育赛事的纵深全景表现得淋漓尽致,传统电视的集群性、壮阔性、呼应性等特质与运动激情抒发、运动魅力碰撞吻合得天衣无缝,以互联网(移动互联网)为代表的新媒体视频传播在及时性、便捷性等方面具有无可争议的优势,将曾经辉煌一时的体育广播、体育报纸杂志挤到了被人忽略的窘境。

一、户外电视

欣赏一年一度温布尔登网球公开赛的球迷,都会注意到全英俱乐部球场中间有个铺满草皮的山头,在这里能看到 1 号球场的巨型屏幕,这个通过大屏幕观看赛事的地方,叫作"亨曼山"。自从 1994 年亨曼开始在温布尔登比赛,每场比赛都会有上千观众来到这儿,边吃草莓或者冰淇淋边看网球赛事。亨曼退役之后,这座山渐渐又变成了"穆雷山"。2013 年,英国本土球星安迪·穆雷在伦敦奥运会称王之后,又一路杀进温网决赛。这场决赛吸引了 1.5 万人挤进了决赛现场,有 1730 万名英国观众观看现场直播。无法进入中心球场的球迷,争先恐后去购买一张外场球票,坐在亨曼山上通过大屏幕收看赛事直播,球迷们可以一改场内观众一丝不苟正襟危坐的拘束,可以尽情手舞足蹈、畅饮高歌、乐此不疲。决赛当天,共有数千人坐满了亨曼山,欣赏大屏幕电视直播。由于需求太过旺盛,观众要想得到这张场外票,还要

---

① 参见《体育界巨头抢占社交媒体,体育营销未来战场在哪?》,来源:禹唐体育,2015 年 6 月 25 日;《社交媒体时代的体育》,来源:禹唐体育,2015 年 12 月 5 日。

早上 6 点排队。

美国人希望美网能够效仿"亨曼山(穆雷山)",在法拉盛营造这种轻松愉快的看球气氛。美国媒体认为,美网的最好选择就是在阿瑟·阿什球场前的喷泉处,设立一块巨型电视屏幕,观众聚集到这里,就能够观看到精彩的比赛。至于名字,"罗迪克岭"或者"法拉盛喷泉"都是不错的选择。

有关方面认为,亨曼山的形成跟英国的野餐文化有关系,球迷们带着毯子、备足口粮,来到这块山头,把观看网球当作一种改良的野餐活动。如果美网创设"法拉盛喷泉",与美网观众相伴的更多是伏特加、烈酒和三明治,很可能会把观看网球比赛演变成一场疯狂的喝酒派对。①

二、体育广播

在电视接收设备进入寻常百姓家庭之前,广播节目是最能及时鲜活报道体育赛事的传播渠道,广播电台的体育新闻节目和体育赛事转播,是广大百姓第一时间了解比赛赛况、与赛事进程同悲共喜共狂欢的第一信息来源。体育赛事广播的解说,要求反应迅速,口齿伶俐,尽可能将赛场发生的全部细节用最快语速传达给广大听众。

1944 年创立的美国 XX Sports Radio 是全球最早的以体育新闻为内容的交谈类电台,其目标听众是说英语的圣地亚哥人,在抵达南加州前它走过了漫长而蜿蜒的道路,从最初的墨西哥电台到现在的西海岸。作为当地的一家电台,XX Sports Radio 在播报 Padres 和 Chargers 体育新闻方面做得很成功。涉及面广泛,包括 MBL、NFL、NBA、NCAA Football、Golf 等,每天不间断地为听众播报实时体育新闻。

我国的中央人民广播电台于 1951 年第一次进行体育赛事实况转播,每天定时播放指挥做操(配乐曲)的广播体操节目。中央人民广播电台开设了体育专题节目"体育谈话",标志着新中国第一个广播体育节目诞生。体育谈话节目每周两次(1956 年改为每周 3 次)。1958 年,体育谈话节目改名为"体育运动"节目,每天都有固定的播出时间及时地报道中国体育的情况和成就。中央人民广播电台对于重大的国内比赛和国际比赛,都会适时安排实况转播节目,各省、市、自治区广播电台也经常报道全国及本地区的体育

---

① 参见沐颜:《美网羡慕"亨曼山",法拉盛欲造"罗迪克岭"》,来源:腾讯体育,2012 年 8 月 28 日。

运动情况。

中国对外国的体育广播主要由国际广播电台承担。对外广播中经常有体育新闻报道。从1956年开始,开设了"体育爱好者"专题节目,报道外国体育团队的来访活动,还通过专线向来访国做专题节目广播。

2002年起,北京体育广播电台、上海五星体育广播电台、南京体育广播电台、大连体育广播、山东体育休闲广播、青岛音乐体育广播电台、楚天交通体育广播电台等中国体育广播陆续创建,在2008年全方位报道北京奥运会和及时转播中国职业联赛等方面发挥了积极作用。

三、体育纸媒

体育报纸、杂志等纸质媒体曾经是体育事业和体育产业发展的生力军,纸质体育媒体以文字、图片为主要形式,发布最新资讯,报道热点事件和焦点人物,记录体育发展进程。纸质体育媒体图文并茂的专题报道、深度报道、系列报道等新闻写实,追踪体育事件的发生与发展,挖掘出体育新闻的深度、宽度和厚度。美国的《体育画报》,西班牙的《马卡报》,法国的《队报》和《法国足球》,意大利的《米兰体育报》,德国的《踢球者》和《体育图片》,日本的《东京体育报》,荷兰的《国际足球》,南非的《开球》,俄罗斯的《苏维埃体育报》以及中国的《体坛周报》、《中国体育报》和《篮球俱乐部》等体育报纸、杂志,都是全世界具有一定影响力的体育纸质媒体代表。

世界著名杂志《体育画报》(Sports Illustrated),是由全球媒体巨擘时代华纳所拥有的美国体育周刊。《体育画报》拥有超过300万的订户,每个礼拜2300万成人的阅读量(在美国超过1300万,19%为男性)。《体育画报》是第一个获得美国国家杂志奖的卓越表现奖两次的杂志中超过百万流通量的。《体育画报》专业操作体育新闻,客观把握体育报道,彰显运动之美,弘扬运动之道。

《体育画报》从1964年开始每年推出的泳装特刊是男性读者眼睛的盛宴,中文版由中国体育报业总社、财讯传媒与时代公司中国体育报业总社、财讯传媒与时代公司携手推出,成为中国体育爱好者喜爱的权威读物。

总部位于西班牙首都马德里的《马卡报》是西班牙非常畅销的体育报纸,也是西班牙发行量最大的体育报纸。该报纸以报道足球赛事为主,辅以其他方面的体育新闻,信息来源广泛,经常第一时间发表爆炸性新闻,受到全世界球迷的高度关注。

《体坛周报》1988年创办于湖南长沙，1994年后借助中国甲A联赛和欧洲足球联赛的大量报道，逐渐开始占据中国体育传媒市场。该报曾于2001年中国世界杯出线时创下期发量262万份的纪录，目前期发量约为160万份，周期发量500万份。《体坛周报》是全国发行量最大的体育类报纸，被中国新闻研究中心评为体育类报刊中影响力、公信力最强的媒体。其拥有华人圈最大的专业体育编辑、记者团队，专业人才遍布全球五大洲各体育强国。作为中国体育平面媒体集团的领头羊，《体坛周报》是全球包括FIFA，FIBA等各大国际体育组织在中国的首选合作伙伴。

2005年，体坛传媒把运营中心迁到北京，组建体坛传媒集团，旗下拥有了针对特定读者群的杂志群，包括《足球周刊》《高尔夫大师》《扣篮》《全体育》《瑜伽》《户外》以及针对青少年读者群的《新潮流》杂志。

进入21世纪以来，中国的体育纸媒风光不再，报纸、杂志全线收缩，发行量锐减。拥有最强体育资源、国家体育总局属下的《中国体育报》及其《中国体彩报》《足球世界》《篮球》《乒乓世界》《田径》《网球天地》《尚舞》《世界体育用品博览》等报纸、杂志"苟且偷生"，曾畅销一时的老牌刊物如《中华武术》《围棋》《搏击》等出现了生存危机，发行量由上百万册萎缩到几万册直至退出期刊阵营。2005年8月1日，《辽宁日报》旗下的《球报》走完了自己17年风雨岁月之后，与读者说"再见"。8月30日，《南方体育》在度过自己五周岁生日之后宣告停刊。此外，《南方体育》《二十一世纪体育》等数十家体育报刊因严重亏损宣布停刊，曾经很火一时的《足球》，以争创头条新闻著称的《东方体育日报》及新创刊的《扬子体育报》等一批体育报纸因为找不到理想的赢利模式苦苦支撑。[①]

第四节 商业属性

商业体育总是与体育传播形影相随。首先，大众传播的参与与传播，可以让更多的体育爱好者了解体育理解赛事，促进体育赛事的全球推广，提升其商业化与娱乐化气氛；其次，体育赛事媒介版权（主要是电视的转播权）的售卖，是各项比赛的主要经济来源，激活了体育赛事、体育活动、体育人物的

---

① 参见崔江红：《三季度15种体育期刊十城市抽样调查：实销率考验真实力，量变位难变》，来源：世纪华文国际传媒咨询有限公司。

商业动源;第三,体育传播机构包括广播电视、报纸杂志、互联网络(移动互联网)以及新兴的社交媒体平台通过报道体育赛事、宣传体育人物和体育活动,将鲜活的体育资讯衍变成受众追捧的热土,升华为广告商不可或缺的展示舞台,收听率、收视率、点击率变成了广播电视网络媒体的财富聚宝盆。

一、市场培育

曾几何时,体育广播,体育报纸、杂志等体育媒体为体育赛事、体育活动鸣锣开道,培育了一代又一代体育读者、体育听众,形成了越发庞大的体育爱好者群体,进而培育和见证了一个个体育市场的兴起。在20世纪80年代之前,正是这些在今天已经开始走下坡路的体育广播和体育纸媒,成就了商业体育的日渐成长。

1984年洛杉矶奥运会开始,电视转播成为商业体育赛事、商业体育活动等商业推广的第一利器。30多年过去了,电视传播貌似显得有点"老套",但依然是最具影响力的渠道。任何商业体育的进行,一旦失去电视媒体的曝光,体育赛事、体育活动的商业价值与品牌的赞助意愿都将大大降低,体育人物的广告价值也会大打折扣。因此,媒体曝光率(包括报纸、杂志的发行量读者数群、广播媒体的收听率、电视媒体收视率和新媒体的点击率等)与赞助价值有着相当大的关联。对赞助商而言,媒体曝光率是赞助行为中不可不考虑的一个影响因素。

要不是1987年NBA时任主席大卫·斯特恩怀揣两盘NBA比赛的精彩集锦录像带耐心等候站在中央电视台东门外,以不收任何版权费用叩开中央电视台的节目大门,中国观众怎么会知道NBA的精彩绝伦。要不是1992年国际奥委会向职业运动员伸出橄榄枝,乔丹率以NBA球员为主的美国梦之队横扫巴塞罗那奥运会篮球赛场,通过罗梅罗团队制作的奥运会公用信号向全球转播,世界各地的电视机构和新媒体哪会像今天这样如此热衷于高价购买美国职业篮球赛直播版权。

2015年,中国大陆网民总数为6.88亿(渗透率第一次超过50%),电视信号所覆盖的人群数字12.78亿(覆盖率98%),这就意味着体育电视和新媒体对受众的影响范围非常广泛,电视传播和新媒体转播的信息穿透力足够强势。

在中国28个大中城市15—24岁的体育人口中,大众体育信息获取渠道52.7%通过网络媒介,而通过电视获取体育信息的人口比例高达95.5%。

在电视体育平台与网络体育平台共存的当下,电视仍然在受众覆盖率和关注度两方面占据着统治地位。

二、市场价值

很难想象,现在全球最昂贵的电视广告不是收视人口最多的中国中央电视台的一年一度的春节联欢晚会,不是紧跟万众瞩目的"两会"电视报道,也不是甚嚣尘上的超女总决选,而是出自于体育赛事美国橄榄球总决赛超级碗电视转播的贴片广告。最近几年,超级碗电视贴片广告价位逐年上升。2008年,美国橄榄球超级联赛总决赛的30秒电视广告由2006年的240万美元增至300万美元,平均每秒钟10万美元。2013年,超级碗热门时段的30秒广告费价位飙升到高达400万美元。到了2015年,超级碗电视广告再次涨价,达到30秒450万美元。

电视转播权是奥运会直接收益中的一个重要来源。奥运会电视转播权收入也是迄今为止奥林匹克运动最大的一笔单项收入来源。尽管电视转播收入对奥林匹克财政支持上具有重要作用,但为了使世界上最广泛的观众观看奥运会,国际奥委会出售电视转播权的对象,只针对那些能将电视转播权出售给确保相应国家或地区的观众能免费观看奥运会的转播商。

自1960年的冬奥会和夏奥会开始,国际奥委会试行出售电视转播权。当时,电视转播费分别为5万美元和39.4万美元。自从洛杉矶奥运会全面实行商业化以来,电视转播权的售卖成为其收入的重要支柱,约40%的收入来自电视转播权。奥委会实行电视传播及售卖以来,夏季奥运会的电视转播费就翻了2000多倍。

NBC是国际奥委会最大的财主,还曾是他们的救命稻草。1988年汉城奥运会时,由于世界经济不景气和韩国国内经济压力,组委会面临巨额亏损。NBC挺身而出,以3.09亿美元的高价买下了转播权。作为国际奥委会最大的电视转播合作者,为了得到2000—2008年奥运会在北美的独家转播权,NBC一次性支付给奥委会35.5亿美元,而全球其他地区付出的全部转播费只有16亿美元,还不到NBC一家付出的一半。为保证NBC的利益,在与国际奥委会签署的协议中规定:国际奥委会同意与NBC协商并促使组委会与NBC协商竞赛日程的时间安排,尽最大努力将美国观众关心的赛事安排在NBC最高收视率的时段内。

奥运会如此,中国的全运会、青运会、农运会也亦步亦趋。长期以来,中国体育赛场上没有电视转播权售卖之说。作为中国电视的龙头老大,中央电视台不仅可以无限制免费转播任何赛事,而且还会时不时提出一些额外的条件,比如让赛事举办方提供食宿交通乃至转播费用。因为在常规的赛事举办方眼中,唯有中央电视台的转播或直播,才能够体现赛事的档次和规格,才能够满足赞助商、广告商、合作伙伴们的需求。

1997年,第8届全国运动会在上海举行。精明的上海第8届全运会组委会认为,国外重要体育赛事的主要收入来自电视转播权,但中央电视台从未为转播全运会付出过一分钱,这很不公平也很不应该。在上海东方电视台向组委会提出独家转播全运会的微妙背景下,上海人开始与中央电视台展开艰苦的谈判。最后,上海全运会组委会终于获得了160分钟的广告时段,收获了价值约160万元的转播权收入。这笔转播费尽管数目不大,但意义十分重大,它开创了我国全运会历史上电视机构购买赛事转播权的先河。

如果八运会是电视转播权销售(广告置换)的有效尝试,那么广州九运会则是首次全面实行电视转播权有偿转让的开始。广州九运会顺势扩大战果,经过同各电视台的艰苦谈判,最终有30多家国内电视台购买了区域电视转播报道权,境外的香港两家电视台也共同购买了香港地区的报道权,中央电视台花费450万元购买了全国版权,该届全运会电视转播权的总收入近1000多万元人民币。

世界杯足球赛、高尔夫球世界杯赛、系列赛、锦标赛,世界拳王争霸赛,ATP系列赛与网球四大满贯赛以及F1赛车等,无一不从电视转播商的口袋中捞取大把钞票。2006年世界杯的电视转播收益达到了13亿美元,其中美国电视网络一家,就向德国世界杯付出了2.5亿美元的费用,相比之下,中央电视台用2500万美元就拿下了2002年和2006年两届世界杯的中国大陆地区独家转播权,绝对是物美价廉。

三、受众财富

体育传播成就了商业体育,也成就了媒介组织本身的财富增长。通过花巨资购买顶级赛事版权,电视机构和新媒体公司的人气指数高涨,行业地位更为突出稳固。在传统媒体和新媒体融合成长的竞合环境下,不仅老牌体育传播机构拓展新媒体业务,朝着体育传播产业的全球化、立体化发展,各种资本也纷纷注入体育传播中来,成为争夺受众财富的新生力量。由此引发的人才流动特别是高端人才争夺,就成了体育传播市场的热门话题。

近年来特别是进入21世纪以来,各体育组织如国际奥委会、国际足联、国际排联、NBA、中国国家体育总局、中超等纷纷设立媒介委员会或相关管理机构,进行媒介交流与推广。随着各种新媒体的快速发展,国际奥委会、国际排联、国际网球联合会和NBA等组织还专门设立了新媒体专业机构。NBA还将手机媒体单列出来,标明其重要性。为了保证比赛的顺利进行,国际大牌媒介(如电视台、通讯社等)往往都是专业委员会的要员,参加各国际体育组织的重要会议,参与有关方面的决策。例如,NBC奥运部全球运营副总裁阿莱克斯·吉拉迪的另外一个身份就是国际奥委会委员,中央电视台体育频道总监江和平兼着国际排联媒体委员会委员要职。有些赛事则干脆将重要体育媒介(主要是电视台)捆绑在一起统一部署,联合行动。温网与BBC共同开发商业市场,中网与中央电视台和北京青年报等一起推广中国网球市场,都是鲜活的突出案例。由此可见,大众媒介在现代商业体育中的作用和地位。

中国的商业门户网站都瞄准了体育受众,加大了体育报道的力度、宽度、广度和深度。2008年北京奥运会第一次新媒体视频版权中国大陆分销售卖,就引发了包括新浪、搜狐、腾讯、网易、PPTV等的抢购,就连万达、阿里巴巴这样的财富巨头,也将触角伸到体育传播产业中来。目前,腾讯意欲在篮球赛事转播领域有所作为,新浪则侧重于足球、网球等项目上,球迷贴吧很受欢迎。

2004年创立于北京的乐视视频(乐视网),将乐视体育作为乐视全生态业务的重要棋子,一口气买下了英超、欧冠、德甲、中超、日本J联赛、韩国K联赛、高尔夫、网球、赛车等200个版权。近年来,乐视在中国体育传播业界风生水起,其抢占足球传播市场的举措尤为突出。2014年,中央电视台体育频道足球解说刘建宏加盟乐视,出任体育首席内容官。2015年2月6日,刘建宏与老搭档黄健翔"双剑合璧",打造《超级比赛日》。"刘建宏+黄健翔+徐阳+张路"这样的重磅足球解说组合,足够令人期待。2016年1月12日,乐视以全新面孔亮相。2016年1月19日,乐视宣布与北京国安深度战略合作。

中国是全球经济引擎,世界顶级体育传播机构看准中国体育产业热土,纷纷开辟中文体育媒体报道。ESPN于北京等地设立办事处,提供全面的媒体支持服务。ESPN STAR Sports是为中国大陆观众和网民专设的综合性体育网站,与ESPN及卫视体育台节目互为补充,为电视观众和网民提供了多方位触及体育娱乐的平台,涵盖体育种类繁多、资讯丰富,从国际足球到 F1,从中国足球到网球,从比分直播到赛事预测,从博客到宽带视频下载,精彩层面一一涉及。

第五章 体育广告

体育广告是随着体育的发展和进步而产生的一种新兴宣传方式,与普通广告有着天然的联系又有着一定区别。体育广告往往选取知名体育明星作为产品与服务的代言人,以富于激情和动感的表现形式突出其应用价值和附加价值,促进了人们对物化产品和体育产品的欣赏和追求。

体育广告已经渗透到现代社会生活的方方面面,不仅与体育关联的产品与服务选择体育广告,大量向往"更高更快更强"理想目标的大牌公司企业,也将广告投放锁定在体育市场,或者在体育赛场、体育活动现场摆放广告牌,或者在体育报纸、杂志、广播、电视以及各种体育新媒体刊发、播放广告。国际知名企业以赞助的形式,将广告目标安排在最为显赫的国际顶级赛事,体育赞助与体育广告成了同一体。

受2014年巴西世界杯期间电视广告的提振,全球广告增长率超过了上一年。根据法国广告巨头实力传媒发布的《2014年Q2全球广告市场预测报告》,全球广告市场2014年增长5.4%(2013年为3.9%),规模达到5240亿美元(约合人民币3.25万亿元)。2014年巴西世界杯带来约15亿美元的全球广告支出,广告主选择电视广告的同时,也有比以往更多的广告预算花在互联网广告上。

当下,体育广告是反映全球经济的晴雨表,是一个国家和地区体育产业的基本写照。根据普华永道《全球体育市场报告》,最近几年全球体育市场的复合年增长率为3.7%,从2010年的1214亿美元增长到了2015年的1453亿美元,北美地区、欧洲、中东和非洲(EMEA)、亚洲为世界前三大体育市场

在全球体育产业收益中,体育赞助的收入从2010年的350亿美元增长

到 2015 年的 453 亿美元,占全球体育市场总额 28%,以 5.3% 的复合年增长率增长,是这段时期内关键的增长引擎。在中国,赞助收入占到了体育产业总收入的 48%。

第一节 发展历程

一般认为,体育广告首先在市场经济发达的西方国家出现,其历史可追溯到 19 世纪末商家在比赛现场的自行车运动员身上披挂广告绶带,达到了出乎意料的宣传效果。当时,现场观战的许多人并不知道获奖运动员来自哪里姓氏名谁,却知道了自行车厂商品牌及商品的名称。

如果要真正追根溯源,公元前 776 年古希腊奥运会举办之时,周边一些市民村民常常借助体育赛事良机,贩卖推销一些当地土特产等物品,应该可以视为世界上最早的体育广告营销行为。如此推算,体育广告已经走过了 2000 多年的里程,是世界上最早的广告行为。

经过"往事越千年"的发展,体育广告遍及各大体育竞技赛场与体育活动场所,体育广告的商家产品与服务涉及航空航天、家电数码、金融保险等各个领域,体育运动明星成了商家哄抢价格年年看涨的广告明星,体育传播媒介成了广告发布的主要阵地。

现在的体育广告,业已成了高度发达的全球体育产业中的重要支柱。体育广告既有门票广告、赛事海报广告和赛场周围的广告牌,有五彩斑斓、艳丽性感的啦啦队广告,有球柱、球网、球拍广告,也有新闻发布会的背景板广告,还有赛场周边的产品与服务促销广告。门类繁多,数不胜数。只要有体育赛事、体育活动,哪一个边边角角,都汇聚着的门类齐全的广告宣传片。运动员的球衣,简直就是广告集成的"百衲衣"。瑞典甲级联赛的米亚尔比队,球衣胸前密密麻麻的广告多达 27 个,中国乒乓球队的球衣上,缀满了李宁、中国联通、长虹、红双喜、一汽、金一黄金和蒙牛等品牌标识。

在 2016 年美国"超级碗"橄榄球联盟年度冠军赛的广告中,著名军火制造商诺思罗普·格鲁曼公司展示了能够发射激光武器的新型隐形超音速喷气机,该公司用在美国部分地区播出的超级碗广告来展示这种仍然保密的飞机的模型,标示着体育广告已经远远超出了体育的范畴超离了广告的范畴,更是将体育广告升级到一个其他广告难于企及的高度。

一、单一宣传阶段

美国广告人路易斯认为,一个广告要引人注目并取得预期效果,在广告程序中必须达到引起注意(Atention)、产生兴趣(Interest)、培养欲望(Desire)和促成行为(Action),即全球广告界耳熟能详的 AIDA 法则。此后,广告人对 AIDA 法加以补充,加上了可信(Conviction)、记忆(Memory)和满意(Satisfaction)几项原则内容,使广告的内涵更为丰富丰满。

公元前 776 年,古代奥运会在文明古国希腊诞生,成为希腊各城邦上上下下的一件大事。每当奥运会举办之时,主办地周边的一些市民、村民可以贩卖一些物品,获取一定利益。这是古代奥运会的商业雏形,是全球最早的体育广告活动。按照这一推演,体育广告的历史进程,比各教科书标明的 19 世纪末的自行车赛场广告提前了 2000 多年。

早期的体育广告,就是单一的"引起注意、产生兴趣、培养购买欲望和促成购买行为"宣传功能。这一时期的体育广告,营销目的比较单纯、单一,就是为了达成产品销售。同时,销售的产品种类相对单一,想到什么就到体育赛场推广什么,广告形式也比较单一,主要就是利用赛场广告和运动员服装、器材广告。

二、媒介介入阶段

19 世纪末和 20 世纪初,世界广告业在这一时期取得重大进展,广播、电视、电影、录像、卫星通信、电子计算机等电讯设备的发明创造,为广告生产和升级装备了现代化的电子技术。体育广告新的形式不断产生,广播电视的远距离即时传播技术,最大幅度增加了体育广告的受众人群,极大地提高了体育广告的传播效益。

1920 年,全球第一家领取营业执照的广播电台——美国匹兹堡西屋电器公司的商业电台开始播音,此后其他国家也相继建立了广播电台,体育广告占据广播节目的一定比例。

1936 年,英国广播公司在伦敦设立了世界第一座商业电视台,美国在 1941 年有商业电视正式播出二战,全球电视传播迅速发展。20 世纪 50 年代美国首创彩色电视之后,电视媒介逐渐在世界广告业中独占鳌头。第 11 届柏林夏季奥运会首次通过电视实况转播,并同时向许多国家转播实况,奥运会新闻传播和体育电视广告步入到新的历史阶段。

通过电视转播,体育赛事广告的传播范围由单一的竞技场进入到了世界各国千家万户的电视画面,受众人群从几千上万人次猛增到开始时的十万计、百万计及至现今的数十亿人次,影响力骤然增长,无论是赛场广告还是电视贴片广告都身价倍增。自 1960 年美国斯阔谷冬季奥运会和意大利罗马夏季奥运会电视转播权售卖以来,美国电视巨头 ABC、CBS 和 NBC 高价包揽了全部奥运会电视转播权,将奥运会赛事版权分售和广告价码无限量升值。

在媒介介入阶段,体育广告有了更多的表现形式,赛场广告有了更丰富的表达元素,体育媒介广告成为主旋律。这一时期,体育专业报纸杂志陆续涌现,体育广播频道很受听众青睐,体育电视更以独有的声像俱备的传播优势,占据着体育信息传播和体育广告的头把交椅,体育广播广告和体育报纸、杂志广告及其他形式的体育印刷广告,因电子技术的应用得以迅速发展,成为体育媒介广告的重要补充。

由于报纸杂志广播电视等媒介参与到体育赛事报道,广告主对体育广告有了更大的兴趣,更多的产品与服务、更高大上的国际一线品牌纷纷涉足体育广告,曾经一段时间烟草酒类产品占据体育广告半壁江山,可口可乐、百事可乐是体育广告的常客,豪华轿车、手表、首饰、高级化妆品等奢侈品也不惜万金,主打体育广告。

为了在媒介介入阶段争取到更优质的赛事资源,扩大自身的广告地盘,体育媒介本身也会适时"广告"。1992 年,英国天空体育台(Sky Sports)首次发布英格兰足球超级联赛宣传广告"全新的球类运动"(Whole New Ball Game),堪称经典之作。

当年,英国的几家大牌电视机构包括独立电视台、天空广播公司、英国广播公司就英超的电视转播权展开竞争,最终天空广播公司在默多克的支持下拔得头筹,并且不惜代价通过一系列的广告攻势让电视观众们在下一赛季来临前及时续订。

该片的背景音乐是由英国摇滚乐队"头脑简单组合"(Simple Minds)在 1985 年发行演唱的《活蹦乱跳》(*Alive and Kicking*),约翰·巴恩斯、布鲁斯·格鲁贝拉、戈登·斯特拉坎、大卫·希曼等足球明星亦有出镜。该片节奏明快,轻松愉悦,既有众多一闪而过的镜头,又有推拉摇移的综合运用,导演通过对场面的巧妙调度传达出丰富的时空信息。①

NBA 为了全球产业市场,总会不失时机在"配套"的比赛间期,播放形象推广广告。中国大陆观众春节期间见到的 NBA 球星大拜年,半生不熟的中文"新年快乐"往往极易拉近与球迷的距离。

体育博览会是这一时期体育广告创造的产品,是体育产品与服务集中展示与宣传的重要广告形式。始办于 1970 年的德国慕尼黑体育用品和运动时装国际博览会(ISPO),是全世界公认的历史最长、规模最大的行业盛事。ISPO 每年分冬、夏两季举办,近 2000 家国际参展商向来自 100 多个国家的 80 000 多名观众展示与极限运动、传统运动和健身运动有关的最新产品。在过去的 40 多年时间里,作为全球运动行业的领导者,ISPO 全面覆盖运动行业的各个领域,包括体育用品、运动员鞋类与时装。

三、明星融入阶段

电视传播的高速发展,为体育广告腾飞插上了翅膀,也为体育明星融入体育广告中创造了先决条件,体育明星的示范效应通过电视转播迅速传递到世界各地,体育广告的品牌植入功能得以发扬光大。

国际超级品牌公司意识到世界级体育明星资源的稀缺性,总是将与其品牌关联度较高、外表形象出众、媒体高度关注的体育巨星罗致麾下,充当广告形象代言人。瑞士球王费德勒外形俊朗、球姿优雅,是众多奢华品牌追逐的体育明星。驰骋网坛多年来,费德勒不单为耐克和威尔逊两大运动品牌充当形象代言人,还让劳力士、吉列、优瑞(咖啡机)、奔驰、Emmi 乳业和 NETJETS 等花高价聘请其在新闻发布会和电视广告上大展风采。

网球性感明星莎拉波娃不仅是体育制造第一品牌耐克和网球大牌王子的广告代言人,还先后担任 NEC、摩托罗拉、佳能、路虎、索爱、泰格豪雅、高露洁、佳得乐、巴乐士、萨曼莎·撒乌萨(有日本香奈儿之美称)、蒂芙尼珠宝和纯果乐等各大顶级品牌广告形象代言人。加上她自己的香水品牌、包包品牌,经常出席各种时尚发布会的世界网坛第一美女莎拉波娃成了当之无愧的体育广告超级女星。

世界著名体育制造公司,都将体育明星网罗到阵容中,作为品牌营销的

---

① 来源:www.theguardian.com/football/from-the-archive-blog/2012/feb/02/20-years-premier-league-football-1992

金字招牌。其中,耐克和阿迪达斯两大世界上最强大的体育品牌,恨不得将所有可以找到的体育大牌悉数纳入到自己的广告代言群体中(见表5.1)。

表5.1 耐克和阿迪达斯广告明星代言人一览表

项目	公司名称	
	耐克	阿迪达斯
足球	内马尔、C罗、鲁尼、皮克、伊涅斯塔、拉莫斯、普约尔、布斯克茨、佩德罗、莱万多夫斯基、坎通纳、马尔蒂尼、博扬、约维蒂奇、范德法特、亨特拉尔、海廷加、罗比尼奥、麦孔、奥斯瓦尔多、法比亚诺、巴普蒂斯塔、尼尔马尔、路易松、埃拉诺、帕托、邓迪尼奥、伊瓜因、伊布、德罗巴、里贝里、埃夫拉、特维斯、拉斐尔、费迪南德、斯科尔斯、阿尔沙文、帕齐尼、本特纳、阿邦拉霍、霍阿劳、吉布斯、席尔瓦、斯坦科维奇、吉拉蒂诺、多诺万、邓普西、霍华德、布拉德利、戴维斯、马卢达、克洛泽、卡纳瓦罗、范布隆克霍斯特、阿德里亚诺、皮尔洛、罗纳尔迪尼奥、罗纳尔多、菲戈、范尼斯特鲁伊、卡洛斯、戴维斯、德尼尔森、马特拉奇、加图索、斯内德、克洛泽、埃尔克森、穆里奇、伊卡尔迪、博努奇、桑切斯、埃里克森	梅西、卡卡、马特里、贝尔、纳尼、卡佐拉、小卢卡斯、施魏因施泰格、厄齐尔、卡西利亚斯、布雷诺、波多尔斯基、穆勒、范比滕、杰拉德、中村俊辅、罗德维尔、马丁凯利、弗拉纳根、德拉克斯勒、阿亚拉、阿隆索、塞纳、贝克汉姆、兰帕德、切赫、卡卢、博纳文图拉、巴拉克、阿森霍、本泽马、特雷泽盖、贝隆、阿弗拉比、马丁斯、萨拉赫、拉梅拉、朴周永、车杜里、香川真司、恩戈格、乔利斯、莫拉斯、巴里、厄普森、卡特格、切伦多洛、阿尔蒂多尔、卡拉布里亚、贝尔哈吉、克里斯坦特、齐亚尼、拉基蒂奇、汉达诺维奇、布雷奇科、德迪奇、诺伊尔、奥戈、塔什彻、特罗霍夫斯基、克罗斯、卡希尔、卡列洪、潘特里奇、日基奇、苏伯蒂奇、诺切里诺、德容、佩佩、帕隆博、博内特、巴雷托、桑达席尔瓦、布拉沃、巴尔德斯、佩卡里奇、谢斯塔克、维泰克、延德里谢克、巴斯蒂斯、卡纳莱斯、梅洛、罗马里克、克拉尼察、德梅尔、卡瓦略、列德松、西芒、阿尔梅达、科恩特朗、巴尔内塔、大卫席尔瓦、苏亚雷斯、坎比亚索、扎内蒂、泽瓦拉、范佩西、范博梅尔、罗本、劳尔、萨维奥拉、里克尔梅、萨内蒂、弗兰、拉姆、皮耶罗、罗德里格斯、科斯塔、佩罗蒂、内格雷多、略伦特、卡恩、齐达内、梁赞采夫、帕夫柳琴科

续表

项目	公司名称	
	耐克	阿迪达斯
篮球	乔丹、皮蓬、哈达威、安东尼、詹姆斯、保罗、罗德里格斯、科比、诺维茨基、杜兰特、斯塔德迈尔、马龙、库帕、威尔克斯、琼斯、华莱士、汤普、奈特、毕比、雷阿伦、乔史密斯、两个霍华德、卡特、格里芬、斯塔德迈尔、易建联、皮尔斯、约翰逊、欧文、乔治	罗斯、约什史密斯、贾米森、比卢普斯、卢比奥、沃尔、达利拉德、林书豪、麦克格雷迪、蒂姆·邓肯
网球	费德勒、纳达尔、莎拉波娃、小威廉姆斯、阿扎伦卡、李娜、德尔波特罗	德约科维奇、穆雷、萨芬、巴格达蒂斯、冈萨雷斯、特松加、西蒙、沃达斯科、布莱恩兄弟、海宁、萨芬娜、伊万诺维奇、帕夫柳琴科娃、沃兹尼亚奇、汉图科娃。
橄榄球	查维斯、塔纳、马丁、豪莱特、马蒂霍拉、罗姆、特洛费、马绍尔、罗西李、鲁西、曼宁、布里斯、罗杰斯、塔克、菲茨杰拉德、约翰逊、瑞恩	罗姆、德雷干、奥利弗、麦克唐纳德、斯宾塞、兰代尔、盖茨、尼尔
田径	史蒂夫·普雷方丹、刘翔	泰森盖伊、坎贝尔、罗伯斯、瓦里纳、格布雷西拉西耶、菲利克斯、弗拉西奇、加纳罗林森
高尔夫	老虎·伍兹	

从表5.1所示的体育明星广告代言人的营销布局来看,耐克在世袭领地篮球市场投入颇多,品牌形象代言人涵盖了最近30多年的超级巨星,横跨80年代、90年代的飞人迈克尔·乔丹、邮差卡尔·马龙,纵横20世纪90年代至21世纪初的"小飞侠"科比·布莱恩特、"德国战车"诺维茨基,现在的当红球星勒詹姆斯和杜兰特等诸多战将。为了表示对蓬勃成长的中国篮球装备市场的重视,耐克将中国篮球第一超人易建联签约帐下,作为中国标志性意义的广告代言人。

阿迪达斯的体育明星广告代言人中,足球方面最为兵强马壮,不仅有五届世界足球金球奖梅西列阵,有永远带着迷人笑意的世纪足球第一帅哥贝克汉姆开路,还有卡卡、施魏因施泰格、厄齐尔、卡西利亚斯、杰拉德等一批广受球迷欢迎的球星。阿迪达斯深知亚洲足球市场的特殊地位,广告队伍中就有了日韩明星中村俊辅、朴周永、车杜里、香川真司的名字。

乔丹作为耐克最有影响力的广告代言人,为耐克品牌提振和市场拓展立下了汗马功劳。乔丹与耐克公司签约后,耐克公司就开始为乔丹量身度造篮球装备,并于1985年推出以他名字命名的球鞋——乔丹一代,当年在美国市场就创下了高达1.3亿美元的营业额。此后的乔丹,无论在训练还是比赛中都穿着这双鞋,并且不断推出乔丹二代、乔丹三代等乔丹系列球鞋一直在延续,直至最后一代——乔丹二十三代为止,为耐克在篮球装备市场这片广阔天空独领风骚发挥了难以估量的作用。

当然,体育明星广告代言人需要精心挑选,而且在必要时需要提前做出预案,以利于审时度势规避风险,或者与广告代言人共同承担市场风险共渡难关。2003年,耐克将广告赌注投给了初露锋芒的刘翔,并为"商业化刘翔"效应做足百分之百的准备工作,如耐克休闲装、特质跑鞋以及各种赛场周围的耐克巨幅广告牌。

2006年7月12日,刘翔以12秒88的优异成绩打破世界纪录,中国飞人震惊世界。商业神经极其敏感的耐克公司于当日下午5时,及时更换了新浪网和公司门户网站的广告内容,500件纪念T恤赶制了出来,并第一时间在中国最受关注的中央电视台体育频道露面。同时,耐克当天赶制出的电子广告在人群云集的上海外滩震旦大厦户外电视屏幕上播放。刘翔凯旋当日,上海《东方体育日报》和《北京晨报》头版刊登了耐克的"12秒88"广告。当天下午,北京王府井大街和上海淮海路的耐克户外广告都换成了12秒88的巨幅内容。

2008年北京奥运会田径赛场,刘翔因伤退赛,耐克公司广告以最快的节奏推出令人感动的广告词"爱比赛,爱拼上所有的骄傲,爱付出一切,爱荣耀,爱伤痛,爱运动,即使它伤了你的心",在催人泪下之时,也将刘翔追随者悉心抚慰,使之延续着对刘翔的爱戴,延续着对耐克的一以贯之的喜爱和真诚。

在耐克广告明星中,科比和老虎·伍兹都曾遭遇性丑闻等有损耐克品牌形象的信息,产品销售一落千丈,耐克公司与当事人包括相关体育机构组织,共同为科比和老虎·伍兹进行各种危机公关,最终渡过难关。如果没有耐克公司的运筹帷幄,科比和老虎·伍兹可能早已从赛场上湮灭了,更不可能成为忠心耿耿义无反顾为耐克长时期的广告先锋。

四、组合营销阶段

体育广告经过单一广告阶段、媒介介入阶段和体育明星融入阶段之后,现在发展到组合营销阶段。体育广告组合营销指的是体育广告已经不单单是品牌宣传、商品售卖或者简单的体育明星广告代言,而是体育明星与娱乐明星的融合,体育经营公司与娱乐经营公司的融合,是传统报纸、杂志、广播电视与新媒体的组合报道和立体宣传,是体育赛事、体育活动的自我宣传与为广告主做宣传趋同统一。在这一阶段,体育赞助与体育广告的趋同统一形成高度组合体,体育广告的内容从家电、五金、数码、金融、保险升级到现代电商、城市形象、网络游戏和平素不以示人的高精尖武器装备等。

2014 年 9 月 19 日,奥运跳水冠军劳丽诗为阿里巴巴在美国纽交所上市敲钟,再度成为世界媒体关注的焦点,完成了从奥运冠军到主任、科员再到淘宝店主的华美蜕变,也成为中国第一位没有拍过专业广告片的另类金牌体育广告人。敲钟当天,劳丽诗在微博晒出与马云的合照,说"羡慕嫉妒恨尽管来吧",喜悦满足之情溢于言表。① 通过专业广告公司的匠心独运,奥运跳水冠军为现代电商做了一次出彩的广告。

2016 年 2 月 6 日晚,杭州的人文景观和历史积淀通过虚拟现实技术,亮相在旧金山巨人棒球队球场公园举行的第 50 届超级碗前夜演唱会,让现场美国观众体验杭州美景和人文历史。这是杭州市首度亮相全美盛事,而在异国异域的体育场展示一个城市的美轮美奂,显示出体育广告的别样风情。

2015 年 9 月,美国体育游戏巨头 DraftKings 和 FanDuel 各自砸出超过 1000 万美元的电视广告。在此之前的 8 月份,FanDuel 已经在广告营销上花掉 2000 万美元。相比之下,市值同样超过 10 亿美元的 DraftKings,已经不可思议地砸了 8100 万在广告上。花如此大的代价做广告,传播效果可谓立竿见影。在 NFL 赛季开始前的一周,DraftKings 的用户数从 300 万增长到了 450 万。

这些玩家通常会经常关注比赛直播、体育新闻等,尤其像 NFL 这样全美最受欢迎的体育运动比赛。借势体育广告营销,对于品牌曝光度来说是最好的时机。范特西游戏是目前最火的体育游戏之一,仅在美国和加拿大,用户基础就达到了将近 5600 万。而据彭博社报道,单单范特西橄榄球的市场价值就达到了 110 亿美元。DraftKings 和 FanDuel 的核心亮点就在于"每日范特西"。玩家并不需要创建一支球队来玩一个赛季,每天都可以自由挑选球员,每天得到比赛结果。

---

① 参见温建敏、孟肖文:《劳丽诗:请叫我淘宝店主》,来源:羊城晚报,2014 年 10 月 20 日。

作为老牌范特西游戏公司,FanDuel 从 2009 年开始转型,经过 6 年高速发展,在 2004 年底成了 NBA 战略合作伙伴,2015 年又获得了 2.7 亿美元融资。创建仅 4 年的 DraftKings,2015 年 4 月初和迪士尼旗下的 ESPN 签署了约 2.5 亿美元的战略合作协议,7 月底又获得了包括福克斯体育和美国三个体育联盟(MLB、NHL、MLS)投资的 3 亿美元,钱途一片光明。①

2016 年 1 月,广东星辉互动娱乐股份公司正式完成对西班牙人的股权收购,以 54% 的股权成为该俱乐部的最大股东。作为一家涉足国内手游和电视领域的娱乐公司,广东星辉互动娱乐与湖南卫视芒果 TV 达成了胸前广告赞助协议。西甲第 22 轮客场迎战皇家马德里,西班牙人身穿印有"超级女声芒果 TV"字样的广告,首度出现在伯纳乌球场。这是中国电视台第一次登上欧洲五大联赛球队的胸前广告,是中国电视娱乐媒体首次与世界上最高水平的足球联赛联姻。随着湖南卫视芒果 TV 广告定期出现在西班牙人俱乐部的胸前,即可通过赛场电视转播向全球宣传湖南卫视芒果 TV 重磅打造的娱乐节目——快乐女声。②

2016 年中国猴年春节期间,英超俱乐部曼城、曼联、阿森纳等为了吸引中国球迷,在互联网及社交媒体和赛场大屏幕上争相播放庆祝中国新年的广告祝福。大年初四这天,热刺俱乐部在英文官网上刊登题为"热刺庆祝猴年"的消息,球员阿尔德韦雷尔德身穿一件印有"猴"和"新年快乐"等中文字样的球衣,向球迷拜年。本·戴维斯直接举着一个写有"给中国球迷拜年了"的牌子,与孙兴民、埃里克森、拉莫拉、维默尔和卡罗尔等热刺一线队伍中五名属猴的球员利用视频向中国球迷拜年。

第二节 基本定义

体育广告是指以体育赛事、体育活动为依托,以体育运动场馆(含健身场馆、休闲会馆和户外运动场所)及其附属物等展示舞台,在体育专业公司的精心策划、周密组织和全新包装下,经过体育专业人士(教练员、运动员、

---

① 参见《美国体育游戏公司做广告 一周砸了 2000 万美元》,来源:懒熊体育,2015 年 9 月 21 日。

② 参见《唱响伯纳乌? 西班牙人将穿超女广告球衣大战皇马》,来源:网易体育,2016 年 1 月 30 日。

裁判员等)和广告专业模特等的精彩演绎和艺术表现,配置精美绝伦的场景和精湛绝妙的广告语词,通过广播电视、报纸、杂志、互联网络及新兴的社交媒体等传播媒介,将与体育关联的目标对象(商家、厂家、赛事活动、晚会活动、博彩活动、展会活动等)的商品、服务和各种精神产品等综合性信息,经济高效地传递给目标受众的营销手段和方式。

一、依托体育赛事

体育广告必须依托体育赛事与体育活动,在比赛场馆进行产品与服务的宣传,是一种最为常见、屡试不爽的广告操作形式,也是商家乐于选择的广告形式。体育赛事与体育活动广告,通过现场观众和媒体报道(特别是电视直播和新媒体直播)。

在体育比赛期间和体育活动主办期间,广告发布方可以根据广告主的要求,充分利用既有体育场馆条件,发挥体育赛事和体育活动具有周期短、悬念多、轰动性强、明星人物集中、媒体和观众持续关注等特点,为商家的产品服务和品牌提升量身打造广告,既可以在赛场周围树立广告牌或在球队队服上设立显赫标识,也可以选择体育媒体(最好是报纸、杂志、广播电视等多种新媒体立体组合)等集中刊播,以达到至高曝光率和最佳的宣传效果。现在的奥运会,世界杯,网球大满贯赛及超级赛事,高尔夫美巡赛、欧巡赛,美洲杯帆船赛,欧洲五大联赛,美国NBA、NHL、NLB和NFL四大联赛等,都是全世界各路商家巧取豪夺广告大餐的理想资源。

为了加快中国体育产业的发展进程,争夺全球体育赛事资源、开辟更多、更高端的体育广告市场就成了必要手段和措施。根据英国体育营销研究机构SPORTCAL基于2007年到2018年全球700场主要体育赛事的研究统计,中国承办的各类赛事数量全球最高,且不乏夏季奥运会、冬季奥运会、青年奥运会、世界田径锦标赛、世界游泳锦标赛、亚运会、F1赛车、高尔夫欧巡赛、中国网球公开赛、斯诺克中国公开赛和羽毛球汤姆斯杯尤伯杯等重量级赛事,全球体育影响力指数排名第一,远远超过排名第二的英国。2014年9月,乐视体育获得了FE世界一级电动方程式锦标赛大中华区25年的赛事运营权。

二、需要专业包装

体育广告的专业包装包括体育明星(明星运动队)的精心塑造,体育媒体本身的自我宣传,体育赛事、体育活动等的专业化宣传推广,体育广告片的专业化设计与制作以及体育经纪公司、体育广告公司的自我包装等。

体育明星包装首先要确立明星品牌识别经营系统,针对不同运动项目明星的地域、民族、性别、性格、相貌特征的综合需求,进行明星形象定位,制定出明确的发展方向和路线。体育明星品牌有着旺盛生命力,有着自己特有的竞技水平运行轨迹,需要依据体育明星的成长期、高峰期、成熟期和衰落期加以区别设计。

贝克汉姆是当今体育明星中包装最为成功的广告代言人,尽管年近不惑,依然是媒体追逐的焦点,广告商争相垂青的目标,球场外从运动商品到名表、从汽车甚至到内衣、香水,都有他的广告杰作。2012年伦敦奥运会,贝克汉姆乘快艇护送圣火,一样为全世界所聚焦。在贝克汉姆广告火爆的背后,是维多利亚的苦心孤诣和系统设计。

贝克汉姆与维多利亚的文体婚姻组合,使贝克汉姆名气大增。经过维多利亚的调教,贝克汉姆的言谈举止和举手投足间都具备十足的绅士味道。贝克汉姆性格温和,从不树敌,没有不良嗜好,与他时尚的外形相结合,个人形象堪称完美,就连奥巴马夫妇和他们的两个女儿也是贝克汉姆的忠实粉丝。

如果只注重体育成绩,忽视竞技赛场外更多的广告元素,就会失去广告市场价值。2015年岁末,刚刚夺得亚冠联赛冠军的广州恒大淘宝足球队,无缘CCTV体坛风云人物年度最佳团队的提名,引起业界内外轩然大波。究其原因,就是恒大淘宝足球队在决赛前临时更换胸前广告,评委会推选委员会认为该俱乐部丧失了诚信。可以预知,这支中国足球超级战舰的外部形象和广告身价已经受到了极大损毁。

三、依靠体育媒体

如果说体育赛事、体育活动是体育广告生存和发展的沃土,那么,体育报纸、杂志,体育广播电视和现代体育新媒体则是体育广告的阳光雨露,是体育广告在新时期的更好生长温床,是体育广告飞速增长的助推器。

(一)体育媒体放大了体育广告的价值。通过体育媒体的新闻报道,人们对运动项目、运动明星有了更多更深的认识和了解,更多的人开始喜欢体育关心体育,自然就会延伸到关注附着在报纸杂志广播电视上的体育广告。因此,体育广告的受众人群就从体育竞技赛场、体育活动场所的窄小空间传播到了世界各地的千家万户,从以万人计算的广告受众陡增到数以亿万级的超大群体。

（二）体育媒体极大地扩展了体育广告的表达形式。最早的体育广告，主要是体育赛场内外的场地广告牌，形式比较单一，内容无非是产品和商家的文字图片。体育媒体广告既有图文并茂、色彩艳丽的画卷，也有震撼人心的音视频动感，还有现代科技铸造的 FLASH 广告、动漫广告、脸书广告和推特广告等，足可以满足不同年龄、不同职业、不同地域的市场需求，为体育广告主在广袤的广告天地间有了更为自由的选择空间。

（三）体育赛事、体育活动的时间安排往往会首先考虑媒体传播的最佳时机，考虑各种媒体的组合宣传报道，以发挥体育广告的最佳效能。无论是至高无上的奥运会世界杯足球赛，还是一般的体育赛事、体育活动，都会充分考虑赞助商的权益，满足广告主的需求，而赞助商和广告主最关心的就是媒介报道的时机和力度。这就有了很多赛事打破了体育竞技运动的科学规律性，将比赛安排在赞助商（广告主）认为最理想的时间进行。

四、相伴体育赞助

体育赞助进入到品牌营销阶段，特别是自 1984 年洛杉矶奥运会启动 TOP 计划后，体育赞助变成为赞助方、被赞助方、中介方和电视转播商（新媒体转播商）等四位一体的有机行动，体育广告与体育赞助已经很难分割开来，而是置身于一个体育赞助体系的闭环系统。

有些体育赞助，被赞助方一般会根据赞助商的要求和媒介参与状况，在合作协议中附加有配套的广告条款，以保证赞助方的更多权益。如果媒体广告（主要是硬广告，例如广播电视和新媒体赛事转播的贴片广告）没有广告空间，被赞助方会为赞助商在赛场周围等合适场所摆放广告位。这样，赞助体育赛事和体育活动的赞助商可以通过赛场的各类广告牌、新闻发布会的背景板等依附于体育赛事的推广活动，来宣传自己的商家品牌。

由于体育赞助具有一定时效周期（奥运会 TOP 计划的有效期 4 年），赞助商通常会在拿到赞助权限之后，就开始在相应媒体和相应场合开展广告活动，并且会在赛前、比赛期和赛后安排不同层次、不同地区、不同媒体的广告投放。因此，一般的体育赛事赞助商都会通过电视广告来宣传自己的品牌，强化与巩固体育赞助的权益，在电视媒体和互联网（移动互联网）等新媒体平台上进行二次投入。

"搭便车"型的体育广告（或称之为另类广告）也时有出现，这类广告并不赞助某项体育赛事，也不投放于某个体育栏目做广告，甚至也没有体育明星参与,而是商家利用与体育赛事关联单位的巨大影响力和号召力,与赛事"攀"上关系而采取突发奇想的促销活动。2008年北京奥运会期间,李宁公司为了弥补奥运赞助竞标的失败,与中国唯一的电视转播机构中央电视台合作,让出镜记者、编辑、主持人穿上李宁品牌服装,达到了意想不到的广告效果。

第三节 基本分类

体育广告是指体育行业和非体育行业的广告客户以公开付费的方式,通过各种媒体或以体育活动为载体传递体育商品或其他商品劳务信息,从而影响消费者的消费行为,促进销售,使广告客户获得利益的活动。它包括体育行业内通过各种媒体策划的广告以及非体育行业以体育活动为载体策划的广告。

根据体育广告的上述定义,我们可以将体育广告按不同的标准来进行分类。一种是按照体育广告的对象不同,体育广告可分为单纯的体育产品广告、由体育明星代言的体育产品广告、体育赛事广告和由体育明星代言的城市或地区广告等。一种是按照体育广告表现的主体的不同,这一类主要是体育明星广告,但根据其代言的主体不同,可将其分为运动员代言、教练员代言、裁判员代言以及主持人代言等。还有一种是按照体育广告展示的地点不同,体育广告可分为体育赛场广告、体育媒介广告和其他体育广告等。本文主要对体育明星广告、体育赛事广告和体育媒介广告来进行考察。

一、体育明星广告

体育明星广告是体育广告中最常见的一种,也是一种发展比较成熟的体育广告形式。体育明星广告通常是指由体育界成就卓越、知名度高的精英人士,如运动员(世界冠军、奥运冠军)、教练员(世界顶级球队教练,如斯科拉里、波波维奇等)、裁判员(如意甲裁判科里纳、中国足球金哨等)、体育传媒精锐人士(如体育电视主持人黄健翔和张路等)等推介产品、服务或出任形象代言人的信息传播活动。明星运动队所从事的广告活动,当然也属于体育明星广告之列。

体育明星是民族精神和奥运精神的集中代表,他们在民众中有很强的影响力。随着人们对体育理解的加深,对体育赛事、体育活动的关注越来越多、越来越广、越来越深入,体育明星广告的地位和实际营销效果也越来越受到广告主的欢迎。

体育运动具有高竞争性、高瞩目度、广受民众喜爱的特点,体育竞技赛场上打拼出来的世界冠军、奥运冠军,最容易成为人们心目中"货真价实"的英雄和崇拜的偶像。体育明星健康、拼搏、上进、勇敢、智慧等高尚的体育精神,让体育明星身上笼罩着比一般娱乐明星和其他广告模特更美好的光环、光晕,品牌形象更显阳光健康。

体育明星在运动技术领域享有专业权威,拥有广泛的、良好的社会声誉,是全社会的楷模和表率。邀请体育明星做广告或担任形象代言人,无形中增加了广告的权威感和公信力,对社会公众产生强大的号召力和影响力。

企业邀请体育明星做广告或出任形象代言人,就是希望将体育明星健康阳光、勇敢顽强的精神气质转移到自身,使其产品或服务也带有绿色环保、健康美好等诸多优秀品质,进而塑造积极、正面的企业形象,因此体育明星更成为众多企业争相追逐的对象。在爱屋及乌心理的驱使下,人们往往会把对体育明星的喜爱与信赖之情转移到其代言的商品及生产企业上。知名国际品牌耐克、阿迪达斯、锐步、可口可乐、百事可乐等一贯以体育明星广告作为市场营销的重要手段,而且收到了事半功倍的广告成效。乔丹与耐克结缘,成就了乔丹飞人一代气垫鞋到二十三代气垫鞋,齐达内为阿迪达斯、贝克汉姆为百事可乐的品牌推广和市场营销,都做出了不懈努力。同时,体育明星通过为世界一流品牌做广告推广或出任形象代言人,也增加了在公众面前曝光的机会,扩大了社会影响力,进一步美化、提升了自身的公众形象。体育明星和企业之间是一种休戚与共、互惠互利的关系,通过优秀的广告宣传,双方可以达到共赢的目的。

二、体育赛事广告

体育赛事(体育活动)广告包括赛事对外宣传的广告安排和赛事主办地及周围的广告位置摆放安排。体育赛事广告已不再是单纯地为赛事宣传而广而告之,而是将赞助商产品与赛事捆绑在一起,借赛事的影响力来推广产品与服务,既达到宣传赛事、扩大赛事影响力的目的,又包装赞助商的企业产品与品牌。

为了提高赛事活动的知名度和影响力,使体育赛事与体育活动在开始之前和进行之中得到社会各界更多更广的关注,赛事主办方通常会在各类媒体上做赛事宣传。随着体育赛事、体育活动的逐渐商业化,主办方与报道

第五章 体育广告

媒体大多是紧密型合作伙伴关系,多年的磨合经历使得这种赛事活动的宣传报道驾轻就熟。以中国网球公开赛为例,中央电视台体育频道是组委会的重要一员,一年一度的中网报道早在上一年就做出了统一部署和安排,不管是新闻跟进、专题报道、人物专访,还是体育频道直播、体育赛事频道直播以及体育网络台直播,包括每档节目主持人解说评论的配置等,都有精细的谋划。

在举办体育赛事、体育活动的过程中,尤其是在体育赛事的进行期间,由于有众多的观众到场,现场各种观众目光所及之处,都是主办方布置广告牌位、进行广告活动的理想境地。比赛场地四周是人所共知的广告集中摆放地,是广告商家的必争之地,不仅广告价位高而且供不应求。随着电动翻牌技术的引进,LED显示屏在体育场馆领域里的广告应用,场地周围挡板广告的市场潜力不断被开掘出来。同时,体育场馆内外的立牌广告、横幅广告、电子记分牌广告、气球广告等都受到广告客户青睐。体育赛事、体育活动的宣传海报、成绩册、画册、纪念册、秩序册、明信片、信纸、信封、票证等物品上的印刷广告,运动服装、用具、器械、纪念品、礼品上的附带广告等,也时时被采用。赛前赛后的新闻发布会尤其受到各路媒体关注,因此,接受采访的新闻背景板广告通常是大牌广告商的最爱。近年来,全球马拉松赛事益发密集,2015年中国田径协会拥有马拉松注册赛事就多达134场,其主要原因就是这一赛事的商业化程度越来越高,不仅沿途广告广受商家追捧,而且是当地城市品牌提升的无形广告。

三、体育媒体广告

随着社会的发展进步,人们对体育新闻、体育赛事和体育活动等信息的需求大大超过以往,刺激了体育报纸、体育杂志、体育广播、体育电视和体育互联网(包括体育社交媒体)等的几何级增长,体育广告成为全球体育产业的重要一环。体育电视广告依然是第一生力军,而以互联网(移动互联网)为代表的各种新媒体广告快速成长,呈现出与传统体育电视广告竞争越来越激烈的态势。

(一)体育纸媒广告。体育报纸、杂志的影响力仍然不可小视,体育纸媒广告在优胜劣汰的市场竞争环境中依然可以依靠媒体特质找到生存之道。《体坛周报》始终坚持走市场化道路,是国内首屈一指的体育专业报纸,周发行量超过300万份。它旗下的《足球周刊》杂志一经推出,周发行量就超过

16 万份。广告刊位一直受欢迎。美国《体育画报》不仅闻名全球,而且在中国大陆与国家体育总局合作推出的《体育画报》中文版在 2006 年创刊后,已成为中国三大画报之一。拥有近 40 万读者的《体育画报》中文版广告市场看好,基础刊例价高达 13.5 万元,依然受到广告主追捧。

(二)体育电视广告。全球最昂贵的电视广告出现在美国橄榄球联赛总决赛,美国全国广播公司 NBC 数十年来高价购买奥运会电视转播权,中国中央电视台体育频道是最盈利的电视频道。这些鲜活案例,集中反映了体育电视广告在体育媒体广告中无以撼动的特殊地位。

2003 年央视索福瑞媒介研究公布的"中国体育和体育赞助调查"结果显示,北京、上海、广州三地九成以上居民主要从电视媒体上获得体育信息。2015 年,中国大陆电视信号所覆盖的人群高达 12.78 亿。在 15—24 岁的体育人口中,通过电视获取体育信息的人口比例达 95.5%。

体育电视广告是指一切依附于电视台(电视频道)体育赛事转播、体育活动转播和体育专题节目、体育专栏节目等的各种广告形式。根据电视体育广告的这一定义,我们可以把电视体育广告分为依附于体育赛事转播活动的电视广告,依附于体育专题节目、体育专栏节目等的电视广告以及"嵌入式"体育电视广告(如体育采访对象身着广告服装、体育赛事直播时体育主持解说台放置广告物品等)。

(三)体育网络广告。2008 年北京奥运会,国际奥委会将新媒体版权(主要就是互联网版权)与传统电视转播版权第一次同时出售,体育互联网广告摆到了一个前所未有的高度。从 1998 年法国世界杯开始,国内的网络媒体开始与体育结缘,体育网络广告得到广告主的认同。2000 年悉尼奥运会给了体育网络广告更好的发展机会,国内体育网络媒体与网络广告同步增长。随着网络技术的不断进步和成熟,网络媒体对体育报道的形式不断丰富,文字直播、网络电视等手段不断涌现,并逐渐走向完善。现在,不仅商业门户网站一个个开辟出体育频道,风险投资也将大量资金倾注到体育互联网市场,意欲争夺巨量增长的体育互联网广告。

(四)其他媒体广告。其他体育媒体广告包括潜滋暗长的体育广播,快速发展的手机电视、手机彩信报和其他各种移动智能终端等都将体育节目作为重要卖点,这类分众化极强的体育传媒广告,也拥有着体育广告的碎片化市场。公共交通车、地铁列车、高速火车和飞机等移动交通工具的视屏广告,也瞄准了体育赛事和体育活动。最近几年,美国脸书和推特的火热,成就了脸书广告和推特广告。据知,2015年C罗的一条推特广告,就高达23万欧元。

第四节 创意设计

奥美公司创始人奥格威说,除非你的广告建立在伟大的创意之上,否则它就像夜航的船,不为人所注意。设计创意在广告中的地位可见一斑。

体育广告想要达到展示品牌的目的,需要好的广告设计与创意,让广告品牌和体育运动本身达到最佳吻合。体育运动需要激情,体育表演需要天赋,艺术表现需要创意。体育运动熔激情碰撞、激烈对抗、抒情写意、魅力动感和浪漫写真于一炉,需要根据各种广告内容和市场诉求,来选择最优创意形式与艺术风格,对体育广告创意公司和体育广告人提出更高更精的要求和挑战。与其他广告相比,体育广告更需要嵌入感和场景融合能力,才能引起受众的高度共鸣。

一、广告语词创意

言简意赅、朗朗上口的广告语词,可以将体育广告的内容画龙点睛,成为隽永流传的经典范例。耐克的"Just do it"(想做就做)、阿迪达斯的"Impossible is nothing"(没有什么不可能)、锐步的"I am what I am"(我就是我)、李宁的"Anything is possible"(一切皆有可能)、卡帕的"He who loves me follows me"(爱我就跟随我)、匡威的"It's Converse for Comfort"(选择匡威,选择舒适)、匹克的"I can play"(我能)、茵宝的"One love"(唯一的爱)、美津浓的"Mizuno means Serious Performance"(美津浓意味着杰出的表现)、安踏的"Keep moving"(永不止步)等,都给体育广告受众和消费者视觉上的冲击和消费冲动。安踏早年的"我选择我喜欢"、特步的"飞一般的感觉"和美特斯邦威的"不走寻常路"等广告语,也深受中国体育消费者喜欢。

2015年9月,Under Armour首支全球范围足球广告"Slay your Next Giant, I will"(我要干掉下一个巨人)。这支与Droga5广告公司合作的广告主人公是曼联的孟菲斯·德佩(Memphis Depay),一起参与拍摄的几个小球员是MLS新英格兰革命队的Jermaine Jones、墨西哥国家足球队的Oswaldo Alanís和Jesús Corona、智利科洛足球俱乐部的Gonzalo Fierro。广告将重点放在球员们的鞋带上,每幅鞋带上都印着类似于"在75 000名观众面前进球之类的阶段性目标,代表着球员们职业生涯中的一个挑战,每当挑战成功他们便会拆下旧的用印有新目标的鞋带替换。而在实际赞助给球员的运动鞋上,Under Armour 也会使用这样的定制鞋带,球员们每完成一个目标都会在社交网络上分享这段经历。

孟菲斯说,"这支广告太贴近我的生活了,我就是一直这样踢球和生活的。在接下来的几个月我有很多的巨人需要打败,我已经做好准备迎接这些挑战了。"Under Armour 全球品牌和营销总监 Peter Murray 补充说,"无论你是不是孟菲斯,无论你是心怀抱负的巴西球员还是和邻居朋友一起踢球的智利小孩,你的每一个目标都非常重要,每一个巨人都如此庞大,我们将陪伴你们每个人消灭每一个巨人。"①

耐克的"Just do it"(想做就做),与耐克企业文化"运动、健身、表现、冒险、卓越和取胜"高度契合。在耐克公司,运动员就是上帝,大胆、勇敢成为公司的核心能力。耐克成功的基础就是当员工有了好主意,就会马上行动让好主意实现——"想做就做"贯穿整个公司文化。耐克高层从来不下达命令,公司坚信,真正的创新并非来自高层而是来自每一个耐克员工。

2001 年 1 月,耐克与时俱进地修改了公司的使命和价值观,广告语词变为"做正确的事",宣布"耐克的存在是为世界上每个运动员提供鼓励和创新"。作为世界上的一个公民,耐克必须"做正确的事"——既要如实反映我们做对的,也要如实反映我们做错的,追求可持续发展。从耐克广告语词"想做就做"到"做正确的事",反映出这家全球第一体育品牌不断创新勇攀高峰的勇气和决心。

二、平面广告创意

有时候,体育广告需要春和景明,需要闲情雅致,这时候的广告设计,需要的是阳春白雪的点缀,水天一色的温馨漪逦。有时候,体育广告又需要美女与猛兽,这时候的设计与创意,就需要融入像动物一般凶悍的场景,嵌入到高度对抗贴身肉搏的竞技项目。下面这组由 NBA 篮球球星为主角的平面广告设计,就很好地将凶猛的动物与球星的个人特质做了融合,极具冲击力的视觉效果(见图 5.1)。

---

① 参见泽涛:《UA 发布第一支全球范围足球广告"干掉下一个巨人"》,来源:体育大生意,2015 年 9 月 24 日。

第五章 体育广告

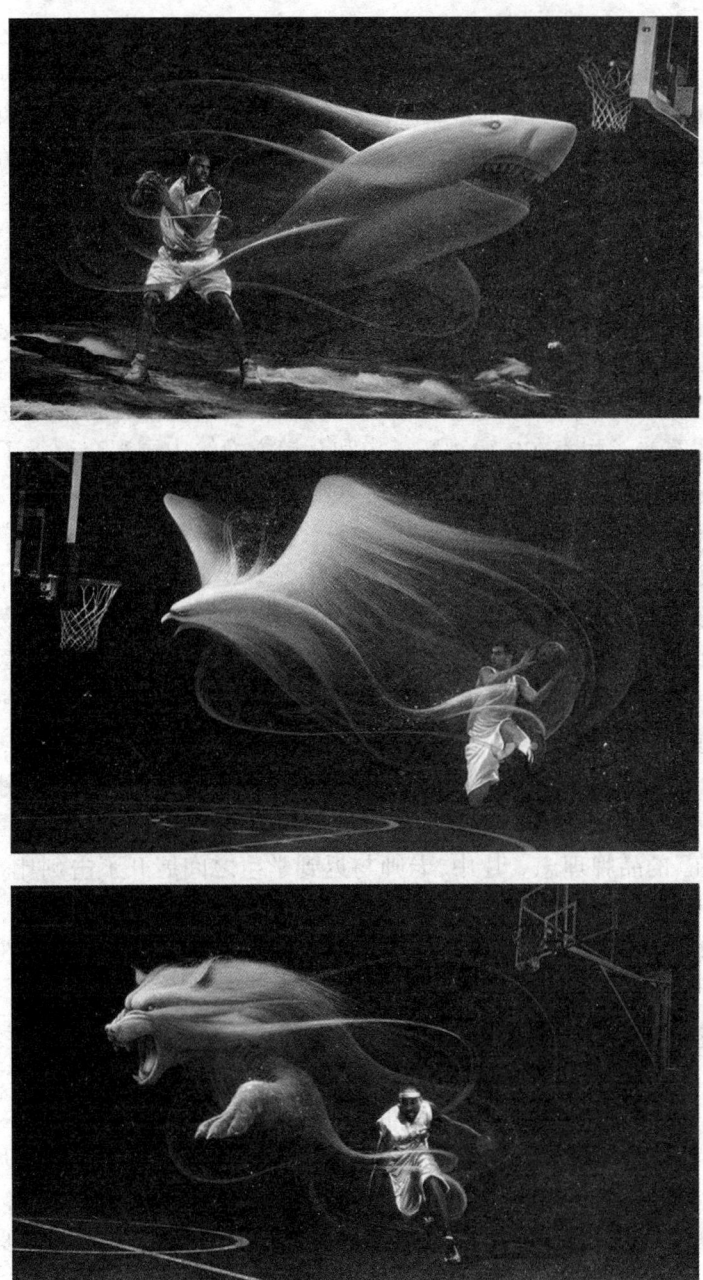

图 5.1 极具冲击力的创意

画面中，NBA几大当家球星与大白鲨、鹫鹰和狮王等世界上最凶猛的野兽同室操戈，别出心裁地勾画出NBA赛场争斗碰撞的激烈程度。其中，篮下巨无霸奥尼尔手握篮球，面向篮筐准备进攻，翼翅展开、凶牙毕露的大白鲨从浩淼的江洋飞跃而至横亘阻隔，篮球巨兽与水中巨兽赛场争锋的激烈场景和谐一体，栩栩如生。

三、视频广告创意

视频广告要求场景、音响、产品（服务）与广告代言人（如体育明星）等几个元素保持高度的一致性和整体性，要求体育产品、画面效果、音响效果和人物表达全部符合广告主题，以最短时间、最精美的视觉冲击力给受众最震撼的艺术享受。耐克在体育视频广告和营销方面给中国观众留下了深刻印象，其成功的关键所在，就是能不断融入与时俱进的好创意。

《一球成名》《运动无处不在》是耐克让人记忆深刻的两个视频广告。前者极具创意的以第一人称视角拍摄了一名足球运动员的奋斗过程，在片中每个观众都是主角，你自己通过刻苦训练不断磨炼球技，最终与小罗、伊布、鲁尼和C罗等巨星同场竞技，同样你也可以享受成名之后与美女模特约会的福利。第一视角的创意，在这则广告中起到的作用就是让受众有了超强的代入感。

《运动无处不在》则是利用创意将各种场景与体育相结合，利用无尽的想象力和创意将普通生活场景与体育运动相结合，很好地传达了耐克"运动无处不在"的品牌理念。片中，老师与迟到学生之间展开了击剑比赛、追公交车的少年之间来了一次田径接力等。创意在这个片子中的作用，就是最大限度地润滑普通生活场景和体育运动之间的过渡，让受众不要感到太突兀，而是会心一笑觉得合情合理。①

当然，耐克也因广告创意"水土不服"在中国摔过跟头。2004年12月8日，国家广电总局发出停播耐克广告片"恐惧斗室"的通知，耐克首次做出书面致歉。据称，这是耐克广告历史上第一次被政府叫停。

耐克《恐惧斗室》广告以勒布朗·詹姆斯为主角，希望借此鼓励亚洲青少年直面恐惧，勇往直前，表现个人篮球风格。"恐惧斗室"广告创意是借助包括香港20世纪70年代功夫片等不同电影风格，并融合了当今青少年文化

---

① 参见《创意是体育视频广告成败关键》，来源：和讯网，2016年2月1日。

的时尚元素。

耐克对外发言人称,因为主要消费者是青年人,所以"恐惧斗室"融合了青年人喜欢的日本动画、美国嘻哈及中国武术等元素。当初我们在创意时,把这些流行元素糅合在一起,而没有明确为这些文化分一个国界,没有考虑到该广告有可能亵渎中国民族、风俗。

耐克公司致歉声明说,耐克公司对《恐惧斗室》广告在部分消费者中所引起的顾虑深表歉意。耐克无意表达对中国文化的任何不尊重。自1982年进入中国市场以来,耐克公司一直非常重视中国消费者。[1]

---

[1] 参见陈晨:《耐克就"恐惧斗室"广告书面致歉 各电视台停播》,来源:京华时报,2004年12月9日。

第六章　体育博览

　　展览有两层含义,一是"展",有"展开、展示、展玩、展现、查看和陈列"之意,二是"览",则有"观看、查阅、欣赏、视察、采纳和猎取"的寓意,"览物之情,得无异乎"和"会当凌绝顶,一览众山小"等佳句可见其真谛。展览的基本含义则是通过陈列与展示实物、图片,以供大众观览、欣赏。

　　展览会是通过在相对固定的特定场所定期(不定期)举办各种同类(或综合类)产品与服务的集中展示与推广活动,以达到促进产品宣传、交流交换和征订交易的市场行为。作为一项涉及面广、利润率高、绿色环保的服务形式,展览会的进行可以带动当地交通、旅游、餐饮、住宿、通信、传媒和广告等相关产业的全面发展。当下,世界各地的展览活动与会议论坛往往紧密结合在一起来举办,形成了蓬勃成长的新兴产业——会展业。

　　据统计,目前15个国家占据了全球室内展览面积的80%,前三位分别是美国、中国和德国,2011年至2015年,中国可使用的展览面积增加了29%,增幅居全球前列。全球有20万平方米以上的展馆不到20个,中国拥有4个。随着成都、长沙、昆明、西安、深圳等地陆续建成20万平方米以上的超大型展馆,为中国会展业发展提供了广阔的空间。上海"十三五"规划已明确把打造"国际会展之都"列为上海的城市功能定位,在2015年春天建成并正式运营了世界上最大的会展综合体,"四叶草"造型的国家会展中心(上海),一跃成为世界上展览面积最大的城市之一。①

　　2015年4月,国务院发布《关于进一步促进展览业改革发展的若干意

---

① 参见沈则瑾:《中国展会数量占全球四分之一　展商实力排名世界第二》,来源:经济日报,2016年1月14日。

见》，提出要坚持专业化、国际化、品牌化、信息化方向，加快展览业转型升级，努力推动我国从展览业大国向展览业强国发展，到2020年，基本建成结构优化、功能完善、基础扎实、布局合理、发展均衡的展览业体系。这一顶层设计，为我国会展业带来了重大利好，将大大促进会展业管理体制的改革和完善，促进会展企业走向国际。早在2014年10月，国务院印发了《关于加快发展体育产业促进体育消费的若干意见》，提出了"到2025年中国的体育产业要达到5万亿"的目标。这两个纲领性文件，构筑出中国体育展览业的愿景蓝图。

体育博览会是以各种体育竞技、体育休闲康复和健身美容等为主要内容的专业化产品集中的展示活动，是会展经济的重要组成部分。随着体育产业的迅猛发展，体育会展经济发展驶入了快车道，呈现出良好的发展势头，日益成长为体育产业新的经济增长点。1970年，展会经济发达国家德国在慕尼黑主办了世界上第一届国际体育用品和运动时装国际博览会(ISPO)，为全球体育产品集中展示交流宣传打开了一扇门窗。1978年，世界体育用品联合会(WFSGI)成立，给全球体育博览会提供了一个更为规范公平透明的舞台。这是国际奥委会承认的一个非政府体育用品行业组织，其宗旨是在世界范围内促进世界体育活动发展、规范体育器材标准、体育规则及提高体育器材质量标准、推广在体育用品中的公平贸易，其会员包括国际体育组织和许多世界著名体育品牌企业，如耐克、阿迪达斯、彪马、锐步、伊寇(Ecco)、斯彼多(Speedo)和我国的李宁等。

2006年，世界体育用品联合会年会首次易址中国，打破了以往WFSGI年会只在美国和德国举办的格局，标志着中国在国际体育用品业中位置的提升，我国在世界组织中开始发挥着越来越重要的作用。新上任的世界体育用品联合会主席约翰·拉尔森认为，中国是最大的体育用品生产国和快速成长的消费市场，希望中国体育用品联合会能在世界体育用品业界发挥更积极的作用。专家认为，世界体育用品联合会年会暨中国国际体育用品产业论坛的成功举办，世界体育用品联合会高层的频频到访，大大提升了中国体育博览会的地位和形象。

第一节　起源与发展

最早的体育与博览会结缘，开始于古代奥林匹克运动会。其时，奥运赛事主办地总会有周围村民、市民在赛场周边售卖当地各种各样的土特产,以获取一定利益。按照时间推算,这可以视为世界上最早的展览会雏形,迄今已有2000多年历史。

而现代奥运会与博览会的结缘,实际上属于典型的"拉郎配"——将奥运会生生硬扯到博览会里面。现代奥林匹克运动会诞生以来的前三届举办地,都与世界博览会缠绕在一起。其中,巴黎奥运会与世界博览会的"纠葛"让人记忆尤为深刻。

巴黎是世界名城,横跨塞纳河两岸,水陆交通方便,是举行国际比赛的理想地方。现代奥林匹克创始人顾拜旦,本想借世界花都和世界博览会来扩大奥林匹克运动影响,将奥运会的承办权交给了世界博览会的组织者阿夫雷德·皮卡尔,不曾想事与愿违,巴黎圣母院、罗浮宫、埃菲尔铁塔、凯旋门等这些名胜古迹,并没有敞开胸怀热情迎接这届奥运会。

1900年5月到10月,巴黎奥运会在世界博览会期间进行。由于世界博览会的组织者阿夫雷德·皮卡尔身兼二职,集奥运会组织者和世界博览会组织者于一身,不仅分身无术,而且还对体育一点不热心。他把主要精力放在博览会上,对奥运会参赛代表团和运动员、裁判员、教练员等的接待,对比赛项目、日程、场地等均无周密安排,更谈不上花费巨款去兴建体育场馆设施。加上法国政府也对博览会的兴趣远胜于奥运会,因此,巴黎奥运会组委会对顾拜旦提出的奥运会筹备方案淡然置之,甚至不屑一顾。顾拜旦竭尽全力,多方游说,但一无所成。后来,顾拜旦这位奥运会创始人干脆被挤出了巴黎奥运会组委会领导班子。

当时,组委会将奥运赛场的安排完全依照世界博览会分置,各个项目按博览会工业类别分在博览会的16个区域进行。击剑被安排在刀剑制造工业区,划船安排在救生系统展览区,游泳和跳水等项目和售卖泳装的展区安排在一块等。实际上,奥运会成了博览会的一部分,成了世界博览会招揽观众的体育表演。

与世界博览会同期举行的巴黎奥运会,参加比赛的运动员、教练员被世界博览会的各种物品所包围,完全成了世界博览会的陪衬。后来的研究者戏谑地说,巴黎奥运会根本找不到太多竞技体育精彩纷呈的影子,倒更像是现代体育博览会的雏形。整个赛场内外到处都洋溢着浓烈的商业气氛,观看比赛的观众和观看展会的观众鱼龙混杂,很多赛事受到干扰和冲击。在这样的氛围下,很多比赛项目赛完了,还有选手甚至忘记了自己参加的是奥运会盛大赛事。

第3届现代奥运会在美国圣路易斯举行。圣路易斯是美国第八大城市,位于密西西比河右岸,交通方便,工业发达。18世纪时,该市尚属法国管辖,曾是皮毛交易市场。1803年才归还美国。圣路易斯在国际影响力、城市建设、人口规模、经济实力等方面都远逊于竞争对手美国的芝加哥。它之所以能从芝加哥手中夺取胜利,主要就是世界博览会。1903年是圣路易斯建市一百周年,原定于1903年在该市举行的世界博览会因故改在1904年。主办方为了使博览会、运动会同时同地举行、互增光彩,将主办权交给了圣路易斯。这是奥运会历史上又一次与博览会同时举行,也是奥运会历史上比赛时间最长的最后一届奥运会。本届奥运会与巴黎奥运会一样时间漫长,从1904年7月1日断断续续比赛到11月23日,延续近5个月。

体育博览会的发展是随着会展经济的发展逐渐发展并完善的。商业体育的发展带动着体育经济的整体。体育博览是展览业的重要组成部分。众所周知,展览业是通过举办各种形式的展览会以促进市场开发和国内外贸易的发展,同时取得经济效益和社会效益的一种产业形态。作为一项高利润、无污染的服务产业,展览业在西方已有800多年的发展历史,它所带来的双重效益已受到越来越多的关注。

随着冷战时代的结束,体育活动已经成为人们日常生活必不可少的内容,户外运动、越野探险运动等日渐红火,人们对体育服装、体育器具、器材等有了更多、更高的要求,专门以体育用品为主题的展会——体育博览会应运而生。现在,全球体育博览会的影响力越来越多,中国国际体育博览会与德国慕尼黑体育博览会、美国"Super Show"一道,号称世界上最具号召力的三大体育专业展会。此外,美国芝加哥、法国法兰克福、日本东京和中国广东、香港等地,也有大小规模不等的体育博览会。

体育博览会无疑是体育运动高度发展的产物,是体育产业兴旺发达的标志。世界上高规格、高水平、影响力大的体育博览会无一例外地与当地的经济实力和体育消费能力紧密相连,与当地的体育发展水平息息相关,也反映出举办地的国际知名度。因此,当下最有号召力和国际竞争力的三大体育博览会恰好分布在世界经济强国和体育强国美国、德国和强力崛起的中国。

中国是世界最大的体育用品制造基地,全球约70%的体育用品在中国生产加工。中国国际体育用品博览会(以下简称中国体博会)是中国最具权威的体育用品民族品牌博览盛会,亚太地区规模最大的体育用品专业展览会。中国体博会自1993年举办至今,历经了20多年的发展,从一个全国性的体育用品订货会发展成为一项规格高、规模大、影响广的集展示、商贸、活动为一体的国际性专业展会。

中国体育用品博览会的发展,伴随着中国体育用品业走过了一条从计划经济到市场经济、从供应运动专业队到拓展国内外体育产品市场、从全国计划订货到中国体育用品博览会、从中国体育用品博览会到国际体育用品博览会的发展历程,从初级单一型展览向专业、高端国际化品牌展览跃进。

一、计划经济阶段(1972—1992年)

这一阶段,我国处于一个以计划经济为主体的时代,体育产品与设备由国家有关部门统一配置供应。从1972开始,国家计委、国家体委、轻工业部、纺织工业部、商业部共同召开每年夏、冬两次体育器材和运动服装订货会。在当时的计划经济体制下,国家的钢材、木材、橡胶、棉纱等物资均比较紧张,应时而生的体育器材和运动服装订货会为保证全国竞赛、优秀运动队的训练和援外体育用品的生产与供应,发挥了不可替代的作用,并为学校体育、竞技体育、社会体育的发展提供了器材保障。

在计划经济阶段,中国体育制造还相对贫乏,只有红双喜、利生、梅花、蓝天、回力和十佳等少数几个体育制造品牌,厂址集中在北京、上海、天津等大城市,产品主要是杠铃、哑铃、篮球、排球、足球、乒乓球、羽毛球和运动服、运动鞋。运动服式样比较老套,颜色面料单调陈旧。所有体育制造厂家生产的产品,基本上是定点、定量生产,然后按照年度计划划拨给各省市、自治区、直辖市,再层层转发到各级基层单位。每年的夏、冬两次体育器材和运动服装订货会,无非是让各单位在非常有限的资源里,挑选相对喜欢的产品品牌。

这20年一贯制的计划模式,是当时中国经济状况和体育制造发展业态的全景写照,而这20年每年夏、冬两次的全国体育器材和运动服装订货会,为1993年中国体育产业由计划体制向市场体制转轨、开启中国国际体育博览会时代起到了很好的基础性作用。

二、起步发展阶段(1993—2001年)

1993年,中国国际体育用品博览会正式取代了运营20余年的全国体育器材和运动服装订货会。中国国际体育用品博览会的举办,反映了我国从计划经济向市场经济转轨的整体趋向。

1993年,第1届中国国际体育用品博览会在西安举办,随后国家体育总局和中国体育用品联合会又连续在福州、天津、南昌、武汉、福州、成都、长沙、北京、上海举办了30多届体育博览会。

第9届中国国际体育用品博览会上,来自全国的20多个省市及美国、日本、澳大利亚、新西兰、荷兰、台湾和香港等国家和地区的678家参展企业共定购标准展位3402个,展览总面积7万多平方米,使用面积达到3万多平方米,占据中国国际展览中心全部8个展馆14个展厅,观众达到10万多人次,净地面积在200平方米以上的参展企业达到30余个。在20多年的发展历程中,体博会实现了从计划订货会到展览展示会,办展地点从体育馆到专业展览馆,从国内展到国际展的历史性转变。

中国体育博览会展览质量稳步提高,展览规模也迅速扩大,展馆净面积(展位数)、参展商和观众人数不断增加。从1993年第1届西安体博会的参展企业不到100家、展位120多个,发展到上海体博会的参展企业近1000家、展位4000多个。2000年,第8届中国国际体育博览会在湖南长沙举行,2439家参展商参展,观众人数达10万人次。

1996年,中国国际体育休闲用品博览会在上海举办,这次展会不单为来自国内外名牌体育用品厂商提供了展示商品、拓展市场的机会,同时也适应了"广泛开展全民健康活动"和"一流城市需要一流体育"的需要,迎接1997年即将在上海举行的第8届全国运动会。博览会展出期间,一方面展示琳琅满目、丰富多彩的运动服装、休闲服装、运动鞋帽、健身器材、竞赛用品等实物,另一方面要促使厂商之间开展贸易洽谈、购物订货、信息交流,为体育休闲用品的生产企业、经营企业开拓市场、参与竞争创造和提供良好的机遇。

这一阶段的中国国际体育博览会,是中国体育产品与世界优质体育产品在国内舞台上的同场竞技。中国经济的迅猛发展,带动了包括中国体育制造业的大踏步前进,国产民族体育品牌李宁、安踏、匹克、康威等频频在中国体育市场和世界体育舞台展示形象,取得了良好业绩。中外体育制造业在中国国际体育博览会交相辉映,取长补短,极大地丰富了中国体育市场,满足了不断增长的体育爱好者和体育专业人士的多方需求。

中国国际体育用品博览会不断发展壮大的过程,也是中国体育用品制造业迅速成长的过程。随着中国体育博览会的成长成熟,中外体育产品同场竞技使它们有了更多的交流机会,中国体育用品的品牌意识逐渐苏醒,品牌建设有声有色,一批又一批民族品牌脱颖而出,国际竞争力日益强盛。

通过在自己国家主办中国国际体育博览会,提高了我国体育用品质量,促进了体育产品的更新换代,在振兴民族品牌、培育体育市场和参与国际竞争等方面发挥了不可替代的作用,也促进了举办城市经济和社会的发展。国家体育总局官方在谈到体育用品博览会的成长过程时认为,作为国际上最具影响力的体育用品展之一,中国国际体育用品博览会是伴随着中国体育产业和体育用品业的成长而不断发展壮大起来的。这期间,体博会不仅见证了本土品牌整体行业升级的做大做强,也亲历了国际企业进军中国市场的做实做深。

三、外商渗透阶段(2002年至今)

随着我国体育竞技水平的提高,城市居民消费水平特别是体育消费需求的稳步增长,对不同季节体育用品市场提出了更高的要求,从2002年开始,国家体育总局和中国体育用品联合会在中国体育用品博览会夏季展的基础上推出了冬季展,从而形成了目前一夏一冬、一年两届的展览格局。自此,中国体育博览会与世界上最高层次的博览会趋于接轨。

2005年,慕尼黑国际博览会公司(MMG)举办ISPO CHINA亚洲国际品牌体育用品及运动时尚博览会,成为亚洲地区首个境外展览机构组织的洲际体育博览会,国际顶级体育博览专业公司开始染指中国市场。MMG凭借其在国际体育用品业界多年累积的丰富资源和专业知识,携众多世界知名体育用品品牌,挺进当今经济最具活力及最具发展潜力的中国及亚洲市场,给中国体育用品市场带来了品牌主导的全新理念。ISPO CHINA的展商均为国际、国内的著名业内品牌,是亚太地区体育用品行业重要的信息交流平台,是参展品牌和贸易观众了解业内最新趋势、创新精神和商业交流的最佳场所。展品范围包括户外运动、板类运动、团队运动、跑步运动、健身、球拍、滑雪运动、运动服装及运动时尚、高尔夫运动、织物与面料、自行车运动等。2008年北京奥运会前夕,两场由不同组织单位主办和承办的体育博览会同时在北京的不同地点举行,将中国体育博览会打上了更高规格、更大规模的国际品牌标签。

2008年,第29届奥林匹克运动会召开在即,奥运热潮把这次体育国际博览会推向了史无前例的高度。由国家体育总局、中华全国体育总会、中国奥委会、中国体育用品联合会和中国体育科学学会等国字号体育权威单位主办、国家体育总局装备中心承办的第22届中国国际体育用品博览会于2008年5月29日至6月1日在北京中国国际展览中心(新馆)举行。这届体博会启用了新国展全部8个展馆,馆内面积达到10万平方米,参展企业近1000家,希望参展单位的展位面积远远超过馆内展览面积,因此组委会在展馆外搭建了户外展篷,设置了室外展区,展览面积达到12万平方米,声势浩大、规模超前,成为历届体博会之最。在展区方面较以往更加专业和细化,7个展区分别为奥运主题和体育资源展区、运动服饰展区、户外运动展区、乒乓球器材展区、网羽运动展区、体育场馆器材设施与竞赛器材展区以及健身器材及康复设备展区。参展品牌的质量和国际化程度也有所突破,共有近3000个体育品牌进行展示,其中境外品牌来自30多个国家和地区,约占全部品牌的30%。此次展会更注重于体育产业链模式的引入,由以往单纯关注体育用品产业发展的命题拓展到对整个体育产业上下游联动的思考,由我国体育产业如何被动应对国际体育行业对我国体育市场的吞噬到扬长避短地主动出击参与国际体育产业竞争的思维转变。

本届博览会期间,中国体育博览会组委会推出"中国体育营销资源推介会",明确了长远发展的目标——打造中国最优质的体育营销资源交流平台。推介会以"本土资源升华奥运价值、中国精品延续奥运辉煌"为主题,围绕奥运营销,深入探讨体育营销资源的挖掘和运用,以期让更多的企业有机会参与体育营销,让更多的项目和赛事被分享,同时也为后奥运时期保持市场活力做了深入探讨。此间,全国体育用品生产、流通领域领军人物、各国行业协会的官员、全球各大国际品牌的代表以及各省市体育系统采购部门负责人齐聚北京顺义,共同探讨我国体育产业在面临全新的发展机遇之时如何跨出规模化、国际化之路的研究课题,官员、学者、企业三方对话的平台,呈现体育产业发展之多角度、多层次观点。[1]

经过20多年的发展,中国体育用品博览会已成为亚太地区规模最大,和

---

[1] 参见刘鸣鸣等:《中国国际体育用品博览会竞争力研究——兼与德国慕尼黑国际体育用品博览会比较》,来源:体育文化导刊,2010年第5期。

慕尼黑国际体育用品博览会、美国国际体育用品博览会齐名的世界三大体育博览会之一,是国际上愈来愈具有较大影响的国际体育用品博览盛会。中国体育博览会的发展历程由下表可见一斑(见表6.1)。

表6.1 中国历届体育博览会规模表

年代	地址	展位	观众	年代	地址	展位	观众
1993	西安	230	—	2005	北京(冬)	600	30 000
1994	福州	370	—	2006	成都(夏)	5000	160 000
1995	天津	450	—	2006	长春(冬)	600	15 000
1996	武昌	840	—	2007	成都(夏)	4500	150 000
1997	武汉	1400	—	2007	北京(冬)	600	35 000
1998	福州	2000	—	2008	北京(夏)	6000	160 000
1999	成都	2100	60 000	2008	成都(冬)	6500	130 000
2000	长沙	2439	100 000	2009	北京(夏)	3000	110 000
2001	北京	3402	120 000	2009	北京(冬)	3000	120 000
2002	长沙(夏)	4000	130 000	2010	北京(夏)	4500	150 000
2002	北京(冬)	400	30 000	2011	成都(夏)	5000	150 000
2003	上海	取消	取消	2012	北京(夏)	3000	160 000
2003	北京(夏)	3000	120 000	2013	北京(夏)	4500	150 000
2004	上海(夏)	4500	150 000	2014	武汉(夏)	4500	150 000
2005	上海(夏)	800	150 000	2015	福州(夏)	5000	160 000

目前,中国体育用品博览会已成为继慕尼黑国际体育用品博览会(ISPO)和美国国际体育用品博览会(Super Show)之后、亚太地区规模最大、在国际上具有较大影响的国际体育用品博览盛会。体博会不仅在国际体育用品界占有一席之地,而且在国内的展览界也具有较大的影响。2004年,国务院发展研究中心、中国社会科学院、商务部国际经贸研究院、全国城贸联合

经济日报等单位组成专业化展览会综合评价专家组,从全国3600多个展览会中选取180多个展览会,开展等级测评工作。评价结果显示:中国国际体育用品博览会排在机床展、印刷展、通信展、汽车展之后,名列第5位。因此,体博会已成为名副其实的民族品牌展会。

第二节　分类与特点

大型体育博览会内容丰富,形式多样,有着各种各样的名称或叫法。根据体育博览举办的范围和影响力,可以分为国际体育博览会、国内体育博览会和地区博览会。当前,世界上最著名的体育博览会主要有德国慕尼黑体育博览会、美国体育博览会和中国体育博览会,号称世界三大体育展会。

2004年,凭借良好的地域条件,首届粤港澳国际体育用品博览会在广州首展,拉开了广东、香港、澳门联手举办体育博览会的序幕,也将原来的广东国际体育用品博览会(2000年首创)拓展为具有更大国际竞争力的展会。2007年,第4届粤港澳国际体育用品博览会暨第8届广东国际体育用品博览会借第16届亚洲运动会2010年在广州举行的机会,大打亚运牌,吸引厂商参展,就连新闻发布会也别出心裁,邀请新闻记者和厂商代表在珠江游轮上把酒言欢。这届由中华人民共和国商务部批准,第16届亚洲运动会组织委员会支持,广东省体育局、香港民政事务局、澳门体育发展局、广东省体育产业协会、恒和集团有限公司共同主办的第4届粤港澳暨第8届广东国际体育用品博览会,还将广东国际户外休闲用品展览会、广东国际体育基础设施及场馆建设展览会融为一体,声势浩大。

尽管国内很多地方都在举办体育博览会,如体育发达地区广东、西部经济集散地成都、中国体育用品制造中心福建等都虎视眈眈体育展会市场,但规模最大、影响力最强的体育博览会当属北京体育博览会和上海体育博览会。随着北京国际展览中心新馆的落成,北京体育博览会的国际地位将日益显现。根据国家体育总局体育装备中心负责人介绍,最近三年,中国国际体育博览会(冬、夏)都将在北京新国展举行。

根据参展产品和运动项目分,则有冰上项目博览会、水上项目博览会、足球博览会和体育休闲博览会等。2008年1月,迪拜足球博览会如期开幕,博览会聚集了意大利米兰双雄、德甲汉堡和斯图加特等欧陆豪门,众多俱乐部的高层和知名经纪人也驻足其中,参加国际足球博览会。尽管中国足球战绩不佳,但在中国经济高速发展的强力驱动之下,中国足球市场的巨大潜力吸引着全世界的足球产业。无论是欧陆豪门还是美洲劲旅,都有到中国淘金的欲望。因此,全世界足球业界规模最大的国际足球博览会上海国际足球论坛于2008年5月29日首次举行,引起了世界各路豪强的高度重视。

将体育博览与露营及休闲用品、花园草坪工具及设备、水处理和室外照明、宠物用品、马术用品等熔为一炉,是德国金彼岸国际展览有限公司的杰作。每年9月,这个有着60多年历史的展会都在德国的科隆国际博览中心举行。最近几年,科隆国际花园工具、露营设备及体育用品博览会展商爆满,观众人数屡创纪录。2006年,总共有来自64个国家(77%来自德国以外)的2456家公司参加了展览会,展馆总面积达到284 000平方米,参展商包括德国本土的548家参展商和24家公司代表,1786家国外参展商和98家公司代表。约有50 000名来自103个国家和地区的专业观众参观了此次盛会,其中,德国以外的观众占55%。

根据举办的时令划分,则可以分为夏季体育博览会和冬季体育博览会。当前,世界上各大体育博览会均为冬夏两季。从2002年开始,中国国际体育博览会分为冬夏两季在不同地点举行,全面与国际接轨。我国冬季体育博览会往往运用中国登山协会、中国滑雪协会等行业协会的优势。中国登山协会还在最近几届的冬季体博会上将2008年奥运会火炬接力攀登珠峰的线路图在现场展示。与夏季体博会不同的是,冬季体博会一向以冰雪器材、户外运动装备和休闲用品等为主要展览内容。

按照产品类别来分则更为专业,运动服装服饰展、泳装及水上项目器具展、奥运会赞助商产品展、体育旅游产品展、赛车与摩托车及配套器具展和世界奥林匹克收藏博览会等。我国香港世龙国际公司在巴西圣保罗主办的体育鞋类及皮革制品博览会很有特点。1969年,巴西圣保罗国际鞋类、体育用品及皮革制品展览会开展,这个展会在开始阶段仅对专业观众开放。经过30多年的发展,已经成为南美地区规模最大、历史最悠久、最具影响力的鞋类、体育用品及皮革制品展览会,也是目前世界上鞋类题材的第四大专业贸易展览会。每届展会有来自20多个国家和地区700多家厂商参展,展出净面积32 000平方米,其中成品运动鞋及运动鞋的关联产品占到90%,箱包占10%。接待专业观众40 000多人次。2008年1月,该展会实际展出面积超过55 000平方米,参展企业1200家,到会专业观众遍及全世界,包括阿根廷、智利、以色列、意大利、秘鲁、西班牙、美国、德国、英国和法国等74个国家和地区,展出各种产品和品牌1600多种。

体育博览会期间,世界上各大品牌的体育产品争奇斗艳,体育巨头、明星摩肩接踵,制造商竞相展示最新颖、最有高科技含量的运动装备。近年来,围绕各种主题的体育论坛、体育沙龙也频频出现在体育博览会上,是体育博览会的新鲜血液,增强了体博会的生命力。

体育博览会品类繁多,与其他专业展会交相辉映。无论是哪种形式的体育博览会,都有着与其他展会不同的特点,呈现出季节性、专业性、国际性等特征。

一、季节性

相对来说,体育博览会时间比较固定,有着明显的季节性。当下,国内外知名的综合性体育展会一般都有冬夏两季的博览会,吸引相关的参展厂商和专门观众,展示不同时节的体育服装器材器具。一般来说,夏季体育博览会的影响力和展出规模都要明显比冬季体育博览会大。

二、专业性

体育博览会分类细致、专业性强,大到场馆器材、服装用具,小到球拍、球弦、鞋帽鱼钩,都是围绕体育做文章、布市场。在首届中国体育旅游博览会上,组织者别出心裁,让观众大饱眼福,在宁夏展区,观众不光可以观看黄沙落日的美景,还可以亲身体验黄沙飞翔、沙漠冲浪等体育项目;而在贵州展区,除了观赏多姿多样的喀斯特地形、地貌,还可以亲身体验一下民族服饰和民居等。近年来,有些体育展会已经开始针对不同规格、不同规模的参展商户和专业观众,安排不同层级的展会,专门为高端用户设计的专业体育博览会也在运筹中。

体育展会的专业性,还体现在很多展会只对与展会相关的"专业观众"开放,将一般的"散户""非专业人士"拒之门外。

三、国际性

体育博览会的国际性体现在参展商户的国际化、专业观众的国际化、现场成交的国际化和媒介支持的国际化。国际展会除了尽量吸纳本国、本地区的专业厂商外,都将目光瞄准全球知名企业和成长型企业。2007年,德国慕尼黑体育博览会吸引了来自40多个国家的近1600多家厂家参展,其中

70%是来自国外的展商。德国科隆国际体育用品、露营设备及花园生活博览会以专业化、国际化和智能化为特色,每年吸引60多个国家和地区的近3000家企业参展,70%的展商和50%的观众来自德国之外,其中85%具有售卖和采购决策权,65%当场签单成交。2007年会展期间,展出面积168 000平方米,约1500家企业参展,其中,中国企业328家,约40 000名世界各地观众来参观展会。

第三节　国外体育博览

体育博览是舶来品,我国体育博览正是在学习借鉴的基础上发展壮大起来的。因此,了解国外体育博览的发展脉络,发现其规律性的东西,"洋为中用",大有裨益。

一、德国慕尼黑体育博览会

德国慕尼黑体育博览会有着得天独厚的条件。德国工业发达,会展经济是其支柱性产业。法兰克福、莱比锡、科隆和慕尼黑等都是传统展会城市。

建于1158年的慕尼黑市,在19世纪后随着工业和商业的大力发展,城市建设发展迅速,人口急剧增加,现在城市人口已经达到120多万。慕尼黑地理位置优越,是通往奥地利、瑞士的交通要冲,又是德国最邻近阿尔卑斯山滑雪胜地的大型城市,每年游客如鲫,是举办博览会的黄金宝地。从20世纪下半叶开始,慕尼黑每年举办20多个专业博览会,有着"博览会之城"的美誉。其中,与德国这一世界体育强国配套的"慕尼黑体育用品及运动时装国际博览会"有着特殊的关系。

1970年,慕尼黑国际展览集团(MMI)审时度势,创办了慕尼黑体育用品及运动时装国际博览会(ISPO)。经过40多年的发展,慕尼黑体育用品及运动时装国际博览会已经发展成为世界最为重要的体育综合性展览会。慕尼黑体育用品及运动时装国际博览会每年分冬、夏两季展会,以其规模大、门类全、管理水平高闻名于体博会业界,被众多国际体育知名品牌的商家所推崇,其参展商影响力首屈一指。

展会实行精细分类,科学有序,设有"爱好运动世界"、"冬季运动世界"、"健身运动世界"、"运动时装世界"、"运动鞋和团体运动世界"、"自然与户外运动世界"、"球拍与室内运动世界"、"儿童与妇女运动世界"和"国际运动世界"等专题。该展览对体育运动用品产业的生产及产品销售均产生了深远影响。慕尼黑体育博览会仅对专业观众开放,每届展览会都有来自世界上近百个国家的数千家生产及销售企业参展,有60 000余个专业客商到会洽谈,世界上许多著名品牌如阿迪达斯、耐克、茵宝以及我国的李宁、匹克等都有大面积展出。许多生产及销售企业都把该展会作为了解信息、改进设计、提高产品质量、培养和扶植名牌产品和把握商机的重要场所,争相参展。可以看出,慕尼黑体育博览会代表了当今世界运动类产品的最新潮流。

在成功举办本土展会的同时,慕尼黑展览有限公司(MMG)凭借其在国际体育用品业界多年累积的丰富资源和专业知识,携众多世界知名体育用品品牌挺进当今经济最具活力及最具发展潜力的中国及亚洲市场。2005年,德国慕尼黑展览有限公司瞄准市场强劲的中国市场,联手中国国际展览中心集团公司,创办了亚洲国际品牌体育用品及运动时尚博览会,给中国体育用品市场带来了品牌主导的全新理念,加剧了中国体育博览业的竞争,激活了中国体育博览市场。

近年来,随着中国企业走出国门参与世界市场竞争的意识增强,越来越多的体育制造企业开始参加慕尼黑体育博览会。为此,慕尼黑展览集团专设了中国馆。2007年,ISPO WINTER展上我国近百家的企业参展,占据了近1200平方米的参展面积。中国体育制造商以崭新的面貌、显著的标识和丰富的展品,增加了中国馆的吸引力。中国参展公司紧跟世界潮流,展品价位富有竞争力,使得绝大多数的参展商在展览会上获益颇丰。中国展商成交较好的主要产品有运动服装、休闲装、面料、鞋、球、帽子、手套和包袋等。由于展会引入了新理念,行业观众来源开始向运动、时尚和鞋类产业变更,展览会现场丰富的时装表演、新品发布和创新的展厅设计,吸引了行业内众多的设计师及市场研发人员到场参观。该展览会作为了解信息、改进设计、提高产品质量、树立品牌、把握商机的重要场所,众多生产及销售企业都争相参展。

从2007年起,慕尼黑体育博览会夏季展已改版为全新的ISPO SPORT & STYLE,植入了时尚元素,确定了全新的展会主题,定位了新的核心板块以及相应的展品范围。ISPO SPORT & STYLE展分为四个版块:视觉冲击(Ispovision)、运动时尚(Sportstyle)、功能(Performance)、潮流与创新(Trends & Innovations),把运动、时尚、生活方式、音乐及对生活的情感和谐地连接起来,建立经销商和供应商沟通的最佳平台,成为运动与时尚相结合的重要缔造者。

二、美国拉斯维加斯体育博览会

由美国体育用品制造商协会主办的一年一届的美国奥兰多体育用品展览会(The Super Show)是美洲地区展览规模最大的体育专业博览会,也是全球排名仅次于德国慕尼黑体育用品展(ISPO)的国际体育用品展。2007年,该展览会正式更名为SGMA,以一个崭新的面貌及创新的风格展现在了各参展商面前。

美国是全球最大的体育用品消费市场,国际性体育用品展览会,极具交易潜力。1986年,美国体育用品制造商联合会(SGMA)首次在美国主办专业性的体育国际贸易展览会。经过20多年的市场培育和品牌建设,该展会已逐渐发展为目前全世界体育用品行业的著名国际贸易展之一。该展会目标展商和观众稳定,参展商和到场观众主要来自美国本土、加拿大以及智利、秘鲁、巴西等拉美地区,因此,它不仅在知名度、展出规模和影响力等方面与慕尼黑国际体育用品博览会齐名,而且在观众构成上也起到了较好的互补作用。

2005年,美国国际体育用品展览会在拉斯维加斯沙地会议展览中心的A、B、C、D、G馆及部分会议室举行,共有50多个国家和地区的900余家公司参展,展出面积9.2万平方米。在为期3天的展出期间,展览会共计接待来自世界各地的专业贸易人士8万人次,并举办了一系列的研讨会及各类活动。

2005年的美国国际体育用品展览会,中国大陆和台湾地区专门组团参展,集中展示了中国体育厂商的产品实力。中国厂商展出面积将近1000平方米,共有来自北京、上海、天津、山东、浙江、福建、广东、江苏、山西和台湾等10个省、市50多家外贸、工贸公司和生产厂商,主要展示健身器材、运动服装、运动鞋,各种球、运动护具等。在为期3天的展出过程中,我国参展企业共计接待来自美国、加拿大、中美洲、南美洲等国家和地区的客户1300多家,签订贸易合同金额将近500万美元,成交商品主要集中在刀具、游泳用品、运动帽、运动鞋、球类、健身器材、箱包等。

由于本届展会位置发生改变,由原来的奥兰多会展中心移师到拉斯维加斯沙地会议中心,展会气氛更加热烈。为保证该展览会的规模与订购能力,美国体育用品制造协会还将邀请所有的会员单位参加此次展览会,其中包括各种层次的零售商、分销商、代理商及终端客户等专业买家。本届展会有 2600 多家参展商,展出产品项目 2000 多种,是历届展会参展商最多、交易量最大的博览会。

2006 年,美国国际体育用品展由全美国体育用品制造商联合组成的美国体育用品制造商联合会所举办,规模与上一届持平。2006 年的 The Super Show 规划了 23 个展中展,分别为户外运动展,自行车展,电子运动展(The e-Sports Show),直排轮鞋展,水上运动展,网球用品展,高尔夫球用品展,健身用品展,运动服展,运动鞋展,冬季运动服展,韵律服饰展,图样印制及成衣展,极限运动用品展(如射击、溜冰、跳床、攀岩等运动),授权商品展,团队运动展,运动袋展,运动竞赛及奖项展,运动营养和保健用品展,体育商品收藏展,保龄球、台球及飞镖展,马术展及国际展(国家馆)等,以提供国际买主更便利、更专业的观展环境。此外,本届 Super Show 有一项创举,即将马术相关产品列入展览项目。在主办单位的规划下,马术专区(Equestrian Area)吸引了无数马术相关产品的制造商及零售商。规划设计此专区的负责人 Mr·Rhonsa Vincent Durrett 指出,由于佛罗里达州的 Ocala 附近有许多马场,因此专门设置马术专区,为该展带来新的商机与买主。

2008 年,英国 DMG 世界媒体公司跟体育用品制造商协会合作举行两场展会——SGMA 体育团队展和 SGMA 运动通行展。SGMA 体育团队展通过团队运动服、鞋类、器械、设备及配件来展示其特点,同时会把团队的分销商和零售商从北美吸引回来,SGMA 允许展出的产品包括专业和高校体育允许展出的产品,包括服装、家居配件、礼品及纪念品。

第四节　挑战与方向

中国体育博览会起步较晚,但有着后发优势,取得了不错成绩。2003 年,中国体育博览会名列中国综合性展览会评比第五位。2005 年,中国体育博览会被评为中国商务部重点支持的有规模、有影响力的大型展览项目之一。2006 年,中国体育博览会位居中国十大最具影响力的品牌展会。

中国是世界最大的体育用品制造基地,全球有超过 70% 的体育用品在中国生产加工。如何积极应对当下体育展会的竞合环境,如何运用中国体育博览会的窗口展示中国体育产品形象,为中国体育制造向体育创造迈进做出应有贡献,是中国体育博览会未来发展的新课题。我国加入世界贸易组织后,中国体育用品业在关税、市场规律、政策法规、投资环境方面发生了重大变化,在吸纳外资、提高产品质量和参与国际竞争等方面有了更多的机遇,也提出了更高的要求。北京奥运会的成功举办和北京张家口冬奥会申奥成功,为中国体育用品展示企业形象、扩大国际知名度、创造世界品牌创造了一个绝佳的外部条件,也给中国体育博览会的组织和体育展会经济的发展提出了新的、更高的要求。只有把握世界体育博览业的发展趋势,厘清我国体育博览会的竞合环境,提出相应的发展对策,才能将我国体育博览产业发展到一个符合现代服务业要求的水平,为中国体育产业到 2025 年实现 5 万亿的目标做出应有贡献。

一、世界体育博览会的发展趋势

当前,全球体育博览会飞速发展,正朝着规模化、专业化、国际化和联动化方向努力。"二八法则,强者通吃",同样适合体育博览会。纵观世界高规格的体育专业展会,无不是几个大牌操纵着体育展会市场。欧美国家凭借着上百年的展会经验和良好的商业背景,"弱肉强食",逐渐兼并一些中小展会,扩大自身规模。中国体育博览会、展会规模日益扩大,参展商数从首届西安中国体博会的 120 家,发展到 2006 年成都中国体博会的 868 家,2008 年,在北京举行的第 22 届中国国际体育博览会参展商超过了 1000 家,就是最好的例证。专家指出,如果一届体育博览会的展会面积不到 80 000 平方米,参展商数量达不到 1000 家以上,根本就谈不上有影响力的体育专业展会。

体育博览会的专业化程度决定着展会的定位和品牌形象。专业化体现在展会组织者的专业水平、展会产品器材的专业程度以及到场的专业观众。一般来说,高水准的体育展会都会不遗余力甚至不惜代价邀请世界上顶级体育制造商到场参展,除了一线体育专业产品的豪门大户外,崭露头角的制造商及体育消费大国的展商也是展会组织者争夺的主要对象。由于展会期间往往会开辟专业论坛或者研讨会,体育博览会方面的专家学者的知名度和行业影响力也是涉及专业化程度的重要内容。

体育博览会的国际性体现在展会的国际号召力、展商的国际化、与会观众的国际化程度以及展会的国际化渗透程度。

联动化指的是体育博览会与大众传媒的连接、渗透与互动。作为体育产业的综合盛会,大众传媒的参与与渗透至关重要。我国的媒体联动相对落后,从2008年第22届国际体育博览会开始有所改观。在2008体博会上,导入了"媒体服务"这一由奥运会引入中国的工作系统,避免了往年体博会多家媒体到场,面对上10万平方米的展区和上千家参展企业,媒体资源分配随机性(过剩或者不足)的情况。在2008年中国国际体育博览会上,有100多家媒体全方位报道体博会,包括主流媒体CCTV-5、中国体育报业总社(下属20多家专业媒体)、搜狐网(已经与承办方结成战略合作伙伴关系合力推广体博会)等。在战略合作框架外,还有30多家媒体作为合作媒体,对体博会展开报道。此外,区域合作媒体的开设,为体博会各展览专区的企业提供专业、细分媒体服务,更有针对性。例如健身器材区设有健与美、健美先生等区域合作媒体,体育服装区设有中国服饰报等。这就为不同的专业展区,匹配了专业媒体的关注,为不同领域的媒体提供系统服务。为了媒体人员的工作便利,体博会将在交通、工作环境、采访安排等多个环节对记者提供配套服务。在体博会前期准备阶段,组织方提前和相关媒体沟通,提供相关资料和信息,并了解媒体的新闻需求。同时,根据参展企业的宣传意愿,引导媒体对企业的新产品、新技术进行关注。展会期间,体博会设立了新闻中心和媒体休息区,给记者提供休息、上网、打印等服务,同时通过短信等形式及时给记者提供体博会新闻线索。

二、我国体育博览会的竞合环境

近年来,我国体育产业特别是体育制造业异军突起,表现出强劲的发展态势,体育产业的产值以30%的速度增长,逐渐成为国民经济的新兴产业。我国体育用品的发展尤为迅速,形成了以李宁、康威、安踏、匹克和361°等为代表的中国体育名牌,国际竞争力日益强劲。国际顶尖体育运动品牌纷纷以各种形式进入中国,一致看好亚洲市场尤其是中国这个极具潜力的市场。耐克、阿迪达斯、艾斯克斯、锐步和彪马等或在中国投资、合资建厂,或寻找代理商开辟专营店。体育博览会正是这些国际运动品牌在中国展示形象、为市场供求双方提供良好平台、与中国商家企业融合发展的最佳窗口和平台。我国体育人口已经达到了3亿多人,各类体育健身康复娱乐活动逐渐成为社会时尚,体育制造、体育康复保健、体育旅游、体育媒介等迅速发展,为我国体育会展经济规模化、产业化和规范化的发展提供了良好的基础。

2008年北京奥运会的举办和2022年北京张家口冬奥会确定在中国举行,给中国体育博览会带来更大的发展空间。北京奥运会的举办,促进我国体育消费的快速增加,而奥运会体育场馆的建设、比赛运动器材的配备、奥运会品牌吸引力将直接或间接推动我国体育产业的发展,上千亿元的投资将给国内外体育企业带来无限商机,使得中国体育博览孕育着无限商机。2008年北京奥运会的举办,进一步提升了中国国际体育博览会的形象地位,促进国际会展重心尤其是体育会展重心向中国的转移。国际会展协会出版的《国际会议市场》指出,国际会议与展会举办地的重心已由欧美向亚太地区转移,中国成为亚太地区会展中心的机会最大。

中国体育博览同样也面临着巨大的挑战。我国体育博览起步晚,缺少专业的管理团队、国际影响力和竞争力。我国体育会展行业刚刚起步,组织真正意义的体育博览会也不过20多年的历史。由于起步晚,市场化程度相对比较低,我国绝大多数大型体育会展都由政府主办。在体育博览会主办过程中,政府对体育会展活动的具体运作的行政干预太多,不利于形成资源优化配置、优胜劣汰的市场竞争格局。由于缺少专业管理人才,对体育展会的管理相对混乱,各行业之间、部门之间因为各种利益关系长期存在低水平的无序竞争,重复办展比比皆是,让参展商无所适从。正是由于这些原因,导致我国体育会展业缺乏具有国际影响的品牌,产业竞争力弱。

中国体育博览会的另一个挑战则是来自国际体育展会巨头的"登陆"。随着我国加入世贸组织的进程不断深入和中国体育市场的扩大,世界上顶级体育展会公司不约而同地将目光投向了中国市场。国外会展公司以先进的管理手段、高水平的运作团队、较高的知名度和广泛的客户网络和在市场竞争中处于有利地位,利用各种优厚条件吸引中国商家出国参展,同时,又不失时机将触角伸向中国体育展会。慕尼黑国际体育用品博览会的登堂入室,就是一个明确的信号。

三、我国体育博览会的发展对策

我国体育博览面临着空前的机遇与挑战。国际竞争环境风云际会,一方面展会市场正在西移东渐,亚太地区正在成为国际展会中心,也是体育博览会的重要一员。另一方面,中国的市场规模成长迅速,市场地位正在不断提升,国际顶级品牌都将中国作为最不能够忽视的海外基地。在这样的背景下,我国体育博览只有认清形势,直面挑战,拿出有效的应对措施和发展对策,才会不断发展壮大。

(一)加强展会品牌铸造。2001年,中国体育用品联合会正式加入世界体育用品联合会,成为世界体育用品联合会展览系列的重要环节,中国体育博览会从此由一个全国性的体育展会向有世界影响力的专业品牌迈进。中国体育博览会的规模、影响力和服务水平有了一定程度的提高,参与展览的国家与地区也不断增加。2008年,中国体育博览会借势北京奥运会,办展理念和市场化的运作方式在不断探索与实践中得到了更新和提高。主办方努力突破原有概念,以契合时代的需求为目的,树立起中国体育博览会的标杆。

品牌的最大特点就是差异化和稳定性,我国体育博览会品牌铸造的另一个方面就是要稳定展会地址。当前,我国体育会展处于初步阶段,形形色色的体育会展,如中国国际体育用品博览会、中国体育用品博览会、北京国际体育与休闲设施及用品博览会、中国国际体育健身器材博览会、海峡西岸体育休闲用品博览会等摩肩接踵。一会儿在北京,一会儿又到了上海、广州、深圳、厦门、成都。这种飘移式的体育展会,让参展商如坠五里云雾,不知道参展哪一个区位和展位。我国体育展会本来就先天不足,几经"拆分",就变得更加弱不禁风,无法与德国、美国等国家的国际性品牌体育会展分庭抗礼。德、美两国的体博会之所以办得气势恢宏,一个关键原因是它们都有着各自的"固定城市品牌",有一个永久性承办体博会的城市,如德国的慕尼黑、美国的拉斯维加斯等早已在世人心中形成了"展会城市品牌"和"体育城市品牌",体博会知名度和城市知名度紧密依存。因此,我国体育展会的品牌铸造任重道远。据知,中国体育博览会已经意识到稳定的展会地址的重要性,考虑将更多的高规格冬夏体育展会都放在新国展举行。

(二)强化专业队伍建设。一流的展会,必须有一支专业的组织管理队伍。我国体育博览的快速发展,亟须建立一批国际化的高素质的管理梯队,一支长期稳定的专业组织队伍。因为中国体博会每年举办地的不尽相同,使得本来就不够强大的体育展会队伍没有形成合力,而是被不同的主办城市所分流,展会品牌资源难以积累。2001年,国家体育总局组织建立了一个强有力的班子,与各举办城市共同合作、组织、管理中国体博会,使得我国体育博览会的专业化程度有所改观,但同国外苦心锻造了几十年的专业队伍相比,还存在着一定的差距。

为适应体育产业越来越明晰的市场细分趋势,国际顶级体博会在布展上较以往更加讲求专业划分。在2008年中国国际体育用品博览会上,我国加快了与国际接轨步伐。在2008年北京奥运会大背景下,2008年中国国际体育用品博览会推行了项目管理,打破了以往体博会组织者既要做招展、媒体服务,又要做观众组织、现场活动,内部人员工作界限模糊的怪圈,将这些工作分割成独立项目,主办方国家体育总局装备中心根据自身优势,做招展、观众组织等工作,而现场活动、知识产权纠纷处理等工作外包给专业公司。在展区内,安排了奥运主题展区、运动服饰区、户外与休闲区、网羽运动区、体育场馆设施区、健身器材及康复设备区和球类运动区。这7个展区严格按照展商类别进行布展,保证了展会的专业性。

提高中国体育博览会的专业化水平的另一个方面就是提高专业观众的比例。当前,我国专业观众的比例只占到10%~20%,而德国慕尼黑体育博览会专业观众高达70%以上,美国拉斯维加斯体育博览会的体育专业观众也达到了60%,差距非常明显。随着近些年体育用品产业的兴起,中国国际体育用品博览会的专业观众人数不断提高。在成都举办的第18届中国体博会上,专业观众已经达到了3万多人,2008年中国国际体育用品博览会的专业观众则超过了5万人。尽管与国际著名体育用品博览会相比,专业观众的比例还是严重偏低,在一定程度上影响了展会及展会后的成交量,但至少看到了中国体育博览会正在不断朝专业化方向努力。

(三)重视媒体联动。在信息化时代,媒介活动是展会的重要元素,媒体联动的状况直接影响到展会的成功与否。如何在整合国家体育总局自身拥有媒体的基础上,携手国内乃至世界上最具影响力的大众传播资源,做到传统报纸、杂志与广播电视的协调统一,实现传统媒体与互联网媒体、手机媒体、车载媒体等新媒体的和谐默契,立体化、联动化为体育博览会服务,至关重要。

媒体联动不仅仅是简单的媒介宣传,而是全面参与、广泛渗透,覆盖领域应从体育领域扩展到经济管理领域和市场营销领域,影响范围应该从地方效应扩大到全国效应以及世界效应。网络媒体等新媒体是人们可以获得快捷、便利、高质量信息的重要途径,中国体育博览会当应用网络技术来促进经贸合作,降低交易成本,建立中国国际体育博览会网站刻不容缓。国外的体育博览会网站的经验,值得借鉴。唯有通过自己的网站,可以发布展会信息,延长展会"寿命",使参展商、采购商及参观观众在展会结束之后,仍可以通过虚拟展会了解展会信息。同时,建立参展商及贸易观众的登记系统,通过登记系统收集参展商及贸易观众的信息,建立数据库,及时向参展商及贸易观众即买方与卖方提供信息,为他们之间的交流建立沟通的桥梁,同时也为展会的招商、招展,观众邀请提供依据。应该注意的是,怎样将当地的区域媒体转化为开放式的国际化媒体,也是一个新命题。媒体联动的时间和周期,也是中国体育博览会发展旅程中需要重新思考的问题,形成持续性、长期性的媒体联动意义深远。

开展事件营销是扩大影响屡试不爽的手段。中国体博会在举办时期,开展中国国际体育用品联合会年会,举办各种相关论坛,开发与展会关联度高的群众性体育活动等一系列大型活动,借此提升展会的文化内涵和社会影响力,提供能体现人性化服务的软硬件的设施配置,很有裨益。

第七章 体育休闲

体育休闲康复是人类针对自己的身体和生活而创造的一种社会文化现象,是体育文化宝塔中坚实的基座之一。无论是现代意义上的体育休闲康复运动,还是根植于中国几千年的民间体育娱乐活动,就其历史而言与社会进步和经济发展密切相关。随着社会化程度提高和人类文明的进步,体育休闲康复越来越受到各方重视,商业价值和地位也在不断上升。

1999年12月,著名未来学家格雷厄姆·莫利托曾经在英国《经济学家》撰文指出,新的千年我们将迎来休闲、生命科学、超级材料、新的原子和新的航天时代,休闲时代将在美国占主导地位,多数人将把休闲时间用在体育和其他娱乐活动上。1999年12月,美国《未来学家》杂志预言,2015年部分发达国家将进入"休闲时代",发展中国家也将紧随其后。2014年12月,《21世纪经济报道》在《"十三五"前瞻经济新常态的"九大特征"》一文中大胆预测,休闲服务业将是"十三五"的主导产业。可见,在当今和今后一段时间内,休闲服务业成为非常活跃的经济动因已成共识,体育休闲康复保健的市场需求正在不断扩大。

2014年9月,国务院部署加快发展体育产业,促进体育消费,推动大众健身。2014年11月20日,国务院《关于加快发展体育产业促进体育消费的若干意见》将全民健身上升为国家战略,把体育产业作为绿色产业、朝阳产业培育扶持,要求大力培育健身休闲、竞赛表演、场馆服务、中介培训等体育服务业,促进健身休闲项目的普及和提高,发展健身休闲项目。2015年9月6日,《国家体育产业统计分类》发布,体育健身休闲活动作为大类包括了休闲健身活动、体育文化活动(含群众体育文化活动和民族民间体育活动两个小类)、其他休闲健身活动。这一系列政策的出台,也预示着中国体育休闲康复保健产业已经在国家层面得到高度关注和重视,体育休闲产业的春天已经来临。

第一节 基本定义

体育休闲是指人们选择喜闻乐见的、松散随意、轻车简从的肢体与环境项目,以增进健康、强健体魄、预防疾病与康复为目标的特殊文化形态。体育休闲往往以渗透、融合、感染、凝聚、熏陶和净化等多种形式影响人们的行为方式和生活方式,改善人类的生命质量,提高人类文化素养与精神文明程度,丰富生活内容与加强人际关系以及促进人的社会化与个性形成等。

体育休闲康复是经济与体育一体化的产物,一方面,更多的经济行为参与其中,"购买或售卖"体育休闲,以实现商业利益最大化。另一方面,通过"参与或投入"体育休闲,可以达到娱乐、消费、健身、交往等修身养性的目标,来支持有效的经济参与,正是这种消费的"再创造"性,使得体育休闲合理化。在目前,虽然体育休闲并不是生活的根本因素,但却因其对经济效率的贡献而成为很好的工具。体育具有休闲娱乐功能的主要原因:一是体育活动始终关注人的"自身自然"的发展,二是体育活动存在大量的人与人的交往。体育休闲娱乐功能的实现主要有两种基本途径:一是亲身参与体育活动,二是欣赏体育比赛。[①]

由于很多人类休闲活动是既有竞技运动项目的简化(或化繁为简或化难为易或化重为轻等),因而常常称作体育休闲。又因之有着身心愉悦和肢体康复功能,体育休闲康复保健往往紧密连在一起,成为一个约定俗成的固定词汇组合。

在西方语言系统中,leisure/pastime/recreation 等有"休闲"的含义,又都有侧重。pastime 主要意思是"消遣,娱乐,休闲,消费",leisure 侧重的是"闲暇,休闲,休息、康乐、安逸、舒适",常常连接组合 leisure sports(休闲体育)或者 sports leisure(体育休闲),而 recreation 的主体意思是"娱乐、消遣、休闲和康乐"。leisure 和 recreation 是与本文关联最紧、也是与体育联系最多的两个词汇。

在不少地方,不少研究人员将"体育休闲"与"休闲体育"混为一谈,实际

---

① 参见全国体育学院教材委员会编:《体育概论》,人民体育出版社,2005 年版。

上是两个完全不同的概念。体育休闲是对既有体育运动、体育比赛项目休闲化、随意化、大众化、简便化,包括前文所述的化繁为简、化难为易或化重为轻,还包括对既有体育场馆场所的综合利用,对名山大川、江河湖泊的探知问险等,以契合民众在闲暇时间跳跃、跑步、登山赏景、健身、美容的需求,达到回归自然、展示人性、回归人性的目的。体育休闲的主要内容有体育观赏、体育旅游、体育康健、体育娱乐和体育探险等,简单地说就是把体育"玩好",让自己"爽好、开心好、身体好"。

休闲体育指的是空余时间所从事的身体训练和专项教育,侧重点是一个个具象的身体活动项目,"海、陆、空"无所不包,陆地休闲体育运动包括登山、攀岩、徒步越野、郊游、野外旅游、滑雪、滑冰和雪上摩托等,水域休闲体育运动则有划船、水上摩托、潜水、冲浪、滑水、钓鱼和江河漂流等,空中休闲体育运动涵盖了滑翔伞、高空跳伞、蹦极和热气球等活动。

二者在从事的具体项目上存在着交叉重叠,貌似很多相似之处。但前者强调的是人的活动,指的是休闲活动对人类的影响,更多是一种常态化的有策划、有组织的主动行为,是一种精神追求、精神境界。后者是一个个很具体的身体活动目录,在有空时(抽空)偶尔为之的肢体活动。

一、特殊文化形态

无论是西方文明,还是远古的中华文化,都早早接触到"休闲"的内蕴,时刻能发现文化印记。在西方文化中,古希腊文明对现代休闲思想产生了重要影响。古希腊哲学家亚里士多德说过,"休闲是一切事物环绕的中心,是哲学、艺术和科学诞生的基本条件之一"。

在中国古代没有"休闲"这个合成词,休、休息、休沐、休暇、休假等词含有休闲的某些内容,与休闲相近的词是"乐(le)",泛指一切"乐生之具",即人们欢愉身心的社会活动,相当于我们现在的"业余生活"或"休闲生活"。"休"在《辞海》中的解释是"吉庆、欢乐"的意思。人依木而休,使精神的休整和身体的颐养活动得以充分地进行,使人和自然浑然一体,赋予生命以真、善、美,具有了价值意义。休闲是人的一种生命的状态,是一种"成为人"的过程,是个人与社会发展任务的主要存在空间,休闲不仅是寻找快乐,更是在寻找生命的意义。

"采菊东篱下,悠然见南山"的千古佳句,就是我国古人对休闲、安逸、身心放松的最好写照,这与西方话语中的休闲有异曲同工之妙。在远古时期,中国先民们就已经体尝到休闲社会生活的乐趣。随着人类社会的不断发展,原始艺术和人类的审美情趣也随之发展。伴随着人类采集、渔猎范围的不断扩大,尤其是在迁徙、游牧和以物换物的旅途中,人们更能从自然环境和人文社会的变化中享受到一种前所未有的欢乐。

在国外,最早把工作和消遣分离起于古代希腊,希腊人认为"工作是为了获得生活必需品而采取的手段",消遣的价值是在于人们获得现实生活中的永恒真理。进入现代,对于消遣、娱乐的认识发生了许多变化。在西方工业发达国家产生了不少有关游戏、娱乐、消遣的理论,从不同角度阐述了它们的概念和性质。

1967年,在日内瓦召开了游戏、娱乐、休闲等十六个国际组织参加的一次座谈会,讨论了一份《休闲宪章》。1970年6月,《休闲宪章》在欧洲娱乐委员会获得了通过,其中对休闲娱乐的定义做了比较详细的说明。《休闲宪章》认为,"休闲时间是指个人完成工作和满足生活要求之后,完全由他本人自己支配的一段时间,为补偿当代生活方式中人们的许多要求创造了条件,更为重要的是它通过身体放松、竞技、欣赏艺术,科学活动回到大自然,为丰富生活提供了可能性。无论在城市还是农村,休闲都是重要的,休闲为人们提供了激发基本才能的变化条件(意志、知识、责任感和创造力的自由发展),是建立世界各国和人民之间良好关系的重要部分"。

1978年11月21日于巴黎召开的联合国教科文组织大会第20次会议,回顾并确信《体育运动国际宪章》有效地行使人权的基本条件之一,是每个人应能自由地发展和保持他或她的身体、心智与道德的力量,因而任何人参加体育运动的机会均应得到保证和保障,确信保持和发展人的身体、心智与道德力量能在本国和国际范围内提高生活质量。《体育运动国际宪章》相信体育运动在培养人类基本价值观念方面应做出更有效的贡献,考虑到体育运动与自然环境相结合能使体育运动丰富多彩,唤起人们尊重地球的资源和关心为了整个人类更大利益而保护与使用这些资源,考虑到世界现有的训练与教育形式的多样性,尽管各国运动结构有差异,体育运动却并不局限于人体的幸福与健康,还有助于人的充分和平衡的发展。

考察西方体育的发展历程,在西方社会中并不存在体育休闲与非体育休闲之分。完整的体育是在19世纪的休闲革新中发展起来的,体育就属于休闲的方式之一,属于城市社会中的大众文化。因此,体育休闲不仅仅被理解为个人生理、心理的本能发泄和需求,是一种突破了"享受"这个领域的、有社会目的计划活动,是人类社会不可缺少的精神文明行为。

二、肢体环境项目

人类的许多体育运动项目产生于劳动,休闲体育的相当一部分就是从大众劳动和娱乐生活等演化出来的。因此,休闲体育是一种带有肢体活动的文化行为。五禽戏、刀枪棍戟、跳绳踢毽、风筝空竹、手谈棋弈、远足慢跑、垂钓冲浪等,无不都是手动、脚动、眼动、心动或手足并用或眼疾手快等舒经活骨、吐故纳新的体育休闲。

东汉时期的著名医学家华佗根据中医原理、结合先秦的导引方法,以模仿虎、鹿、熊、猿、鸟等五种动物的动作和神态编创了一套导引术——五禽戏,让民众作为修身养性、康健延年的身体活动,可以视作早期有记载的肢体休闲体育。后世医家、养生家和民间百姓因师传之变异,或根据五禽戏基本原理不断发展变化,在中国大地创编了数以百计的五禽戏套路,使五禽戏成为中国民间广为流传的、也是流传时间最长的休闲健身方法之一。现代医学研究证明,作为一种不受场地限制、简单易学的模仿动物体操,五禽戏不仅使人体的肌肉和关节得以舒展,而且有益于提高肺与心脏功能,改善心肌供氧量,提高心肌排血力,促进组织器官的正常发育。五禽戏是中国最早有着完整记载的具有完整功法的仿生休闲健身体操,是历代宫廷重视的体育运动之一。在岁月长河中,南宋后开始流行的八段锦以及明清时期太极拳等,均是中国对体育休闲康复的伟大贡献。现在流行的"跑吧"、"自行车吧"、"健步走吧"和"驴友吧"等,都是体育休闲肢体活动的代表。

同时,体育休闲还有不少活动安排在曲径通幽、世外桃源等与大自然和谐一体之处,又是另外一种颐养康体、修身温性的休闲选择。在大自然优雅浪漫的环境中,人们或静谧地充分感受"天然氧吧"的上天馈赠,或纵情泛舟戏水于水天一色的江河湖海,或沉湎在激情四溢的沙滩尽享旖旎风光美人美景,以彻底放松的心态融入其中享受其中。这些在森林、草原、雪山、峡谷、泉水、溪流、江河湖海中开展的体育休闲娱乐活动,感受阳光雨露甘霖,吸吮高密度负离子空气,赞赏青山绿水,将人们探秘自然的本能欲望与自然融合的绿色需求都得到充分满足。

三、提升文明程度

体育休闲以塑造身形、修养身心为主要目的,不受制于场地、器材、规则等条件,适合不同性别、年龄、学业以及不同职业的各个阶层的人广泛参与。通过各种体育休闲,人们找到适合于自己的休闲娱乐活动方式,不仅可以满足人体的生理机能的需要,成为养精蓄锐的重要途径,更是一种精神情绪的追求,是提升文明程度的举措。

在体育休闲"气定神闲"的过程中,可以培育闲情雅致,在恬静的环境中关注人生的意义、目的和价值,能为陷入文化危机的人类找到一个安宁的精神家园,既能使陷入现代生活冲突与困境的人们寻到归属感,也可以在巨大的休闲空间和广泛的社会认同中体验身心满足与情感愉悦。

登山是世界各国体育休闲的方式之一,人们结伴而行,拾级而上,登高远望,心旷神怡。在登山征途中,人们相互提携、互相帮扶,互尊、互敬、互爱,好一幅社会和谐、相亲相爱的美好图卷。

我国很多地方将每年的农历九月初九叫作重阳节,作为出游赏秋、登高远眺的重要节日,与除夕、清明节、中元节三节统称中国传统四大祭祖的节日。重阳节早在战国时期就已经形成,到了唐代被正式定为民间的节日,此后历朝历代沿袭至今。重阳又称"踏秋",与三月初三的"踏春"皆是家族倾室而出,重阳这天所有亲人都要一起登高"避灾"。1989年,农历九月九日被定为中国老人节,倡导全社会树立尊老、敬老、爱老、助老的风气。2006年5月20日,重阳节被国务院列入首批国家级非物质文化遗产名录。

重阳节人们登高祭祖,倍受历代文人墨客吟咏,留下脍炙人口的传唱名句。李涉的七律《登山》:"终日昏昏醉梦间,忽闻春尽强登山。因过竹院逢僧话,又得浮生半日闲。"道出了登山的别样意境。杜甫的《望岳》:"岱宗夫如何? 齐鲁青未了。造化钟神秀,阴阳割昏晓。荡胸生层云,决眦入归鸟。会当凌绝顶,一览众山小。"在泰山脚下创造性的想象出在群峰之巅的壮志豪情。

第二节 基本类别

体育休闲康复更多的是以一种体育思想,一种"体育行为方式"存在。体育休闲康复的本质是通过各种体育休闲文化浸润,消除人体机能疲劳,获得精神的慰藉,深化社会文明和谐。

体育休闲康复有多种分类方式,各有其科学道理。吴佳润在《休闲体育概论》一书中把休闲分为运动性休闲活动、实用性休闲活动、文化性休闲活动以及社交性休闲活动。就其运动形式可分为竞技运动项目和非竞技比赛项目,从活动方法上可以分为徒手运动项目和器械运动项目,根据运动强度与持续时间又可以分为有氧运动项目和无氧运动项目,从运动场所来分,可分为室内和室外两种,按场地和经费投入可分为要求不高的传统体育内容(武术、气功、散步、跑步、徒手操等),也有需要一些专门场地设施和一定投入的现代体育内容(网球、游泳、旅游、家庭器械健身等),还有对场地设施和投入要求都很高的新潮体育(高尔夫球、保龄球、赛车、摩托艇、登山攀崖、热气球、滑翔翼等),按活动空间可分为陆域、水域和空域等。

卢锋在《休闲体育学》中将体育休闲分为健身塑形、娱乐、竞赛、消遣放松、社交、探新寻奇和寻求刺激等7类活动。健身活动包括了瑜伽和健美操,体育娱乐活动的代表有打陀螺、荡秋千和舞狮等,竞赛类休闲活动包括了拔河、赛龙舟等活动,消遣放松有飞镖、射击、垂钓和拳击沙袋等,高尔夫球、保龄球和桌球等有助于人们社会交往,探异求新包括了洞穴探险、背包旅游、野营等活动,而激流冲浪、攀岩、蹦极和滑翔等满足了人们追求刺激、合理放纵的需求。

综合本文上述体育休闲康复的定义,可以将其分为徒手体育休闲康复、器械体育休闲康复和环境体育休闲康复三大类型。

一、徒手休闲康复

徒手休闲康复指的是不需要借助任何器械设备,开展各式各样的休闲康复活动,源远流长的中国五禽戏、八段锦、中华武术、太极拳、印度瑜伽和现在流行的广场舞、爬山、爬楼、登塔、沙浴、海水浴、温泉浴、空气浴、行走慢跑等,都属于徒手休闲康复的范畴。

爬楼运动被誉为"垂直马拉松",1978年起源于攀登美国帝国大厦(86层楼1576级台阶)的健身运动,是一项"环保、自信、坚持、交流、健康"的白领衔。如今,全球爬楼运动有数千万人参与,成为一项跨越年龄、性别,不受场地、时间、天气限制的国际流行的休闲健身运动。在国外,爬楼梯被称为"运动之王",只要有标志性建筑的地方,就会组织颇具人气的爬楼梯运动,1665级台阶的巴黎埃菲尔铁塔,高553米、1776级台阶的多伦多加拿大国家电视塔,1254个台阶的澳洲悉尼塔、中国台北第一高楼101大楼以及2726级台阶、474米高的"最高观光厅"上海环球金融中心观光厅等,都是爬楼梯爱好者的天堂圣地。在不少国家的很多城市,爬楼梯运动已经成为市长带头、万众参与的经典大众运动健身活动。近年来,爬楼梯运动开始在中国各大城市流行起来。

中国最早成规模的、有影响的爬楼运动开始于1995年,北京市组织市民攀爬当时北京市的最高建筑中央电视台发射塔的健身活动。从此,每年秋高气爽的金秋北京,都会组织社会广泛参与的攀爬登塔活动。能够有资格攀登共有1597级台阶的北京中央电视台发射塔,是很多市民引以为骄傲的荣誉。

从2012年开始,国家体育总局社会体育指导中心联合各省市自治区的登山户外运动协会等单位,推广"攀登中国,健康中国"全国登塔健身活动,已经设定在全国著名的地标建筑四川广播电视塔、北京中央电视塔、广州电视塔(小蛮腰,600米世界第一自立式电视塔)、上海东方明珠电视塔和天津电视塔(天塔)展开活动。活动以"攀登中国、健康中国"为主题,倡导"健康、攀登、超越"全民健身、低碳环保的健康生活理念。

攀登中国千年文化历史沉淀的古长城,其意义远远超出了徒手休闲康复。"不到长城非好汉",登上长城极目远望,已经是所有来到中国、来到北京的人们的共同追求。无论是平民百姓,还是世界各国的元首、统帅、富豪巨贾,都会克服风霜雪雨等天气阻隔,不顾身体障碍和旅途疲惫,将登上延绵万里静卧在巍峨险峰中的"世界奇迹"作为征服自我、征服自然的身体力行。站在莽莽巨龙的脊背上,抚摸着雄伟坚毅的城墙,凛然昂首北国天空,干云豪气、缅古怀今之情油然而生。长城,既是全世界人们向往的旅游盛景,也是全球体育休闲康复爱好者的佳境圣地。

风靡中华大地的广场舞是在居民社区的空坪、歇地所自发展开的自由舞蹈,又称"社区舞蹈、基层舞蹈",是街道社区中老年人热衷的徒手休闲康复活动。如果因势利导,广场舞完全可以成为具有中国特色的体育休闲康复活动中的重要一员。

二、器械休闲康复

器械体育休闲康复指的是人们携带或借助器械和其他东西,所从事的各种体育休闲康复活动,包括中国传统民间休闲活动抖空竹、打陀螺、滚铁环、踩高跷、放风筝、舞龙、舞狮、拔河、赛龙舟等,国外很多国家和地区盛行的飞镖、打靶、垂钓、台球、保龄球、激流、冲浪、蹦极、滑翔伞等,都是器械类体育休闲康复活动。我国号称"自行车王国",自行车运动是我国最为常见的器械类体育休闲康复活动。全世界各种自行车休闲运动,激活和繁荣了自行车产业链。随意点开百度"自行车吧"自行车爱好者聚集中心,关注用户多达13万人,累计发帖高达155万之众。

山地车是专门为越野(丘陵、小径、原野及砂土碎石道等)行走而设计的自行车,1977年诞生于美国西岸的旧金山。当时,一群热衷于骑沙滩自行车在山坡上玩乐的年轻人,突发奇想"要是能骑着自行车从山上飞驰而下,一定非常有趣"。于是,这些自行车发烧友便开始越野自行车的设计,正式命名为山地车则是在两年后的事。美国人发明的山地车一扫传统的自行车概念,将一股新风吹遍全球,受到越来越多的年轻人喜欢,成为一种健康休闲时尚运动。

近年来,中国各种山地自行车比赛和相关活动在全国各地热闹非凡。青海湖环湖赛、环鄱阳湖山地自行车赛、江西龙虎山山地自行车赛、中国南岳衡山第4届山地车挑战赛和环湘江自行车赛等都是比较著名的赛事活动。

中国黄山黟县国际山地车节自2006年起开始创办,如今已发展成为国内规模最大的顶级业余自行车赛事,吸引了来自60多个国家(地区)和国内30多个省份的6000余名选手,同时也是众多国内外媒体齐聚的盛会。

黟县国际山地车节的赛道途经宏村、木雕楼古村落、塔川、木坑竹海和协里等景区。车友们穿梭在花海中,在古村落的乡间小道间骑行,体会古村落中木雕楼的历史,享受塔川田园生活的静谧,穿行于木坑竹海那烟波浩瀚的竹林,回味宏村仿佛画中的美景。黟县国际山地车节沿途有沁人心脾的乡间土路,有充满历史印迹的青石板路,有考验体力的山坡路段,也有刺激的柏油路冲刺,有在古老民居中穿梭的村道,更有大片大片的油菜花田在身边围绕。

2014年12月,浙江省境内环千岛湖138公里骑行绿道全线贯通,游客可以现场挑选或自带自行车,沿着风光旖旎的骑行绿道尽览美景,或三五成群,或双人共坐"鸳鸯车",或多人多组竞速,其乐融融。为了最大限度地保证骑行通畅和环境保护和谐一致,当地政府"不挖山、不填湖",新建11座桥梁穿行湖上,建2座隧道钻山入岭,边施工、边复绿,成为全世界自行车爱好者和普通旅游观光游客山水相依的最美旅游长廊。

在环千岛湖骑行绿道上,设置了43处驿站、慢生活生态茶庄和生态农庄,开辟了市民集散点、休闲游艇集散点、露天有氧运动健身点,增添了休闲康复活动的内容与活力。目前,沿绿道打造完成了多个登山露营、采摘体验、资源访问基地,逐渐形成了自驾骑行、登山探险、古道探秘、房车露营、体验访问等特色旅游产品集群。游客沿着绿道走走停停,享受自驾游、骑行、垂钓等各种休闲方式,打造名副其实的体育休闲康复国际化大观园。[①]

自建设绿道以来,千岛湖景区每年都会举办环千岛湖国际公路自行车赛以及千岛湖龙川湾山地自行车挑战赛,世界各国的职业自行车选手和普通游客及当地百姓同场竞技,场面极其壮观。据知,每年到千岛湖骑行的游客超 30 万人。

器械类体育休闲康复,除了寻常百姓随手常用的休闲器械项目,还有日益丰富的专业性较强的休闲康复器械活动,器械包括理疗设备、主要的训练类器械(有运动康复器械和虚拟现实康复器械)及系统,鉴定和评价功能损伤程度的仪器装备、功能锻炼和补偿的用具也都在其列。

三、环境体育休闲

环境体育休闲康复指的是在特定的环境条件下,通过欣赏大自然美景,观赏体育赛事、体育活动等体验,满足人们特殊情况的休闲娱乐需要,以达到陶冶心境、坦诚交流、最大幅度让全身上下的每一寸肌肤接受阳光、沙粒、海水、泥浆、山风的祝福、熏陶和洗礼。

天体浴场是人们赤裸的享受阳光、海水或温泉的场所,在英国、加拿大、巴西、澳大利亚、南非、荷兰、法国、希腊、日本、泰国以及美国的夏威夷、迈阿密等地,"天体浴"被认为一种回归自然和享受健康的时尚休闲方式,加拿大 Wreck 海滩、希腊 Paradise Beach、温哥华 Wreck Beach、澳大利亚小姐湾海滩、巴西里约热内卢、夏威夷海滩、尼格瑞尔海滩、英国伦敦布莱顿天体海滩、南非开普敦伞地贝海滩和克罗地亚天体浴场,并称为"世界十大天体浴场"。

在中国,天体浴一直是一个备受争议的话题,只有云南、吉林、黑龙江、西藏等地的某些地区,人们仍然保留着天体浴的习惯。

五大连池是世界三大冷泉地之一,冷泉水常年在 4 ℃左右,7～8 月正是这里最好的避暑季节,早晚温差约为 10 ℃。尤其是这里受俄罗斯影响,有晒天体日光浴以及矿泉泥浴的习惯。五大连池有"三怪",那就是"喝水能治

[①] 参见杨约顺:《环千岛湖骑行绿道贯通 被选为浙江"最美公路"》,来源:人民日报海外版,2014 年 12 月 23 日。

病,洗泉把疾消,熔岩赛火炕"。

南泉泉水冷得出奇,一股清凉渗透全身,从头顶一直爽到脚下,最后凉得能让人叫出声来。坚持十分钟,再爬上岸来,脚下有种轻松备至的奇妙感觉,这大概就是"脚下生风"了。泡完冷泉后直奔日光浴场,这里因循了俄罗斯人晒日光浴的习俗,在此处晒太阳的人几乎都是全裸的状态,充满自然主义精神的天体浴场构成了一道独特的风景线。

五大连池经高温、高压、自然沉淀而形成的天然火山矿泥是大自然的精粹,含有钙、镁、钾、硅、铁、硫等60余种矿物质,赛过世界上最好的面膜和护肤品。在这里,大家也是全裸的,似乎在寻求与矿物质最亲密的接触。看着尽情享受泥浴的人们,大多也不再为裸露而不好意思,利索地脱光了衣服,跳进了泥浴坑中。

重庆第一个大型露天裸浴场——芙蓉江天体浴场,2006年"五一"正式开放。在这一浴场,游客可在原生态的青山绿水中与野鸭、鸳鸯一同戏水,而且还有可能目睹国家一级珍稀动物黑叶猴的身影。浴场选在有宽敞沙滩的隐蔽处,河中用浮标划定浴场区域,分设男女相互隔离的两个浴场,水面平稳,有多个露出水面的石滩,可供游客泳后进行日光浴,进入深水区域的游客还需携带救生设备。春夏时节,河中水温一般约20 ℃,适合游泳。游客一旦进入浴场沐浴禁止拍照、摄像,同时还拒绝不下水的衣冠楚楚的"观望者"。

体育赛事与体育活动观赏包括现场观看体育竞赛和体育表演,此外还有参观体育艺术展、体育场馆的体育观光旅游等体育文化欣赏。有人认为,通过电视和互联网等新媒体观看体育赛事、接受体育咨询、参与体育博彩活动以及体育知识学习、阅读体育刊物等,也可以视作体育休闲康复。

观看体育赛事、赏览体育场馆等体育休闲,带动了全球旅游业的兴盛,涌现出一批体育特色旅游城市。到了北京,很多游客会去鸟巢、水立方去探访北京奥运会宝贵遗产。到了美国,去赛场观看NBA、NFL等精彩赛事不单单是球迷的选择。到了西班牙马德里,人们总会想到看一场皇家马德里或者马德里竞技队的比赛。到现场观看赛事,不仅仅是体育爱好所致,更是很多人的一种当地文化体验。

精彩刺激的体育赛事、体育活动,提供了一切其他表演艺术所不能取代的审美享受,观众与赛场运动员、教练员、裁判员、啦啦队等共同创造了看台上的体育休闲文化,满足了观众热情释放忘记疲劳的休闲需要,有助于激发活力、焕发斗志,还可以培养人们不断进取、永不言败等良好人生追求和价值取向。

第三节 体育休闲康复保健

  人类社会已经发展到休闲时代,在世界很多国家减少了工作时间,民众有了更多的带薪休假日,每星期、每年甚至生命周期范围内的自由时间正在增加,为参与更多的体育休闲康复保健有了时间保证。而国民人均年收入的提高,就会带来休闲旅游康复保健消费结构的变化,为投入更多财富到原来不曾消费或消费不起的康复保健有了经济保障。我国经过30多年的改革开放,2011年我国经济已经超过日本,成为世界第二大经济体,2014年我国人均GDP超过7400美元,其中,天津、北京、上海、江苏、浙江等10个省市的人均GDP超过1万美元。我国人民的生活态度和生活质量发生了巨大变化,快速发展的国民经济为我国休闲康复保健经济的发展提供了肥沃的土壤条件。[①]

一、发展历史

  中国是世界上最早提出体育康复保健的国家之一,也是世界上最早应用体育康复保健的国家之一,体育康复保健历史悠久,基础雄厚。国外学者一致认为,中国医疗体操学派是应用体操和按摩的实际知识发源地,当时称为导引,并最终发展成为具有中国特色的养生保健方法。早在3000多年前,我国就已有应用体育运动治病的记载,如我国古代的名医扁鹊早在公元前771年就用"桥引""按抏"来预防、治疗疾病和恢复身体机能。在长沙马王堆三号墓出土的帛画《导引图》中,共有导引动作图像44幅,不仅形象地描绘了各种导引的具体动作,还注明了所防治疾病的名称。可见,我国在春秋战国和秦汉时期,导引(医疗体操)已成为医疗保健的重要手段。

  随着中国古代医学的发展,中国传统的养生保健也取得了巨大的成就,据《三国志》《后汉书》等史书记载,东汉时期著名医学家华佗编创的五禽戏开始影响全国,各地或模仿或改编出了数以百计的"五禽戏"套路,使之成为

[①] 参见《2014年北京城镇居民人均消费支出28009元》,来源:中研网,2015年1月28日。

中国民间广为流传的、也是流传时间最长的健身康复方法。南宋后的八段锦以及明清时期太极拳等，都是中国对体育康复的伟大贡献。

国外的体育康复也有着悠久的发展历史。公元前1500年左右，古代印度的《吠陀经》中就有利用运动和按摩治病的记载。约公元前300年，印度瑜伽基本成形，瑜伽行法被正式定为完整的八支体系。瑜伽是一个通过提升人体意识、帮助人类充分发挥生命潜能和调节生理状态的体系，是与我国气功相似的一种体育休闲康复方法。瑜伽屏气能促进体液的净化，使呼吸、胆汁和血液之间恢复协调。除呼吸运动外，瑜伽还进行被动运动和摩擦身体。瑜伽姿势运用古老而易于掌握的技巧，改善人们生理、心理、情感和精神方面的能力，是一种达到身体、心灵与精神和谐统一的运动方式，通过调身的体位法、调息的呼吸法、调心的冥想法等以达至身心的合一。瑜伽发展到了今天，已经成为从印度传至欧美、亚太、非洲等全世界广泛传播的一项身心锻炼修习法，因为它对心理的减压以及对生理的保健等明显作用而备受推崇，同时不断演变出了各种各样的瑜伽分支方法，比如热瑜伽、哈他瑜伽、高温瑜伽、养生瑜伽等。

随着体育康复理念的普及，体育康复中心飞速发展，专业康复保健师应运而生。德国对体育康复保健十分重视，从国家层面制订了体育康复费用属保险范围的政策，提倡社会办康复机构。德国政府的顶层设计，使得德国的体育康复保健中心有了建设费用上的保障，加之体育康复理念的普及，大量的民众在社会上的康复保健机构接受系统地、全面地康复保健活动。

体育康复过程是程序化、规范化、人性化的系列行为，依托国家经济实力和科技优势，以及先进完善的康复保健设施、设备，德国在康复保健领域位居全球领先水平。在医院里或康复中心里，针对不同年龄段、不同群体、不同病种的康复保健群体，设置了门类繁多的各种康复保健诊室，康复保健内容遍及很多方面，有从身体康复到心理辅导，从恢复伤肢到全身运动，从医疗到体育，从室内到户外。德国康复保健中心的康复仪器和设备也应有尽有，似乎所涉及的每一项、每一个部位的康复运动都有可以利用的器材，康复从机能测试开始，再经检测检验康复效果，证实是否可以结束康复运动，整个康复保健过程成为一个全方位的、多元化的系统工程。

我国从20世纪80年代初开始从西方引进现代康复医学理念，其后卫生部又制定了《综合医院康复医学科管理规范》，规定二级以上医院须建立康复医学科。随着我国人们对体育康复保健认识的不断加深，体育康复中心

第七章　体育休闲

有着更好的发展前景,中国康复研究中心在这样的背景下横空出世。中国康复研究中心是一所集康复医疗、康复研究、康复教育为一体的综合机构,在我国是规模最大、设施最完备、设备最先进的。中国康复研究中心下设康复医疗、康复工程技术研究、康复医学研究、康复教育等机构占地近10万平方米,建筑面积5万平方米,病房采用无障碍设计和中央空调,设备数量9665件,总价值9824万。

专业康复保健师是体育康复专业人员的重要组成部分,是康复保健计划和训练措施的直接操作者,其职业道德和技术水平的高低直接关系到康复保健效果。目前,在康复保健发达的国家,康复保健师分工精细,包括了物理保健师、作业保健师、言语保健师、心理保健师、音乐保健师和舞蹈保健师等。德国体育康复保健的理论研究水平很高,体育康复的从业人员必须经过专业化培训,持有国家认证的资格证书才能上岗。

二、功能特点

体育康复保健利用人类固有的自然运动作为治疗手段,不受时间、地点、设备等条件的限制。随着体育休闲康复保健等的不断发展,体育康复保健逐渐受到更多人的喜爱。体育休闲康复保健是一种主动行为,要求主动参加和自我锻炼,促进身体恢复。同时,体育休闲康复保健是一种包括心理活动在内的全身调动,除了刺激抚慰局部器官,调动神经反射,调节、改善全身机能,同时也能提高机体免疫力和抵抗力。

研究发现,体育康复保健可以发展循环系统、呼吸系统和关节肌肉活动的能力,使已经衰退的功能得到恢复,使有缺陷的器官功能在一定程度上得到补偿。通过体育保健活动恢复和提高身体功能,这是药物治疗所不能代替的。

(一)机理调节。体育休闲康复保健是通过肢体动作、心理暗示、呼吸吐纳、语言安抚和音乐导引等多种手段,有时候还借助专业康复师和专业康复中心的多重作用,以达到中枢神经系统、心血管和代谢系统等全身心机理调节。

人类中枢神经系统需要不断接受周围各器官的刺激,来保持自身的紧张度和兴奋性,从而维护正常的技能。当人体被迫采取静养或长期卧床休息时,由于缺乏运动,使运动器官及其他感受器官传到大脑皮质的兴奋性明显减低,因而减弱了对全身器官系统的调节,造成机体内部以及机体与外界环境的平衡失调。针对这种情况,体育休闲康复保健活动能加强本体调节功能,增强机体对外界环境的适应能力和对致病因素的抵抗力,从而提高疾病预防和防止衰老能力。

体育休闲康复保健可以改善血液循环和新陈代谢,当机体缺乏运动,整个身体机能活动处于很低水平时,血液循环和新陈代谢功能会变得很差,需要通过体育休闲康复保健加以调治。保健体疗锻炼能通过神经反射和神经体液调节,改善全身血液循环和呼吸功能,增进新陈代谢和组织器官的营养水平,使人体整体的功能活动水平提高,从而有利于疾病痊愈和功能康复。

(二)功能恢复。体育康复保健能维持和恢复机体的正常功能。体育康复保健的作用表现在可以促进机体功能的正常化,在患者机体或某一系统出现障碍时,通过专门的功能运动练习,能促进其功能恢复正常。运动练习还能维持原有的运动性条件反射,消除或抑制病理性反射,因此有助于功能的恢复。此外体育康复保健可以发展身体代偿功能,增强机体免疫防卫系统。损伤或疾病可使身体某些器官功能发生严重损害,甚至完全丧失,但依靠代偿作用,机体能使这些受损器官的功能尽量恢复。

(三)健康心理。体育休闲康复保健可以促进心理健康,消除和调整焦虑、烦躁、怨恨、悲愤、伤心和恐惧等"负情绪"。体育休闲康复保健能提高适应社会的能力和他们的生活质量,残障人士的体育休闲康复保健是其适应社会和提高生活质量的重要途径。残障人士一样需要平等、自立、独立,他们在生活中需要乐趣、社会交往以及发挥个人能力和获得成就感的机会,体育休闲康复保健正是满足这些需求的较好方式。

三、商业价值

体育休闲康复保健无论是在职业运动员的伤病康复上,抑或是在广大群众的疾病康复和功能恢复上,还是残障人士等特定人群生存、生活能力的恢复和提高等方面都有着巨大的作用。随着人们生活水平的提高和自身健康观念的改变,人们越来越重视运用体育手段来进行机体康复。体育康复保健有着很大的潜在市场,发展前景广阔。

在市场经济高度发展的今天,体育产业得到了飞速发展,市场份额越来越大,体育康复保健作为体育产业中很重要的一个方面,其商业价值已经得到了人们的广泛关注,尤其是在挖掘运动员的运动潜能、延长运动寿命方面意义重大。由于现代体育竞赛的高对抗性、训练的高强度性以及运动员多年疲劳性损伤的积累,导致了运动员伤病的频繁出现。而伤病的恢复,以及训练比赛后消除疲劳、保持运动机能的需要,才使得体育康复保健在现代竞技体育中的作用日益凸显。因此,体育康复保健在高度职业化的赛场上也被深深打上了商业的烙印,表现出了很大的商业价值。

正是因为良好的体育康复保健训练,使得刘翔在伤退一年之后回到巅峰,姚明也迅速摆脱伤病困扰。从刘翔、姚明等的康复之路我们可以看出,体育康复保健在运动员伤病的恢复上起着关键作用。马家军当年频频打破女子中长跑世界纪录,有效地康复手段就是其制胜法宝之一。运动员为了保持高水平的竞技状态,总是需要长时期的训练和比赛,当今竞技体育频繁的赛事加剧了职业运动员伤病的出现,体育康复保健已经是运动员保持和恢复运动能力的重要手段。可见,就职业运动员的身体机能恢复这方面,体育休闲康复保健就有着长久和巨大的市场。[①]

随着人们生活水平的提高和生活节奏的加快,各类"文明病"相继兴起。人们逐渐开始意识到体育锻炼对于健康的重要作用,但由于经济和社会发展的不均衡,人们的体育意识差别较大。在大中城市,人们的体育休闲保健意识普遍较强,人们能主动地参加体育活动来锻炼身体和预防疾病,体育休闲康复保健理念和方法也被越来越多的人所了解和接受,体育休闲康复保健市场有着巨大的发展潜力。

现在,人们的体育休闲锻炼意识有了很大提高,在各级各类运动场馆参加体育锻炼的人较之以往大大增加,但人们对体育休闲中的康复保健专业知识了解甚少,极少有人会意识到需要运用体育康复的手段进行功能性的恢复锻炼。随着商业性质的体育康复保健机构陆续出现,其理念先进、设备优良、处方合理的市场优势就会逐渐显现,职业康复师的身价也会年年看涨。

随着经济的发展,人民生活水平的不断提高,人们工作和生活的质量都发生了翻天覆地的变化。科技的进步,计算机的运用,信息的高速流通,使人们的生活节奏明显加快,体育休闲的康复保健作用越来越引起人们的重视,体育休闲康复保健产业随之得到了长足发展。当前,各种体育康复保健中心遍及全国城市乡村,体育院系和医学院所等体育康复保健的专业教育

---

① 参见胡德荣:《刘翔不在国内做手术,康复训练条件差是主因》,来源:健康报,2009年6月9日。

与培训日益火热,使中国的体育休闲康复保健成为体育产业新的经济增长点。

第四节 体育休闲旅游

旅游业是21世纪最具活力的朝阳产业,体育旅游在此中扮演着重要角色。国际奥委会永久会址、历届奥运会主办地、世界杯足球赛主办地、具有传统国际影响力职业联赛的体育发达国家和赛事活跃城市、历史传统特色体育遗址等归属地等,都是体育休闲旅游的好去处。

按照国际标准,当一个国家和地区人均GDP达到1000美元或人均年纯收入达到500至800美元的时候,整个社会就会进入休闲消费的急剧扩张期,我国的北京、上海、天津、江苏和浙江等十省市的人均GDP均超过了10 000美元,为休闲旅游产业的发展创造了先决条件。目前,全国的各个地区都在探索适合自己的体育休闲旅游项目,如我国的沿海省市辽宁、天津、山东、江苏、浙江等省市已经开始进行海洋体育休闲的研究和规划建设,探讨海洋体育文化与滨海体育休闲产业的基本含义和内容,认为滨海体育休闲旅游必然是海洋文化不可缺少的一部分。通过海洋体育的社会文化功能、经济功能以及环境功能的探讨和分析,为促进海洋休闲体育长远发展增添理论依据。结合中国海洋体育旅游产业发展现状,探讨了目前中国海洋体育的发展趋势,对海洋体育旅游产业的发展前景进行了展望[1]。

也有学者对西部民族地区开发体育休闲旅游产业进行了调研和论证,认为西部民族地区具有丰富多彩的地域民族特色体育旅游项目,有着发展体育休闲旅游产业的多元基础和良好环境。我国西部体育休闲旅游的发展,对促进西部民族地区对外开放,加强民族团结,扩大就业,促进消费,调整产业结构,改善投资环境,拉动区域经济增长,保护和弘扬民族文化,增进人们身心健康等方面具有重要的价值[2]。

---

[1] 参见邱林锋,刘艳:《基于生态文明的海洋体育休闲产业开发研究——以天津滨海新区为例》,来源:科学发展·生态文明——天津市社会科学界第九届学术年会优秀论文集(中),2013年10月。

[2] 参见周道平:《西部民族地区体育休闲旅游产业开发研究》,来源:北京体育大学学报,2005年第9期。

第七章　体育休闲

一、奥运休闲旅游

奥运休闲旅游是指由于奥运会的召开而引发的各种休闲旅游活动的总称，它不但包括国内外旅游者观看奥运会的旅游行为，也包括因为奥运会的举行而在举办城市及其周围地区发生的各类旅游活动。奥运旅游能有效地促进入境游客数量、旅游外汇收入的持续增长，使举办城市旅游形象得以提高，旅游设施和服务水平得到改善，直接带动会展、会议、体育等专题休闲旅游活动的增长。

奥运会是全球规模最大和影响力最为广泛的体育赛事，在奥运会主办前夜、主办进行中和赛事完成之后的很长时期，主办城市和周边地区都是体育休闲旅游热点。研究发现，围绕奥运会产生旅游热浪，可能从申办开始一直持续到赛事结束之后的至少一个奥运周期，有些甚至会持续数十年。从公元前776年至公元393年举行了292届古代奥林匹克运动会的古希腊奥林匹克运动会遗址，充满着优美动人的神话故事和曲折离奇的民间传说，有着一层层等待揭开的神秘面纱，至今仍是全球体育休闲旅游的传奇圣地。传说中古代奥林匹克运动会是为祭祀宙斯而定期举行的体育竞技活动，点火仪式为现代奥运会所沿袭，希腊雅典奥林匹克至今仍是奥运圣火发祥地。到了希腊，谁都会想到去奥林匹克最古老、最神秘的地方去探究、去缅怀。

世界奥林匹克运动的兴盛，激发出人们对奥运盛会的向往，奥运旅游已成为体育休闲旅游的主要事件。世界各国轮流主办奥运会赛事，使得奥运旅游资源分布到了地球的各个角落。1999年，联合国世界旅游组织就与国际奥委会签署了合作协议，致力于加强体育与旅游的联系。虽然奥运会只持续2~3周的时间，但对举办国旅游业的积极影响难以估量。

巴塞罗那因举办1992年夏季奥运会一跃成为欧洲旅游版图上重要的旅游目的地，澳大利亚通过悉尼奥运会成功地使品牌效应提前了10年，希腊雅典通过奥运会的宣传改变了世界对其目的地形象的认识。1992年西班牙巴塞罗那奥运10年后的2002年，巴塞罗那接待游客人次数增加了500%，巴塞罗那在世界旅游组织旅游目的地的排名由第16位跃居到前3位。2004年雅典奥运会给这座奥运发祥地城市带来骄傲和荣誉，让这个世界闻名的古老城市重新焕发出生机。最近几届奥运会，所有主办城市和主办国，无不努力将举办奥运会当作本地和本国的发展契机，大力发展奥运旅游产业。

2000年澳大利亚悉尼奥运会，除了吸引万余名运动员和官员以及1.2

万多名媒体记者来到澳洲外,还吸引了25万名海外游客。在奥运会的16天里,到达悉尼的国内外游客人数达到了100多万人,给悉尼带来了旅游的黄金季节和黄金收入。资料显示,从1997年算起的4年里,举办奥运会给澳大利亚带来的旅游总收入达到了42.7亿美元。1997—2004年期间由于2000年悉尼奥运会的影响,到澳大利亚的国外游客额外增加160万人,为历届奥运会之最,国外游客在澳大利亚支出61亿澳元。2000年悉尼奥运会使澳大利亚旅游形象效益超前10年,极大地提升了世界各国对澳大利亚旅游的热情和期望值,对澳大利亚的入境旅游市场产生了深远的效应,澳大利亚作为度假目的地的排名在奥运会后有了很大上升。

从1981年汉城获得奥运会主办权到1988年成功举办期间,汉城因举办奥运会而一跃成为本国和世界最著名的城市,并带动了本国经济发展,韩国经济出现了12.4%的增长。汉城在1988年奥运会前、中、后延续了长期的增长趋势,接待的入境旅游者在奥运会年增长率为6.3%,会后两年的增长率分别为16.4%和13.5%。随后的巴塞罗那奥运会、亚特兰大奥运会、悉尼奥运会和北京奥运会等,都体现了这一规律。

奥运会举办城市在建筑、交通、城市旅游和环境等方面投入巨大,极大地改善了举办城市基础设施,创造出国际一流的城市环境。另一方面,为了达到奥运会接待规模和接待水准,大幅度提高了旅游的服务与质量,带动了旅游行业水平的全面提高,促进了旅游业的进一步成熟与发展。在奥运会举办期间,举办城市成为全世界注目的焦点,成为政治、经济、文化发展的最佳传播载体,数以万计各路媒体记者大强度、高密度的采访报道,成为目前世界上最大的宣传报道活动,宣传价值难以估量,影响极为深远。通过奥运会电视转播和新媒体转播,数十亿双眼睛通过电视屏幕感受着自己或许从没有到过的国度的神秘色彩,感受其文化的博大精深及赛会城市的万种风情。经过一万多名记者16天的奥运现场报道,给全世界220多个国家描绘出奥运城市最美、最真、最全、最立体的人文地理画卷。

二、世界杯旅游

世界杯足球赛席卷全球,不光牵动人心吸引眼球,也蕴含着巨大商机,是旅游业的一大卖点。各大旅行社早早就会盯上世界杯各大赛事主办城市的旅游,在旅游线路、旅游项目的多样性和兴趣点开发上下足工夫。与足球赛事相关的旅游餐饮企业,哪怕不在赛事主办国,都会将目光停留在屏幕里的绿茵场和酒水饮料上。

万众瞩目的2014年巴西世界杯场均观赛人数为52 762人,已经达到历史第二,有超过340万名观众现场观看了世界杯比赛,为巴西经济注入约134亿美元的收入。其中,世界杯旅游收益排在第一位。在世界杯开幕前100天左右,巴西的政府部门和经济学家就列举了世界杯可能会带来的利益,主要包括外国游客消费增加、经济总量增加、机场容量翻倍、中小企业受益、就业增加、税收增加、国际形象提高七个方面。在多数人看来,举办世界杯,巴西旅游业是最大的受益者。据巴西旅游部估计,世界杯期间约有60万外国游客来到巴西,这些游客的平均消费比平时增加42%,世界杯期间外国游客在巴西消费达到30.1亿美元,此外还有300万巴西本国游客将带来81.9亿美元的消费。世界杯旅游总收入达到112亿美元,占世界杯巴西经济总收益的83.6%。[①]

旅行社是最"直接"盯上世界杯的单位,去"巴西看世界杯"是大多数旅行社中意的旅行线路。据介绍,巴西世界杯观赛旅行,可以有多种选择,自由行产品是由旅行社为游客预订酒店及所需门票,在观赛之余给游客更多的自由空间去轻松游巴西。世界杯定制旅游产品,分为私人定制和企业定制,前者人数在2~12人之间,企业定制最大规模达到100人。因为酒店等资源稀缺,世界杯期间的旅游成本是往年的纯旅游线路的一倍以上。世界杯高端旅行品牌"奇迹旅行",推出了"亚马孙探秘——巴西秘鲁及顶级豪华亚马孙河轮探奇14日"高端定制产品。在此条线路中,24名游客组成"中国首发亚马孙顶级河轮包船团",并在当地动植物专家的陪同下,探奇神秘的亚马孙雨林。旅行社的描述让人心驰神往:雨林中"嚎猴"的低沉声浪、"割叶蚁"割草时迷人的"沙沙"声、"夜的交响曲"与清晨百鸟齐鸣的"大合唱"交替轮回,各样珍奇物种将为游客呈现一个现实中奇诡斑斓的阿凡达世界。

世界杯期间,没有赶去现场的球迷也不会闲着,他们往往会聚集到高档餐厅、球迷酒吧等地,喝酒、高呼、摇旗呐喊。比赛期间的球迷会聚场所,一阵一阵的欢呼声和唏嘘声交织弥漫。人们人手一杯扎啤、一罐饮品,眼睛都盯着前方的大屏幕,跟着场上赛况而律动。从2000—2013年过去的14年中,德国国内的啤酒销售量一直在下降,2014年上半年德国啤酒的销量再次

---

① 参见韩飞,周游:《世界杯给巴西带来134亿美元收入,旅游业收益最大》,《现代快报》,2014年7月9日。

出现增长,总量达 47.9 亿升,同比增长 4.4%,这与巴西世界杯德国队的优异成绩有着直接关系。

还有一些特色餐吧,在世界杯期间提出了特殊的"概念"。韩国连续剧《来自星星的你》一时大热,剧中千颂伊喜欢的啤酒和炸鸡也成为年轻食客追捧的对象。世界杯前夕,北京市望京一带的韩式餐馆提出了"看世界杯,吃啤酒炸鸡"的宣传语。[①]

三、其他体育旅游

只要有影响力大的体育赛事,就会伴随着体育迷的追随,就会产生一波又一波的旅游热浪。奥运旅游热、世界杯旅游热早已为人熟知,欧洲杯足球赛、网球四大满贯赛、美洲杯帆船赛、高尔夫大满贯赛、汽车拉力锦标赛等,都是引发体育旅游的热门赛事。历史悠久的传统职业联赛如欧洲五大联赛和美国四大职业联赛,都是球迷向往的"观赛+旅游+购物"的心仪之所。

美国国家橄榄球年度冠军赛超级碗,是美国乃至北美很多地方的一个非官方的全国性洲际性节日,创造了无数全美和全世界之最:全球最具商业价值的体育赛事,全球最昂贵的电视贴片广告,吸引 Twitter 消息数最多的大型活动,全美收视率最高的电视节目、美国最盛大的体育赛事、最精彩最经典最聚名流的中场超级碗娱乐表演等。超级碗星期天是美国单日食品消耗量第二高的日子,仅次于感恩节。2015 年,超级碗的平均票价达到 6103 美元,是近六年来的最高值,仍有 71 101 人到现场观赛。除了分配给联盟 29 支球队每队留出 1.2% 的门票,超级碗赛事 95% 的门票都出售给了非举办地的球迷。这些结伴而来的球迷,大都需要乘坐飞机前往主办城市,并入住当地酒店。这就意味着超级碗赛事旅游为其他行业带来了巨大的经济贡献,其中最明显的就是机票、餐饮和酒店行业。2008 年凤凰城从当届超级碗赛事收益中筹集到了 40 亿美元用于城市基础设施建设,打造超级碗旅游城市。如今,凤凰城有了全新的轻轨系统、翻新的会议中心、近 3000 间新增酒店房间以及众多新零售商店和餐馆,为这座标注着超级碗烙印的城市注入了新的旅游活力。此外,当地政府还在市中心建起了一面大型攀岩墙,以纪念亚利桑那的著名景区——大峡谷(Grand Canyon),推广该地的旅游娱乐资源。

2012 年欧洲杯期间,约有 140 万名游客涌入乌克兰和波兰两个主办国

---

① 参见杨一枫:《旅游盯上世界杯》,来源:人民日报海外版,2014 年 06 月 21 日。

观赛旅游,给两个国家带去丰厚的体育旅游收益。其中,欧洲杯旅游给乌克兰带来1.52亿欧元收入,给波兰带来1.94亿欧元收入。仅欧洲杯一项,就能让乌克兰的酒店入住天数增加50万天,当地酒店将比平时多出70万人次的入住消费。作为开幕式举办国的波兰,交通更加便利,更受德国、西班牙、英格兰等强队的青睐。开幕式举办地华沙以及淘汰赛举办地波罗的海城市格但斯克,一座是波罗的海明珠、一座是历史悠久的首都,都有不胜枚举的景点,在足球之外吸引着球迷的视线。从2008年欧洲杯的情况看,联合东道主奥地利和瑞士也是收获颇丰。世界各国球迷在奥地利平均待了3.4天,在瑞士平均待了3.6天,前者人均消费1300欧元,后者人均消费983欧元。

四、中国体育旅游

历经30余年的不懈努力,中国旅游产业节节攀升。根据中国国家旅游局制定的旅游发展远景目标,到2010年,中国力争接待入境过夜旅游人数6400万人次,争取提升至世界第3位,旅游外汇收入530亿美元。国内旅游人数16.9亿人次,国内旅游收入8500亿元人民币,中国旅游总收入达到12 700亿元人民币左右,相当于全国GDP的7%。这些远景目标已经逐个实现。我国入境旅游发展取得了巨大的成就,入境旅游人数从1978年的181万人次增长到2012年的1.32亿人次,入境旅游人数增长了72倍。例如,2011年法国赴华旅游人数达到创纪录的37.2万人次,较上一年增长32.3%。入境旅游外汇收入由1978年的2.6亿美元增长到2012年的500.28亿美元,增长了191倍,入境过夜游客人数与入境旅游外汇收入已分别位列世界第三与世界第四。入境旅游的发展,不仅向世界展现了中国的自然与人文资源,而且促进了国内市场和出境市场的相继崛起,为2009年旅游业融入国家战略体系奠定了坚实的基础。①

2008年北京奥运会的成功举办,2022年北京张家口冬奥会顺利申办成功,南京青年奥运会、广州亚运会、世界拳王争霸赛、意大利足球超级杯赛、世界田径锦标赛、世界篮球锦标赛和NBA中国赛等重大赛事在中国开打,国内职业联赛的蓬勃发展,为我国体育休闲旅游的进步提供了一个很重要的

---

① 参见戴斌,蒋依依,李创新:《"中国梦"将引领入境旅游实现新发展——十八大对入境旅游中长期发展战略的启示》,来源:人民网 - 中国共产党新闻网,2013年7月30日。

契机,中国体育休闲旅游市场商机无限。

为了迎接奥运盛会,营造最优体育产业环境,2007年起北京市政府连续3年每年拿出5亿元左右支持体育产业发展,打造六大体育功能区,为打造北京国际重要体育赛事中心创造了条件。同时,北京市与奥运场馆配套的奥运村、记者村等改为居住社区出售或出租,可用于国内外体育比赛和训练。通过举办奥运会,北京市各部门均制定了完善的行动方案,积累了大量承办大型体育运动盛会的经验,有助于其他各种规模的运动会的顺利开展。利用场馆优势,开发旅游项目,其中奥运场馆即是奥运会留给北京的宝贵旅游财富。

2008年北京奥运会,被中国旅游业界视为"千载难逢"的机遇,中国国家旅游局把2008年的全国旅游主题定为"2008奥运中国奥运旅游年",宣传口号为"北京奥运、相约中国:2008北京—中国欢迎您"。北京是一座独具文化魅力的古城,有着3000多年的建城史和800多年的建都史,现在是一座蓬勃发展、充满生机的国际大都市。奥运会的申办成功,使中国北京在全世界声誉鹊起,越来越多的国家开始在北京设立旅游办事处。权威数据显示,2007年,北京市接待入境旅游者435.5万人次,比上年增长11.6%。其中,外国旅游者382.6万人次,增长13.1%,港、澳、台旅游者52.9万人次,增长1.6%。旅游外汇收入45.8亿美元,增长13.7%。全年接待国内旅游者1.4亿人次,增长8.2%。国内旅游收入1753.6亿元,增长18.3%。2008年8月,按照奥运旅游监测范围的数据显示,北京市星级饭店和重点景区旅游接待量逐日攀升。

目前,中国已成为世界上第四大入境旅游接待国,而奥运会则是旅游业的催化剂和加速器。随着奥运会的成功举行,北京在国际上的知名度明显提高,奥运效应已经显现并正在迅速放大,到北京的观光旅游者和商务散客越来越多。2009年,北京奥运会的奥运综合效应仍在扩大,其中旅游效应影响最直接、最显著、最持久。2009年上半年,北京旅游持续升温,其中国内旅游总人数为8360万人次,同比增长21.4%,国内旅游总收入为1136.6亿元,同比增长19.1%。

2014年,第2届世界青年奥运会在江苏南京举行,"看青奥,游南京"成为世界各国青奥旅游主题。近年来,围绕青奥旅游项目,南京新的城市景观层出不穷,一批精品的文化旅游休闲项目相继被打造出来。南京市旅游委精选了"古都金陵"篇、"人文绿都"篇、"乡村休闲"篇、"秦淮风情"篇、"文博场馆"篇和"佛教文化"篇等一批精品主题线路,邀请青奥嘉宾和国内外游客来南京观光采风、休闲度假,受到广泛欢迎和如潮好评。

美丽的南京滨江风光带,总长58公里,是展示古都南京的又一张世界级旅游名片。目前,游客可以从绿色生态的鱼嘴湿地公园,沿着绿色江畔一路骑行至下关滨江商务区,欣赏秀美江景,探访体现青奥活力主题的国际青年文化公园、提档升级后的绿博园以及绿草茵茵的幕燕风景区。

我国人口众多,体育旅游市场潜力巨大,北京奥运会、南京青奥会、广州亚运会等赛事主办之后的资源利用,还有很多文章可做。旅游部门需要制定和实施奥运旅游后期战略,保持奥运会带来的形象提升效应,积极开发后续旅游产品,充分利用世界大赛留下的文化遗产,如奥运、亚运比赛场馆、奥运村、亚运村、奥林匹克公园等现代化的宏伟设施。这些北京新的旅游吸引物,吸引国内外的会展、商贸、体育赛事、文化庆典等后继事件进驻北京,继续强化各大赛事给主办城市带来的旅游效应。

后　记

　　熬了整整一个春节假期，尽享着侨福一品高尔夫公馆和浙江传媒学院两点一线，总算在元宵节之前完成了《商业体育活动论》的最后一个章节。望着倔强兀立着的根根白发，就算是生命中的又一道华彩吧。

　　《商业体育活动论》断断续续写了8年，资料数据改换删增，条理顺序也做了多次调整。本来也看到了"体育晚会"在《商业体育活动论》中的位置，总觉得掌握的材料有些单薄不够翔实，不足以支撑"体育晚会"在商业体育理论体系中的学术思理，只能忍痛删去了。

　　《商业体育活动论》汇聚了国内外最新、最高科研成果，是集体智慧的结晶，是群策群力的结果。在本书的策划和撰写过程中，一直得到首都体育学院钟秉枢教授、骆秉全教授、王守恒教授、杨铁黎教授和吴昊教授等的指导和支持，得到北京邮电大学王亚杰教授、杨放春教授、马华东教授、贾庆轩教授、胡启镔教授、杜振华教授、方明东教授和杨瑞萍教授等的热心帮助。浙江传媒学院的彭少健、项仲平、詹成大、陈林彬、胡晓阳、陈永斌、陈敬远、尚志强、李新祥、宋红岩、石妍、冯巍、孟文光、钱琦和石乔，首都体育学院的左伟、张彬、周龙峰、袁强、侯觉明、郭彬和北京邮电大学的任乐毅、李炜炜、黄传武、侯丽莎、周添、郭琳、何地、武宇飞、王若斯、王玉聪、陈东篱、蔡斯聪、王同庆、李谦、李超群、刘佳奇等或撰写部分章节初稿，或参与资料搜集与整理，为本书做出了很大努力与贡献，在此一并致谢。

　　《商业体育活动论》是一个全新的学术领域，涉及体育学、经济学、传播

后　记

学、历史学、艺术学和管理学等多个学科,笔者现有的知识积累驾驭起来还存在一定难度,有些定性定论难言准确精到。在写作和综合梳理过程中,可能还会有些大家的研究成果没有引注到位,挂一漏万之处万望海涵。

抛砖引玉之作,恭请各位批评指正,以期在修订时完善。

2016 年 2 月 20 日